Birge Krondorfer / Carina Mostböck (Hg.)

Frauen und Ökonomie

Birge Krondorfer / Carina Mostböck (Hg.)

FRAUEN UND ÖKONOMIE

oder: Geld essen Kritik auf

Kritische Versuche feministischer Zumutungen

FORSCHUNG
PROMEDIA

Druck gefördert von: Bundesministerium für Bildung, Wissenschaft und Kunst – Abteilung Wissenschaftsförderung und Abteilung Erwachsenenbildung; Magistrat der Stadt Wien / Stadtentwicklung und Stadtplanung – Abteilung Wissenschaftsförderung; Kommunistische Partei Österreichs / Frauenreferat; Verein für Gesellschafts- und Wirtschaftswissenschaften; *Frauenhetz*.

Die Deutsche Bibliothek – CIP Einheitsaufnahme

Frauen und Ökonomie : Geld essen Kritik auf /
Birge Krondorfer / Carina Mostböck (Hg.) –
Wien : Promedia 2000 (Edition Forschung)
ISBN 3-85371-158-8

Lektorat: Sabine Kruse
Gestaltung: Peter R. Horn
WB-Druck, Printed in Austria
ISBN 3-85371-158-8

edition *Frauenhetz*

INHALT

Vorwort 7

Einführung 11

Feministische Reflexionen zu (alternativen) ökonomischen Modellen

Caroline Gerschlager
Alternative Ökonomie 19

Andrea Günter
Liebe zur Freiheit, Hunger nach Sinn: Wirtschaftsethik, Frauenpolitik und die Arbeit am Symbolischen 27

Frigga Haug
Erfahrung und Theorie. Die Langeweile in der Ökonomie und die Farbwerke Hoechst 39

Gisela Notz
Wir wollen nicht die Hälfte vom schimmligen Kuchen – wir wollen einen anderen 55

Birge Krondorfer
Das Geld hat k/ein Geschlecht. Ungemäße Bemerkungen zur vermessenen Ordnung des Maßlosen 71

Neoliberalismus – Ideologie und ihre Folgen

Gabriele Michalitsch
Jenseits des homo oeconomicus? Geschlechtergrenzen der neoklassischen Ökonomik 91

Lisbeth N. Trallori
Hoch lebe das neoliberale Selbst. Eine Skizzierung 105

Elisabeth Eckhart
Auswirkungen auf Frauenpolitik und Frauenarbeit(slosigkeit) in Österreich 113

Geld und die symbolische Ordnung

Mascha Madörin
Der Finanzsektor und die Macht, Sachzwänge zu schaffen 119

Andrea Ellmeier
„... die Finanzminister in jedem Haushalt".
Ein Kommentar zur Geschichte von „Frauen und Geld" 133

Katharina Pewny
Erzählen vom Zählen. Geld, die symbolische Ordnung
und Autonome Feministische Projekte 139

Arbeit(s)Los

Elisabeth Stiefel
Zukunft der Arbeit – Chance für das Leben? 147

Renata Fuchs
Arbeit/slosigkeit, Geschlecht und Psyche 159

Karin Hirschmüller
Frauen in den österreichischen „Nationalen
Aktionsplänen zu Beschäftigung" 169

Die (andere) Ökonomie von Zeit

Irmgard Schultz
Nitribitt heute. Oder: Die Geschlechtlichkeit
der Zeit=Geld-Verbindung im Ökologiezeitalter 177

Irmtraud Voglmayr
Frauen in der Freizeit- und Erlebnisgesellschaft 193

Harriet Leischko
Zeit essen Leben auf?! Versammelte Gedanken
zum Thema Zeit, Ökonomie und Frauen 205

Gudrun Biffl
Die Zeit ist reif für neue Theorien. Ein Nachwort 213

Autorinnen 217

Vorwort

Die vorliegende Textversammlung ist ein Ergebnis von zwei Symposien, veranstaltet von und in der *Frauenhetz*[1]. Als langjährige Mitarbeiterin bzw. als Gründerin dieses feministischen Projektes und als Organisatorinnen der dem Buch zugrundeliegenden Veranstaltungen ist es uns notwendig, den Ort und die Verortung kurz darzustellen. Beide hatten und haben wesentlichen Einfluß auf Konzeption und Durchführung sowohl der Diskussionen als auch des schriftlichen Ausdrucks.

Das Selbstverständnis der *Frauenhetz* wurzelt in der Tradition der autonomen Frauenbewegung, den Ein- und Aussichten der politischen Theorie- und Praxisbildungen nach Hannah Arendt und Denkerinnen der Geschlechterdifferenz. Der Ort sowie die Veranstaltungen möchten eine selbstinstitutionalisierte kritisch-feministische Öffentlichkeit möglich machen, die jenseits akademisch-spezialisierter Diskurse, medienmassierten Alltagsbewußtseins und realpolitischer Zwänge Auseinandersetzungen zwischen Frauen in der Dialektik von Selbsterkenntnis und Selbstbestimmung situiert.

In einer Zeit der Entpolitisierung und Ökonomisierung aller Lebensbereiche ist es nötig, wie auch eine Freiheit, politische Gesprächskulturen zu pflegen, die sich den „Luxus“ herausnehmen in einem selbstorganisierten „Außen“, diesseits gesellschaftlich produzierter Zwangs- und Anpassungssysteme, Frauen das Denken und (miteinander) Sprechen zu ermöglichen.

Dieser Schwerpunkt der *Frauenhetz*, politische Bildung, vermittelte sich bislang durch Veranstaltungsreihen (wie u.a. Frauen und Nationalsozialismus; Kompetenz, Konkurrenz, Kooperation, Kollektivität unter Frauen; Feministischer Widerstand – was bedeutet das hier und heute?), durch Gesprächsforen, Podien und Vortragsabende zu aktuellen Frauenfragen sowie durch Workshops, Seminare und kleinere Symposien – mit Teilnehmerinnen aus dem In- und Ausland. Hinkünftig sollen, als *eine* Schwerpunktsetzung, unter dem Titel „Feministische Weiterbildung“, die Aspekte Bildungsspezialisierung, Erwachsenenbildung und qualitativ politisch-kritische Bewußtseinsbildung ausgebaut werden.

Der Ort und die Konzeption der Infrastruktur wurden 1990 von Vertreterinnen des Bundes Demokratischer Frauen und von in der autonomen Frauenbewegung Engagierten er- und gefunden. Nachdem der Verein *Frauenhetz* ein nichtkommerzielles Projekt ist, erhalten sich Infrastruktur und Veranstaltungen hauptsächlich durch öffentliche Subventionen von Gemeinde und Bund, wobei prinzipiell festzustellen ist, daß die Summen beinahe durchgehend unter dem Notwendigen liegen. Diese finanziellen Ressourcen sind immer wieder neu zu be-

1 Verein für feministische Bildung, Beratung und Kultur, Hetzgasse 42/1, A-1030 Wien.

antragen und die Formulierung und bürokratische Erledigung der Ansuchen kosten immens viel Zeit. Gegenwärtig (d.h., es kommt immer wieder zu Fluktuationen) arbeiten 10 Frauen im Kollektiv. Alle Mittätigen (bis auf eine jährlich wechselnde Zuständige für die Aufrechterhaltung des Alltäglichen, die über Langzeitarbeitslosenprogramme bisher bezahlt werden konnte) engagier(t)en sich – wie es so schön euphemistisch heißt – ehrenamtlich. Ohne dieses Tun wäre die Existenzsicherung der *Frauenhetz* einerseits undenkbar; andererseits, nachdem das Projekt a priori nicht an Arbeitsplätze gekoppelt wurde, ist es als solches relativ unabhängig und in seinem Bestehen garantiert – solange die Mittätigen es derart tragen können und wollen.

Da Wissenschaftlerinnen – auch feministische zum Teil – sich in die disziplinierte Behaustheit der Universitäten zurückgezogen haben, bzw. so nicht dort verankert, zumeist im Überlebenskampf erschöpft werden, da die Politik und ihre Vertreterinnen vereinnahmt sind von Parteidisziplin und -diskurs und kaum etwas wissen von feministischer Theoriebildung, da die sogenannten Praktikerinnen in den Frauenprojekten nur noch wenig bis gar keine Zeit haben, sich mit feministischer Kritik auseinanderzusetzen und last but not least, da der Großteil der weiblichen Bevölkerung von politischer Bewußtseinsbildung so und so ausgeschlossen ist, ist es uns idealiter wichtig, diese verschiedenen Vorausgesetztheiten in Theorie und Praxis in einem Ort zu versammeln und (sich) zu konfrontieren.

Dieses Bestreben war und ist auch für die Auseinandersetzungen mit dem Themenkomplex „Frauen und Ökonomie“ grundlegend. Als Sozialwirtin und als Philosophin lag es uns am Herzen, in Form von interdisziplinären Wochenendveranstaltungen in Diskussion mit anderen Frauen zu treten. Mit feministisch-kritischem Gedankengut wurden gegenwärtige Prekaritäten weiblicher Lebenszusammenhänge, als von der Dominanz der Ökonomie bestimmte, ‚bestritten‘. Im Juni 1996 hatten wir den Titel „Geld essen Kritik auf“ gewählt. Hierbei dachten wir an die Unmöglichkeit politischer Tätigkeit und Auseinandersetzung, wenn das tägliche Einkommen nicht gesichert ist. Auf Grund der steigenden Frauenarbeitslosigkeit bzw. der Zunahme prekärer Arbeitsverhältnisse schien uns gemeinsame Auseinandersetzung immer notwendiger. Gleichzeitig war ein Verschärfen der österreichischen Subventionspolitik zu verzeichnen – wobei auch hier gilt: Sicherstellung der „Notwendigkeit“ erschwert politisches Handeln. In der Veranstaltung ging es uns darum, festzustellen, welche Alternativen zur herrschenden ökonomischen Theorie es gibt, bzw. wie und was zu verändern wäre. Beiträge, die sich auf diese Fragestellung konzentrieren, sind im Teil „Feministische Reflexionen“ versammelt.

Im Zuge dieser und weiterer Auseinandersetzungen wurde uns die Komplexität von „Ökonomie“ immer bewußter und unerträglicher. Um nicht vollständig erschlagen zu werden und Handlungsfähigkeit beizubehalten bzw. zu ermöglichen, haben wir uns entschieden, die zweite große Auseinandersetzung im November 1998 um vier Teilbereiche zu zentrieren. Einfluß auf die Wahl der Bereiche hatte zwar auch unser – und der anderer Frauen – Leidensdruck, aber hauptsächlich ging es uns um die Lust am Denken: Geld, Arbeit bzw. die Angst vor Arbeitslosigkeit und Zeit sind Themen, mit denen sich alle verstärkt auseinandersetzen müssen. Zusätzlich war es uns wichtig, jene Begriffe, die in der Öffentlichkeit seit langem, aber ohne genaue Bestimmung, verhandelt werden, nicht zu vergessen. Deregulierung, Effizienz und Individualisierung sind Ausdrücke der vorherrschenden Theorie der Neoklassik – im allgemeinen Sprachgebrauch Neoliberalismus genannt.

Das Ziel dieser Veranstaltung „Arbeit essen Handeln auf" war es, nicht nur Wissenschaftlerinnen, die sich bereits explizit mit diesen Themen auseinandergesetzt hatten und somit als Expertinnen bezeichnet werden können, zu versammeln, sondern einen Austausch mit Theoretikerinnen anderer Disziplinen, aber auch mit Praktikerinnen – heißt jenen, welche in der täglichen Auseinandersetzung mit den Problematiken konfrontiert sind – zu organisieren. Die Ergebnisse dieser disziplinen- und professionenüberschreitenden Diskussionen finden sich in den weiteren Texten. Wir haben uns bemüht, jeden Themenbereich von jeweils einer Expertin, einer Theoretikerin und einer Praktikerin behandeln zu lassen.

Der vorliegende Band ist die zweite Publikation der *Frauenhetz*.[2] Bis auf eine Ausnahme, nämlich „Differenzen und Vermittlung. Feminismus – Bildung – Politik" (edition *Frauenhetz* 1995), sind wir unserer Art von Konkretionen politischer Gesprächskulturen treu geblieben. Teils geboren aus der Not ununterbrochener Überforderungen, teils geschuldet einer bewußten Tugend, welche dem Mainstream immer indirekter und damit abstrakter und gleich-gültig werdender Kommunikationsstrukturen nicht huldigen mag, sondern direkte Auseinandersetzungen – als eine Ermöglichung alternativer Öffentlichkeiten – entgegensetzen will. Auch und gerade im Meer des Marktes der Möglichkeiten müssen Entscheidungen getroffen werden – und es ist nicht nur dasjenige und diejenige präsent und wirkend, die zu Papier steht, bzw. das bild-schirm-artig vor die Augen kommt.

Das gemeinsame Handeln und die Auseinandersetzungen über die Gestaltung der Welt ist – mit Hannah Arendt gesprochen – Bezugshorizont des Politischen.

„In der Welt zusammenleben heißt wesentlich, daß eine Welt von Dingen zwischen denen liegt, deren gemeinsamer Wohnort sie ist, und zwar in dem glei-

2 Dies verdanken wir auch der begeisterten Besucherin – Angelika Hofmann – die, den Erstkontakt mit dem Verlag herstellend, uns den nötigenden Schups für die Veröffentlichung beibrachte.

chen Sinne, in dem etwa ein Tisch zwischen denen steht, die um ihn herumsitzen; wie jedes Zwischen verbindet und trennt die Welt diejenigen, denen sie jeweils gemeinsam ist. Der öffentliche Raum wie die uns gemeinsame Welt versammelt Menschen und verhindert gleichzeitig, daß sie gleichsam über- und ineinanderfallen. Die Welt braucht die Kraft, zu versammeln und zu verbinden."

Für uns heißt das auch: nicht nur wissenschaftliche Abstraktion, sondern Austausch des Widersprüchlichen im Gespräch. Die vorliegenden Texte zeugen davon.

Birge Krondorfer und Carina Mostböck
Wien, den 1. Mai 2000

Birge Krondorfer, Carina Mostböck

Einführung

Schon Hannah Arendt konstatierte die Vorherrschaft der ökonomisch-gesellschaftlichen Sphäre über die politisch-handelnde. Diese Analyse ist noch immer zutreffend, um nicht zu sagen aktueller denn je. Nicht nur schreiben die Politik im allgemeinen und frauenpolitisches Handeln im besonderen eine Verlustgeschichte des Handlungsfreiraums. Frauen haben im Wirtschaftssystem mehr denn je nichts zu suchen, sondern zu verlieren. Nach wie vor abhängig von der phantasierten Erhaltungsinstanz „Ehemann", einem Bild, das schon lange nicht mehr die Wirklichkeit der arbeitenden Frauen repräsentiert, sind sie gefangen im Double-bind einer Gesellschaft, die von ihnen alles erwartet, aber im Gegenzug nichts vergütet. Statt „Kinder, Küche, Kirche" heißt es heute „Kinder, Kapital, Karriere", was darauf verweist, daß die Emanzipationsbestrebungen der neuen Frauenbewegung wenig am verordneten Gefangenendilemma verändert haben. Die kulturellen, sozialen, ökonomischen, politischen (Ver-)Ordnungssysteme sind – bei aller theoretisch reflektierten Transparenz – mit alltäglicher weiblicher, warum soll es nicht gesagt werden dürfen, ausgebeuteter Wirklichkeit (bis in die subtilsten Formen der Anwendbarkeit) angefüllt bis oben hin.

Nicht nur die (im Vorwort beschriebenen) Veranstaltungen, ja auch die hier versammelten Kommentare zu dieser prinzipiell gestörten, aber historisch – wenn die Gegenwart als die Zukunft der Vergangenheit zu betrachten ist – anscheinend reibungslos funktionierenden Ordnung, verweigern sich abgesicherten und geschlossenen Diskursen. Das entspricht der Sache selbst – und auch wieder so gar nicht.

Ökonomie als globale Wirtschaftsform sei zu *dem* dominanten System geworden, welchem Ökonomie als Wissenschaft tautologisch entspräche. Dieser Totallogik versucht das Projekt „Alternative Ökonomie", wie *Caroline Gerschlager* zeigt, durch eine Reflexionsdrehung etwas entgegenzusetzen, indem von der Ökonomie als einer – wenngleich auch beherrschend gewordenen – „Teilwirklichkeit" ausgegangen wird. Mit der Einführung des Begriffs „Modell Neuzeit" wird interdisziplinär die Begrenztheit dieses Modells – auch wenn dieses sich durch universelle Entgrenzungen „auszeichnet" – analysiert, und damit die Möglichkeit eröffnet, auch Alternativen denken zu können: hier in der Vorstellung von der „Organisation einer operativen, prozeßgestaltenden Differenz". Auch wenn in dieser „alternativen Ökonomie" explizit nicht geschlechterdifferent gedacht wird, so kann doch, auch mit der eingeführten Kategorie „Systemtranszendenz", diese Theoriebildung einen Ausgangspunkt für feministische Systemüberschreitungen, respektive für einen Blick von „außen", darstellen.

Eine Deutungskehre von „innen“ versucht die „Arbeit am Symbolischen“ (*Andrea Günter*). Es sei möglich und notwendig, nicht nur die Logik des Androzentrismus in die Ökonomiekritik aufzunehmen – und damit den Frauen zugewiesenen Platz als Statthalterinnen des Sozialen zu dekonstruieren –, sondern auch die weiblichen Sinnfindungen und Existenzbegründungen (in praktischer und metaphysischer Hinsicht) als das tatsächliche Tätigwerden von Frauen anzuerkennen. Arbeit am Symbolischen heißt auch Arbeit an der Sprache und damit an der Wahrnehmung selbst. Zu letzterem gehört die abendländische Konzeption des Menschen als Mängelwesen, derer sich die Ökonomie ganz real bedient. Dieser Anschauung begegnet Günter mit dem Begriff des „Subjekts der Fülle“: Basierend auf der Anthropologie Hannah Arendts, nämlich der Gebürtigkeit und der Verschiedenheit der Menschen, kann davon ausgegangen werden, daß wir immer schon in eine Welt des „wertschöpfenden Tätigseins“ kommen. Und die Pluralität erlöst uns von dem Glauben an die Machtlosigkeit politischer Gestaltung. Wir sind unterschiedlich und können so initiativ werden und „das eigene Wollen in das gemeinsame Tätigwerden einbringen“.

Wie das Tun von Frauen im kapitalistischen System sitzt, das erkennen wir selbst nur eingeschränkt und es wird von allgemeiner Wissenschaft und Theorie nur marginal reflektiert. Die Erfahrungen von Frauen werden ausgeblendet und auch im Analysieren des weiblichen Mittuns an der Position der Untergeordneten sind wir selbstblind. Diese Problematik – verbunden mit der Frage nach „eingreifender Theorie, die die Erfahrungen der Frauen begreift in der Perspektive ihrer Veränderung“ (Haug) – stellt sich nun seit über dreißig Jahren. Und hat sich – schaut man sich die polit-ökonomische Gegenwart an – nur wenig geändert. Das Paradox, daß eine entscheidende Frage der Gesellschaft, die ökonomische Rationalität, aus „alltäglicher Perspektive unbegreifbar und langweilig“ ist, kann – so das in der Frauenbewegung berühmt gewordene Projekt der „kollektiven Erinnerungsarbeit“ – aufgelöst werden, wenn wir die „soziale Konstruktion subjektiver Erfahrung“ erkennen lernen. Die hierbei sich ergebende Chance ist, „sich das Leben bewußt (zu) machen“. Dieser Beitrag von *Frigga Haug*, achtzehn Jahre alt, ist – könnte metaphorisch gesagt werden – somit volljährig geworden und hat sich in die unbeugsame Realität entlassen, mit all seinen heute als „linkisch“ bezeichneten Ambitionen. Doch kann es zum Schaden so gar nicht gereichen, wenn eine vermeintlich überholte, grundsätzlich kritische Perspektive auf das Wirtschaftssystem und seine Schatten zu Wort kommt – und es ist gerade jetzt nötig, den Begriff der Erfahrung ernst zu nehmen, wo jeder Erfahrung simulativ ihr Wert abgeluchst wird. Das könnte eine doppelte Alternative sein.

Gleichberechtigung im System, das ist eine Scheinalternative für Frauen. Da schon erstere nicht gewährleistet ist. In der „Erklärung der Menschenrechte“ hat jedermann das Recht auf Arbeit, auf freie Berufswahl, auf angemessene und befriedigende Arbeitsbedingungen sowie auf Schutz gegen Arbeitslosigkeit. Tatsächlich aber sind siebzig Prozent der Armen Frauen – weltweit. Wie *Gisela Notz* zeigt, gilt in unseren Breitengraden nach wie vor die Konzeption der Frau als unbezahlte Hausarbeiterin. Wen wunderts, wenn neue Modelle (zumeist formuliert von männlichen Zeitgeistern) „von der Festschreibung sozialer und geschlechtsspezifischer Ungleichheiten ausgehen", indem sie für den Fortbestand einer gespaltenen Arbeitsgesellschaft votieren. Es wird aber immer dringlicher, Konzepte zu überlegen, die jenseits der fremdbestimmten Arbeit angesiedelt sind. In diesem Sinn kann es auch nicht darum gehen, daß „neben den Herren die gleiche Anzahl Herrinnen sitzt". Es bedarf machtvoller Frauen, welche mit den Zuständen nicht einverstanden sind, und die Macht nicht mit Unterdrückung gleichsetzen, sondern mit „etwas hervorbringen: eine andere Lebensweise, eine andere Welt...".

Eine der faszinierendsten, da so schwer begreifbaren Hervorbringungen unserer Welt ist das Geld. Dieses ist ein Verbindungs- und Nivellierungsmeister, der tiefgründig werkt und damit nicht nur die Oberflächen unserer Alltage bestimmt. Die Tauschverhältnisse zwischen den Menschen können als solche betrachtet werden, die mit der verleugneten Differenz der Geschlechter zu tun haben (*Birge Krondorfer*). Der Tausch – als Organisationsmittel der frühen Gesellschaften (in Form des Frauentauschs) und als Funktionsprinzip der Moderne (in Form des Geldverkehrs) – abstrahiert von Widersprüchen, und durch sein Äquivalenzprinzip werden diese scheinbar eliminiert. Denn im Schein, der das Geld ist, bleibt ein unaufhebbarer Rest, der immer wieder eingeholt und gelöscht werden soll und damit die Identitäten im Gleichtakt codiert. Dieser Rest wird hier als das Weibliche markiert, das als Basis und Grenze des Sozialen in seiner Bedrohlichkeit verzehrt und verzerrt werden muß.

Möglicherweise liegt in der Mehrwertproduktion eine männliche Unabhängigkeitsillusion (von den Frauen/Müttern) ‚begraben', die durch die un/bewußte Strategie der ‚Homo'genisierung inzwischen auch für Frauen gilt und damit einer (Selbst-)Entwertung des Weiblichen die Hand gibt. Wie läßt sich im männlich dominierten Allgemeinen noch das Besondere denken und was heißt das für (bzw. existiert überhaupt noch) die Option eines feministisch-politischen Handelns jenseits der ökonomisch durchdrungenen Wirklichkeiten?

Eine analoge Re-perspektive bietet die Analyse der sich als sachlich und objektiv gerierenden Wirtschaftslehren, deren Androzentrismus „von der Problemstellung bis zur Begriffsbildung, vom Forschungsdesign bis zur Schlußfolgerung" unbegriffen ist, und als neoklassischer Mainstream der „Ökonomik" (*Gabriele Michalitsch*) neoliberale Theorie und Praxis geworden ist. Die Modelle des ökonomischen Denkens als universell gültige blenden die Geschlechterdifferenz aus und haben ein von allen gesellschaftlichen und sozialen Unterschieden losgelöstes Individuum zur Voraussetzung. Das neoklassische Konzept des homo oeconomicus der zweiten Hälfte des 19. Jahrhunderts entwickelt den methodologischen Individualismus, und das „individuelle Nutzenkalkül stieg zum Maß aller Wirtschaft empor“, das in den letzten Jahren neoliberal zementiert, quasi „naturhaft“ die Alltage regelt. So werden Herrschaftsverhältnisse legitimiert, indem den Marktsubjekten eine Autonomie jenseits von Hierarchien und Abhängigkeiten unterstellt wird. Damit ist nicht nur die Geschlechterperspektive als Differenz der Möglichkeiten geleugnet, sondern in der Entwicklung der Moderne ist die Frau als liberales Selbst untauglich, da dieses sich über Besitz bestimmt, was Frauen nicht haben aber sind.

Das ökonomische Nutzungskalkül wird heute zum Vernutzungsensemble. Eingeklemmt im Paradox von Globalisierung und Individualisierung wird das „neoliberale Selbst“ (*Lisbeth N. Trallori*) eingelassen in einerseits ‚ordentliche‘ Substitutionspolitiken und anderseits in biotechnische Optimierungen. Die Existenz von Menschen wird identisch mit dem Kosten-Nutzen-Kalkül. Das zeitigt zwei Wirkungsmale: ökonomische Selbstvermarktung und gentechnologische Selbstvorsorge (d.h. Verantwortung für das eigene organische Kapital). Biopolitik und „Menschenökonomie“ geben die Devisen ab für ein ‚idiopathisches‘ Menschsein, dessen Überleben vom „Prinzip eigennütziger Selbstauslese“ abhängig sein wird, an welchem Weltmarkt und Bioindustrie heute Hand in Hand feste arbeiten.

Das „survival of the fittest“ funktioniert bereits. Die Erfahrungen aus der Arbeit in Frauenprojekten (so *Elisabeth Eckhart*) zeigen, daß Deregulierung und Liberalisierung keine „rein“ ökonomischen Kategorien darstellen, sondern konkret besehen einer politischen Ökonomie entsprechen, die Frauen in prekäre, um nicht zu sagen unhaltbare Existenzweisen versetzt. Als arbeitsame Ressourcen, die zwischen genötigter Reproduktionsarbeit und benötigter Erwerbsarbeit zerrissen werden, fallen Frauen zunehmend unverhohlen aus sozialen Sicherungen. Gerade in der aktuellen politischen Situation Österreichs, wo sich Neokonservativismus und Neoliberalismus ein Stelldichein geben, wird der Wiedererwekkung einer Weiblichkeit gehuldigt, die immer schuldend duldet.

Die Verschuldungsproblematik im Weltmaßstab ist eine der politischen Strategien des Finanzsektors, um sogenannte Sachzwänge zu schaffen, die wenig Spielräume für neue Lebens- und Arbeitsmöglichkeiten offenhalten. Nachdem wir mit der Bedrohung elementarer Lebensbedingungen konfrontiert sind, stellt sich für *Mascha Madörin* die Frage nach den Spielräumen der Macht und der Macht der Spielräume, da diese ebenso etwas ermöglichen wie verhindern können. Das Finanzsystem mit seiner universellen Kapazität hat Macht über Geben und Nehmen. Dabei spielt der Begriff der Kontrolle eine im Wirtschaftsvokabular unterschlagene, aber wesentliche Rolle. Dazu gehören „neben Ausbeutungsfortschritt und Produktivität durch Kaufen und Verkaufen“ auch die neuen Technologien. Am Beispiel einer Alternativbank in Bangladesch kann gezeigt werden, daß öffentliche Kontrolle möglich und sinnhaft ist. Einer wirksamen Kontrolle jedoch entzieht sich die wahnsinnige Diskrepanz zwischen überwiegend männlichen Spekulationsgewinnen und der weiblichen finanziellen Bedeutungslosigkeit. Eine Möglichkeit, um nicht völlig handlungsunfähig zu werden, ist es, die symbolische Wahrheitsmaschinerie des Neoliberalismus zu erkennen. Eine ausstehende Aufgabe stellt die Dekonstruktion der politischen und kulturhistorischen Inszenierungen von Weltgeld dar.

Auffallend ist die bisherige Marginalisierung des Themas ‚Geld' in der feministischen Forschung – vielleicht ein Indiz für das ambivalente Verhältnis von Frauen zu Geld. Schwankend zwischen „Sozialkritik und Sozialromantik" *(Andrea Ellmeier)* fehlen geschlechtspolitische Analysen. Der historische Rekurs auf den Begriff „Wirtschaftsgeld" zeigt beispielsweise die Entwicklung der Frauen von Produzentinnen zu Konsumentinnen als Wirtschaftsfaktor vor hundert Jahren. Die Genese der modernen Geldwirtschaft hängt eng zusammen mit der Dualisierung in hier die (männliche) „große Ökonomie" und dort die (weibliche) „kleine Ökonomie" und damit in die geschlechtszugeordnete öffentliche und private Sphäre. Die Vermittlungsanliegen der Ersten Frauenbewegung zwischen National- und Haushaltsökonomie führten zu symbolischen Äquivalenzen im Sprachgebrauch – „Finanzgenie im Haushalt" u.ä. – und damit zur Integration in den Kapitalismus.

Hingegen hat die Zweite Frauenbewegung – zumindest ihre autonome Tradition – ein tiefes Mißtrauen in die ökonomisch abgesicherte Arbeitsteilungslogik. Aufgrund der allgemeinen weiblichen Erfahrung, daß Geld ungerecht (unter)scheidet, individualisiert, kollektiven Strukturen per se widerspricht und damit gesellschaftskritische und feministisch-politische Veränderungen weder symbolisieren noch praktisch umsetzen kann, wurde – besonders in den bewegten Anfängen – auf diese Art der Tauschverhältnisse überhaupt verzichtet. Aber mit der zunehmenden Entwicklung der feministischen Bewegungen hin zu Frauenprojekten, ging die Abhängigkeit von staatlicher Subventionierung dieser gesellschaftlich notwendigen (Sozial)Arbeit einher. Kollektive hingegen, die nach wie vor feministische Anliegen nicht als Job sehen, wo also der Lebensunterhalt nicht abhängig ist vom Existieren des Projekts, müssen sich die Frage stellen, nach welcher ökonomischen Dynamik (strukturell, psychisch) sie denn funktionieren, denn ohne Tauschverhältnisse (Anerkennung und anderes Geben und Nehmen) kann keine Frau existieren. Anhand von Erfahrungen mit dem Verein Frauen*hetz* und weiteren selbstorganisierten Wiener Projekten, werden von *Katharina Pewny* deren Versuche theoretisiert, wie eine alternative symbolische Ordnung (ahnungsweise) möglich sei, die dem weiblichen Dasein „Ich zähle dazu, komme aber nicht vor" etwas entgegenhalten will.

Denn Frauen, als gehörige, sind „Angehörige". Sie erschienen traditionell nicht als ökonomisch eigenständige Individuen, jedenfalls nicht in der Bedeutung des „Produktionsarbeiters als Modell für alles, was Arbeit und soziale Sicherung hieß" *(Elisabeth Stiefel)*. Im Gegenteil, was Frauen so täglich tun ist „häusliche Nichtarbeit". Selbst sich als fortschrittlich gerierende Autoren (Rifkin, Club of Rome, Gorz) rekurrieren auf herkömmliche Geschlechteridentitäten unter dem Primat des homo oeconomicus, der, um markt- und arbeitsfähig zu sein, Dienstleistungen an sich (sic!) voraussetzt. Frauen, zuständig für diese und für ihre Kinder, also zuständig für unbezahlbare Versorgungsleistungen, werden als scheinbar unerschöpfliche Ressource betrachtet, die unliebsame Kosten auffängt – durch Nichtarbeit und bloß zusätzliches Erwerbseinkommen. Feministische Ökonominnen versuchen (u.a.) die „Care-Arbeit" ins perspektivische Zentrum zu rücken, denn wenn „Wirtschaften einmal ‚Werte schaffen' meinte", dann müsse das, was Ökonomie heißt und Leben meint, neu in Bezug gesetzt werden.

Denn die Entwertung der Frauen, auf der unsere Kultur basiert, macht das eigentlich Unmögliche – nämlich die geschlechtlich bedingte Arbeitsteilung, hier bezahlt, dort nicht oder weniger bezahlt – zu einem möglichen, reibungslosen Funktionieren. Die zweite Konstitutionsbedingung für das Zusammenhalten unserer Gesellschaft, der Wert der Arbeitsethik, deren Erfüller eine garantierte Identität erhalten, wird in Zeiten steigender Erwerbsarbeitslosigkeit besonders rigid vollzogen und entlarvt damit „Arbeiten" als soziale Kontrolle, als einziges Modell zur Identifikations- und Identitätsstiftung und insgesamt als Selbstzweck (*Renata Fuchs*).

„Es scheint, als wäre die jahrhundertelang ersehnte Möglichkeit, ohne Zwang zur Arbeit überleben zu können, zum Zeitpunkt ihrer Realisierbarkeit jenseits der gesellschaftlichen Vorstellungskraft." Arbeit/slosigkeit wird als persönliche Fehlleistung gesehen bis hin zur psychischen Devianz. Wer „gesund" ist, verkauft sich (und seine Psyche als Ware) am Markt, ist erfolgreich und hat damit Glück. „Glücklich sein" – das wäre keine Anhäufung von Besitztümern (die Frauen so und so wenig zustehen), sondern impliziere einen für Frauen (immer weniger) vorhandenen „Repräsentations- und Gestaltungsraum" in und für eine Veränderung der Welt.

Doch schaut man sich die realpolitischen Konkretionen – und seien es die papierenen Vorhaben auf EU-Ebene, wie z.B. *Karin Hirschmüller* die „Nationalen Aktionspläne zu Beschäftigung" – an, so zeigt sich zwar eine abstrakte Gleichstellung von Frauen und Männern, die aber in tatsächlichen Maßnahmen schnell eine Grenze finden. Zum anderen hat sich die EU wohl dem Gender Mainstreaming verpflichtet („eine geschlechterbezogene Sichtweise (...) in alle politischen Entscheidungsprozesse (...) einzubeziehen"), aber nicht primär aus emanzipatorischer Motivation, sondern zur Erhaltung des europäischen Wohlstands (MigrantInnen ausgeschlossen!), da die demographischen Forschungen einen altersbedingten Rückgang der arbeitsfähigen Bevölkerung konstatieren, und (nur) deshalb Frauen stärker in die Erwerbsarbeit integriert werden sollen. Dieses Gender Mainstreaming bedeutet die Zementierung gesellschaftlicher Grundstrukturen, d.h. das Vorgegebene halt auf Frauen angewandt, und es birgt damit die

Gefahr der Unterminierung feministischer Politiken, die eben nicht „mainstreamig“ sind, sondern das Ganze in Frage stellen wollen.

Ebenso läßt sich konstatieren, daß die Gleichheit, die im Gender Mainstreaming angelegt ist, historisch und damit in der Gegenwart bloß abstrakt sein kann, da – so *Irmgard Schultz* – „die Verbindung von weiblicher Lebenszeit und eigenem Geld offensichtlich eine unglückliche Verbindung ist“. Die zur zweiten Natur gewordene, quasi unausweichliche moderne Bindung von Zeit ans Geld, bedeutet für Frauen – bezogen auf die „soziale Geschlechtlichkeit der biografischen Zeit und ihrer unterschiedlichen Normierung im Hinblick auf Lebensplanung und Gelderwerb“ –, daß sie seit Beginn der bürgerlichen Gesellschaft Leitbildern unterworfen sind, die das Gegenstück des vollendeten politischen und ökonomischen Individuums, des homo oeconomicus darstellen, nämlich das Doppelstereotyp von Hausfrau und Hure. Die Naturalisierung der weiblichen Arbeit zeitigt bis heute den Effekt, daß der gesellschaftliche Ort des Geldes keiner der Frauen ist, auch wenn stereotype weibliche Lebensentwürfe nicht mehr gelten. Doch Zuweisungen in der Versorgungsökonomie – die (Haus)Frau konsumiere und spare und handle ökologisch tugendhaft – deuten auf eine Retraditionalisierung normativer Weiblichkeitsimagines hin.

Auch wenn es auf den ersten Blick anachronistisch erscheint, so gehört dazu auch die Freizeitarbeit von Frauen. In unserer Überflußgesellschaft hat sich ein „erlebnisorientierter Gesellschaftscharakter“ (*Irmtraud Voglmayr*) herausgebildet, der von Frauen eine Intensivierung der Konsumarbeit verlangt. Konsum kann Distinktionsgewinn, symbolische Selbstergänzung, Kommunikation, Lebensstilstiftung und Kompensation von Selbstwertschwäche sein und die Illusion von erfüllter Identität induzieren. Erlebnisshopping und Freizeit werden immer identischer. Frauenfreizeit ist abhängig von den Bedürfnissen der Familienmitglieder und indem Freizeit zur Konsumzeit wird, haben Frauen immer reduziertere Eigenzeit. Die Wohlstandsgesellschaft produziert somit für Frauen ein Weniger an Möglichkeiten.

Sie „frißt“ sozusagen ihr Leben auf. Lebenszeit selbst ist verökonomisiert worden. Zeit wird in/durch Geld meßbar, sowie überhaupt Zeit durch ihre Meßbarkeit und Objektivierbarkeit zum Disziplinierungsinstrument geronnen ist (*Harriet Leischko*). Frauenzeit heißt Anpassung an die Zeiten von anderen (Familie) und anderem (Kindergarten, Supermarkt, Büro, Fußball), heißt primär Vereinbarungszeit. Zudem impliziert die wachsende Forderung nach Mobilität und Flexibilität ein unausgesetztes Verfügbarsein in jeder Lebenszeit. Umgekehrt ist Zeit zum Besitztum geworden und heißt Macht über andere. Öffentliche und eigene Zeit und Geld und Macht – viel gilt es noch zu bewegen.

Vor allem brauchen wir politisch bewegte und bewegende Instanzen, die in Distanz zum ökonomischen System bleiben – und das hieße auch, daß handelnde

Kritik bzw. kritisches Handeln sich nicht abhängig macht vom Tauschverhältnis zu bezahlender Arbeit. So nach der Devise: Ich rede, denke, schreibe und tue nur, wenn ich dafür bare Devisen kriege. Evident ist die Prekarität dieses Anspruchs gerade an Frauen, doch als Einspruchsvermögen ist die Dependenz von Kritik ans Kapital ein Produkt und keines des unabhängigen Urteilsvermögens oder der anderen Vermögen viele. Unsere verdichtete Semantik „Geld essen Kritik auf" und „Arbeit essen Handeln auf" verweist ja gerade darauf, daß die Moneten dissidentes Denken und Handeln knebeln und kneten, und daß die Ideologie der Arbeit die Menschen derart ans System anpaßt, daß für das Handeln in gemeinsamen Selbstverständigungsprozessen – und die könnten Freiheit in Freiheit gestalten – weder Zeit noch Raum ist. Der österreichische Sprachgebrauch von „hackeln" (heißt arbeiten) und „jemandem das Hackl ins Kreuz haun" (heißt die Hacke in den Rücken schlagen) könnte hier die Verwundbarkeit indizieren, wenn eine sich nicht ducken läßt. In unserer zweiten Veranstaltung zur Ökonomie, die wiederum einen Aspekt der Jahresschwerpunktreihe „Kompetenz, Konkurrenz, Kooperation, Kollektivität unter Frauen" ausleuchten sollte, wollten wir andenken, was für Effekte die herrschenden ökonomischen Verhältnisse auf Frauen als einzelne und Frauen in der Un/Möglichkeit ihrer Verbindungen und Verbündungen haben. In der Einladung hatten wir formuliert: „Wir befinden uns in einem verhängnisvollen Double-bind des dominanten kapitalistischen Wirtschaftens: Alle/s verbindend und jede/s vereinzelnd. Kompetent ist eine, die es schafft. Konkurrentin ist eine, die es besser schafft. Kooperation ist bloß ein Mittel zu diesem Zweck. Und Kollektivität wird zum Unwort. Dieses System verspricht Freiheit und ist doch Zwang; die Schlagworte NeoLiberalismus und ArbeitsLosigkeit verweisen auf diese Zwiespältigkeit. Wenn Ich-Bildung, Information und Kommunikation zum Produkt werden, dann wird das Lebendige zur Ware. Was bedeutet dies für die Begegnungs-, Arbeits- und Konfliktformen unter Frauen?"

Alle Teilhabenden konnten diesen Fragen keine Patentlösungen zuführen, aber es wurde mehr als deutlich – und so auch in den folgenden Texten –, daß die sozial-politischen wie die kapitalistisch-ökonomischen Sphären Frauen nicht zu selbstbestimmten Lebensentwürfen verhelfen, sondern diese verhindert, da sie von und für die ‚Herren dieser Schöpfungen' konstruiert wurden. Wo jetzt auch Politik als Einspruchs- und Regulierungsinstanz mehr als in Frage steht, stellt sich das Problem der kritischen Distanzierungsfähigkeiten und -möglichkeiten von Frauen drastischer denn je. Was es bedarf sind weitere kritische Versuche feministischer Zumutungen.

Caroline Gerschlager

Alternative Ökonomie

Im folgenden sollen einige Grundgedanken zum Thema *Alternative Modellbildung in der Ökonomie*, die im Rahmen einer Arbeitsgruppe entwickelt und in Publikationen weiterverfolgt wurden, vorgestellt werden. Diese Arbeitsgruppe setzt sich aus Wissenschaftlerinnen und Wissenschaftlern[1] zusammen, die sowohl unterschiedlichen Universitäten Österreichs, als auch unterschiedlichen Fachdisziplinen angehören. Der Schwerpunkt lag dabei auf der Entwicklung eines theoretischen Rahmens, der einem Nachdenken über „Neue Wege des Wirtschaftens“ – über *Alternativen* – förderlich ist.[2]

1. Entgrenzung

Neuzeitliche Dynamik läßt sich auch als ein Problemfeld begreifen, das durch einen tendenziellen Abbau von Grenzen charakterisiert werden kann. Auf der Ebene des ökonomischen Systems bezeichnet Entgrenzung: Universalisierung und Expansion. Die Rolle, die der Ökonomie bei der Dynamisierung von Welt zukommt, wird im Projekt im Rahmen des „Modell Neuzeit“ (vgl. Heintel 1993a) reflektiert.

Demnach besteht der Kern neuzeitlicher Modellbildung darin, Steuerung und Kontrolle über die Welt erreichen zu wollen. Der gesamte Planungsoptimismus der Neuzeit geht einher mit dem Glauben an die innere Wahrheit von Denkmodellen und ihrer ontologischen Entsprechung in der Wirklichkeit. Das Vertrauen in die Kompetenz der Menschen, ihre Geschichte selbst machen zu können, war von einem erkenntnistheoretischen Durchbruch begleitet: Mit der Neuzeit wird die Umsetzung von Modellen in die Wirklichkeit zu einem eigenen Modellmerkmal. Ökonomisch gesprochen findet die Umgestaltung der Welt in den Wachstumsprozessen der Produktion ihren Ausdruck. Man könnte angesichts dieser Dynamik auch von einer Entgrenzung „im Außen“ sprechen. Dieser entspricht eine Entgrenzung „im Innen“, die auf der Ebene der Theorie- und Modellbildung selbst zu suchen ist.[3]

1 Arno Bammé, Wilhelm Berger, Roland Fischer, Peter Fleissner, Caroline Gerschlager, Luise Gubitzer, Peter Heintel, Erich Kitzmüller, Ina Paul-Horn, Ada Pellert.

2 Der institutionelle Ort der Arbeitsgruppe ist das IFF (Institut für interuniversitäre und interdisziplinäre Forschung und Fortbildung der Universitäten Innsbruck, Klagenfurt, Graz und Wien).

3 Diese Entgrenzung „im Innen“ läßt sich auf der Ebene der Neukonstitution von Begriffen in der Neuzeit, die dem ökonomischen System zugrunde liegen, rekonstruieren. Anhand von Thomas Hobbes' Leviathan läßt sich z.B. zeigen, wie Knappheit mit dem Beginn der Neuzeit zu einem

2. Grenzen

Nichts scheint gegenwärtig weniger aktuell als der Glaube an die Machbarkeit der Verhältnisse. Denn auch in einer hochgradig selbstgemachten Welt haben die Dinge nicht aufgehört ihren eigensinnigen Gang zu nehmen. Wir sind mit selbstgemachten Risiken und Gefährdungen konfrontiert: Und dies erstmals auf globaler Ebene.

Das Bewußtsein über die Grenzen dieser Art von Modellanwendung kommt von jenseits der Modelle: Wenn beispielsweise deutlich wird, daß der weltweiten Übernahme des gegenwärtigen Produktions- und Konsumstandards nur der Kollaps des Gesamtsystems folgen kann. Gedankenexperimente dieser Art verursachen Schwindelgefühle. Nicht nur bei Ökonomen und Ökonominnen, die sich mit Stoffstromanalysen beschäftigen.

Was Adam Smith im 18. Jahrhundert noch als Utopie entworfen hat, ist gegen Ende des 20. Jahrhunderts Wirklichkeit geworden. Das Modell neuzeitlicher Ökonomie hat sich in einem Ausmaß durchgesetzt, welches selbst jener Mann, der gemeinhin als Gründervater der Wissenschaft dieses Modells gilt, nicht erwartet haben konnte. Ökonomie ist wirklich zu einem *Modell von Welt* geworden. Auch wenn die Logik (der Entgrenzung) Unendlichkeit suggeriert, der ökonomische Anspruch auf Allgemeinheit kommt zu seinem Ende, wenn die Realität dieses Modell von Ökonomie einholt.

Der Verlust von Steuerung und Kontrolle im traditionellen Sinn geht einher mit einem Verlust von Sicherheit. Kommt damit auch eine spezifische Form von Modellbildung zu seinem Ende?[4] Wenn dem so ist, so müßte dies auch Konsequenzen für das gegenwärtige kategoriale Bezugssystem von Ökonomie haben.

Die gegenwärtige *Krise der Arbeit* läßt sich vor diesem Hintergrund auch als Krise eines Begriffs interpretieren, der dem handlungsleitenden ökonomischen Modell zugrunde liegt. Angesichts des Ausschlusses eines immer größer werdenden Teils der Bevölkerung aus dem Erwerbsmodell, wird die produktive Arbeit als Integrations- und Synthesemodell brüchig. Die Prekarität von Begriffen verweist allerdings nicht nur auf die Krise und damit auch auf die Grenze einer spezifischen Art von Modellbildung. Sie eröffnet zugleich eine Leerstelle, in der *Ökonomie* von ihren eigenen *Grenzen*, d.h. von ihren Widersprüchen und Problemen, her *neu gedacht* werden kann.[5]

dynamischen und expansiven Prinzip wird. Daran wird auch die Abstraktionskraft des modernen Denkens beispielhaft deutlich. Siehe zur Logik der inneren Entgrenzung auch zwei weitere Publikationen, die im Rahmen der Arbeitsgruppe entstanden sind: Gerschlager 1996, Paul-Horn 1999.

4 Zu den Grenzen der neuzeitlichen Modellbildung siehe auch Heintel 1993b.

5 Was kommt nach dem „Ende der Arbeitsgesellschaft"? Wie sieht die Zukunft der Arbeit aus, wie möchten wir, daß sie aussieht? Antworten der Arbeitsgruppe finden sich in Paul-Horn 1997. Diese Publikation dokumentiert am Beispiel der Frage nach der zukünftigen Gestaltung von Arbeit auch ein Modell für die wissenschaftliche Auseinandersetzung mit gesellschaftlichen Problemen.

Die Frage nach einer „alternativen Ökonomie" ist für das Forschungsprojekt daher mit der Frage nach einer *alternativen ökonomischen Modellbildung* unmittelbar verknüpft. Es wird vermutet, daß die Schwierigkeit von Alternativen, sich zu etablieren, nicht nur mit der Dominanz des bestehenden Wirtschaftssystems zusammenhängt, sondern auch mit ihrer Theorielosigkeit. Denn diese bedeutet für Alternativen im Extremfall, daß ihnen sprachlich verbindliche Artikulation und Verallgemeinerung fehlt.[6] Welche Rolle die Ökonomie innerhalb eines alternativen theoretischen Rahmens noch einnehmen kann, ob die Ökonomie in der Lage ist, ihren eigenen Abtritt zu denken, sind gegenwärtig nicht beantwortbare Fragen.

3. Alternative ökonomische Modellbildung

Die Entwicklung einer Theorie von Alternativen setzt alternative Formen von Theoriebildung voraus: Eine Theorie von Alternativen kann nicht in Form eines konsistenten und geschlossenen Gegenmodells angeboten werden. Denn damit würde sie sich in die neuzeitliche theoretische Tradition des Ausschließens und Verdrängens von Widersprüchen einordnen. Sie muß vielmehr einen alternativen Umgang mit dem Widerspruch finden. Der Widerspruch wäre in seiner positiven und produktiven Bedeutung zu akzeptieren und konstruktiv mit ihm zu verfahren. Zu diesem Zweck wurden im Arbeitskreis folgende fünf Kategorien entwickelt, die sich als Bausteine einer solchen Theorie von Alternativen verstehen lassen: Bedürfnis, Entgrenzung und Redimensionierung, Gewaltregulierung, Technologische Formation und Systemtranszendenz.[7]

Bedürfnis

Die Herausforderung der Bedürfnis-Kategorie liegt in ihrer Unbestimmtheit. Hinter jedem Bedürfnis steht eine bestimmte Vorstellung von Gesellschaft. In den letzten Jahren sind wir aber mit der Auflösung aller möglichen Menschenbilder

Dabei zeigen sich neue, prozeßorientierte kommunikative Aufgaben für die Wissenschaft: Zusätzlich zum Erarbeiten neuer Sichtweisen im Rahmen des Systems Wissenschaft stellt sich als Aufgabe die Organisation eines Dialogs mit gesellschaftlichen Akteuren wie zum Beispiel Praktikern und Praktikerinnen aus der Wirtschaft.

6 Gespräche mit Ökonominnen und Ökonomen zu den zentralen Thesen einer alternativen Ökonomie sind nachzulesen in: Bammé u.a. 1993.

7 Siehe Artikel von seiten der Arbeitsgruppe „Alternative Ökonomie", vertreten durch A. Bammé, W. Berger, P. Fleissner, C. Gerschlager, L. Gubitzer, P. Heintel, E. Kitzmüller, I. Paul-Horn, A. Pellert, zu den einzelnen Kategorien Gubitzer 1994.

und Sinnkonstruktionen konfrontiert. Diesem gesellschaftlichen Prozeß entspricht auch die Auflösung der Identitätsfrage. An die Stelle der theoretischen Fundierung (z.B. anthropologischer und erkenntnistheoretischer Art) tritt nun das Konzept des „Lebensstils“ und seiner „Wahlmöglichkeit“. Damit ist in diesem Zusammenhang die Krise bezeichnet.

Die Wahlmöglichkeit ist gleichsam eine Chance, denn sie verweist auch auf die prinzipielle Offenheit des Bedürfnisbegriffs. Das „Bedürfnis“ ist nun inhaltlich leer und könnte neu bestimmt werden. Allerdings bleiben die sozialen Bedingungen dieser Wahl verborgen. Die Menschen treffen ihre Entscheidungen primär auf dem Tauschmarkt: Ihre Wahl äußert sich in Form eines Kaufakts. Die Ökonomie gibt vor, eine befriedigende Antwort auf Bedürfnisse zu haben. Auf Probleme reagiert sie, indem sie Lösungen in Form von Produkten bereitstellt. Die Kaufentscheidung verlangt keine über den Kaufakt hinausgehende Reflexion derselben. Unklar bleibt, was mit der Entscheidung für ein bestimmtes Produkt überhaupt gewählt wird.

Die Idee der Konsumentensouveränität wäre vor diesem Hintergrund als Entlastung vor der Übernahme der Verantwortung bei der Wahl eines Produkts zu interpretieren. Daher lautet eine wichtige Frage im Projekt: Unter welchen Bedingungen können wir uns dieser Wahl bewußt werden, die wir mit der Entscheidung für ein Produkt vollziehen? Welcher gesellschaftlichen Bedingungen bedarf es für die Organisierung solcher Wahlen?

Redimensionierung

Das Heraustreten der neuzeitlichen Ökonomie aus ihrem gesellschaftlichen „Bett“ (Polanyi) bezeichnet einen radikalen Einschnitt in die traditionelle gesellschaftliche Organisation. Tabus und Grenzen – in welche die vorwiegend häusliche Wirtschaft einst eingebettet war – werden angesichts des Erfolgs der ökonomischen Expansion sukzessive unwirksam. An deren Stelle tritt das Versprechen der Ökonomie, ein im Prinzip unendlich vermehrbares Warenangebot zu schaffen, durch das die neue Bedürftigkeit des Individuums erfaßt werden kann. Je differenzierter und vielfältiger die Produkte, desto eher erscheint eine Identifikation mit diesen möglich und wünschenswert.

Der Begriff Entgrenzung bezeichnet hier eine „Herstellungsökonomie“ (Gubitzer). Diese Ökonomie hat eine Tätigkeit, das Herstellen (die produktive Arbeit), ausgezeichnet. Damit hat sich ein Denken verallgemeinert, dessen Held der Homo faber ist. Der Homo faber greift auf die Welt zu: Sein Weltbild ist instrumentell. Bedeutung hat nur, was als Mittel für seine Zwecke zu taugen scheint. In der Fokusierung dieses Aspekts des Verfügbarmachens (z.B. der Natur oder der Zeit, die als knappe Ressource behandelt wird, oder der Arbeit, die zum Produktionsfaktor, zum Humankapital wird) ist ein Aspekt der Maßlosigkeit angelegt.

Das Herstellen wird als wesentliches Diffusionsprinzip begriffen. Es durchdringt ebenso andere Bereiche menschlichen Lebens: z.B. auch das politische Handeln, welches – im Widerspruch zur Tradition – als Herstellung eines gesellschaftlichen Zustands (der Stabilität) verstanden wird. Wenn nun in einem Prozeß der ökonomischen Universalisierung all das verfügbar wird, was immer unerreichbar war, so drängt sich die Frage auf, wo hier Grenzen ansetzbar sind, bzw. ob es noch ein „Außen" gibt, und wenn ja, wo es angesiedelt ist?

Auf verschiedenen Ebenen stellt sich hier die Frage nach dem Maß und daran anschließend die Frage nach der Tauglichkeit von diversen Redimensionierungsstrategien.

Gewaltkanalisierung – Opferung
(Was hält die Menschen zusammen?)

In welcher Beziehung stehen Erfolg und Zerstörung des gegenwärtigen Wirtschaftssystems? Im Mittelpunkt steht das problematische Verhältnis von Gewalt(tätigkeit) und Wirtschaft. Den Ausgangspunkt bildet die These, daß es der Ökonomie in der Neuzeit gelungen ist, die menschlichen Begehren und Leidenschaften (die irrationale Gewalt) in ein System zu binden. Es ist möglich, den Neid, die Gier und die Rivalitäten in Konsum und Produktion auszuleben. Dies aber nicht wie in anderen Kulturen offen, denn offene Gewalttätigkeit und Feindschaft bestimmen unser Leben nicht primär. Sondern durch Transformation der Gewalttätigkeit in ein Moment produktiver Kraft. Darin liegt auch der Erfolg des Systems begründet. Diese Umformung der Leidenschaften geschieht unbewußt, was den Erfolg noch befördert, in gleichem Ausmaß allerdings auch die Zerstörung tabuisiert.

Aus dieser Sicht wäre die Suche nach Alternativen auch die Suche nach einem anderen Umgang mit den menschlichen Leidenschaften und der Gewalt. Die Gewaltregulierung, die die Wirtschaft leistet, wäre in ihrer ganzen Ambivalenz wahrzunehmen und neu zu überdenken.

Technologische Zivilisation
(Was hält die Welt zusammen?)

In der Literatur gibt es mindestens zwei (sich widersprechende) Deutungsmuster in bezug auf die Krise. Einerseits: Alles ist Chaos. Wir leben in einer Zeit postmoderner Unübersichtlichkeit in der die verschiedenen Fundamentalismen aufeinandertreffen, ohne einen Gesamtzusammenhang erklären zu können. Andererseits wird eine tendentielle Entwicklung zu einer alles umspannenden Weltgesellschaft wahrgenommen.

Durch die Tendenz zur Vereinzelung, d.h. auch Entscheidungen werden vermehrt individuell getroffen, zerfällt auch das gemeinsame Interesse – auf institutioneller Ebene läßt sich Gesamtverantwortung nicht mehr artikulieren – und „große Theorie" verliert an Erklärungskraft. Mit dieser Kategorie wird die Bedeutung, die der Politischen Ökonomie des Kapitals einst zugekommen ist, herausgefordert, indem danach gefragt wird, welche „Kraft" gegenwärtig gesellschaftsintegrierend wirkt. Ist es noch die Wirtschaft? Oder ist die Wirtschaft nur noch ein „Epiphänomen technologischer Gesamtorganisation" (Heintel) und im Sinne Hazel Hendersons „am Ende"? Befinden wir uns nicht schon längst in einer „Technologischen Formation", in der die ordnungsstiftende Funktion von der Technologie übernommen wurde?[8]

8 Dem ökonomisch-politischen Erklärungsansatz (Sicht A – „klassisch") steht der technologische Erklärungsansatz (Sicht B – „neu") gegenüber: Aus der Sicht A heraus, ist die Ökonomie dominant. Die Argumentation lautet in etwa so: Mit dem Abgehen von der Selbstversorgungswirtschaft hat sich ein neuer Gesellschaftstypus durchgesetzt: die warenproduzierende Gesellschaft. In ihr setzt sich das Geld als Medium für Tauschakte und das Privateigentum an Produktionsmittel durch. Aus persönlichen Abhängigkeiten (innerhalb der Familie oder des Feudalsystems) werden sachliche Abhängigkeiten. Die Kehrseite der Emanzipation ist ein verschärfter Wettbewerb, in dem sich das Individuum, welches in verschiedene Märkte eingebunden ist, bewähren muß. Der Vorteil des Marktes liegt darin, daß er nicht auf zentrale Regulierungsformen angewiesen ist und deshalb eine Innovationsdynamik lostritt. Unter spezifischen Rahmenbedingungen kann sich der Markt in diesem Sinn entfalten, und besticht durch seine Effizienz (mehr und schneller wird vom Gleichen produziert). Die Schumpeterschen Unternehmer sind (echte) Innovatoren und heben die Produktion auf *neue* Bahnen. Es entsteht ein neues Bedürfnisniveau, welches die ökonomische Produktion befriedigen wird. Die Innovationen gelingen durch technische, organisatorische und durch Maßnahmen im Bildungsbereich. Mit der Anhäufung von Gütern und den nicht intendierten Folgen der Produktion nimmt auch die globale Gefährdung von Mensch und Natur zu. Die Sicht B geht demgegenüber davon aus, daß die Technologie bereits eine dominante Bedeutung in der Gesellschaft übernommen hat. Technik wird dabei als ein soziales Konstrukt verstanden. Technische Einrichtungen sind Knotenpunkte sozialer Beziehungen: erstarrte soziale Figurationen, die primär von Maschinen implementiert werden. D.h. soziale Beziehungen werden heute zunehmend in Gestalt der Technik eingegangen. Wenn z.B. zwei Computer Geld austauschen, so handelt es sich dabei um eine soziale Beziehung, die in Gestalt der Technik realisiert wird. Andere Beispiele hierfür wären z.B. die Just-in-time-Produktion (in der eine Integration von Zulieferer und Endproduzenten technologievermittelt passiert) oder der EAN-Code (bei dem Handel und Produktion integriert werden). Am logischen Endpunkt dieser Beispiele steht die Vernetzung von Produktion, Handel und Finanzströmen in einer Gesellschaft, die auch ohne Menschen funktioniert.

Systemtranszendenz

Die Anwendung von Modellen auf die Wirklichkeit und dessen Universalisierung war in der Neuzeit gekoppelt mit dem Glauben an die Machbarkeit kompliziertester Phänomene und die Planbarkeit nahezu aller Verhältnisse. Die Umsetzbarkeit von Modellen ist zu einem eigenen Modellcharakteristikum avanciert. Das „Modell Neuzeit" bietet Orientierung durch Grundentscheidungen technologischer und ökonomischer Art, die diesem Modell zugrunde liegen. Sofern Probleme auftreten, werden sie entlang dieser Grundentscheidungen gelöst. Beispielsweise wird das Bedürfnis nach Freiheit im Sinne der Produktion durch Produkte beantwortet, die grenzüberschreitende Mobilität versprechen.

Jedes Modell muß Grenzen ziehen. Indem es bestimmte Wirklichkeiten dominant setzt, muß es andere Wirklichkeiten an den Rand drängen. Der Mangel an Alternativen wird im „Modell Neuzeit" mit dem „Verlust des Außen" in Zusammenhang gebracht. Die Marginalisierung von Wirklichkeiten, die im Widerspruch zum „Modell Neuzeit" stehen, führt zu Selbstverkomplizierungsprozessen innerhalb der Systeme, die bei der Bewältigung von systemfremden Problemen überfordert sind (Zauberlehrlingssyndrom). Die Fragen im Projekt lauten daher: Wie können systemische Selbstläufe und Eigendynamiken durchbrochen werden? Wie kommt man aus den selbstgemachten Abhängigkeiten heraus? Wo hat das Außen im Innen noch einen Platz, der ihm zugestanden wird? Wie und wo können Alternativen gefördert werden? Das Angebot, das im Rahmen dieser Kategorie diskutiert wird, bezieht sich auf die Organisation einer „operativen, prozeßgestaltenden Differenz". Systemtranszendenz (als Gestaltungsinstanz) ist inhaltlich zunächst leer und jeder konkreten Alternative vorgelagert.

LITERATUR

Bammé, Arno/Berger, Wilhelm/Gerschlager, Caroline/Gubitzer, Luise (1993), Der kalte Blick der Ökonomie. 30 Gespräche, 2 Bände, München.

Berger, Wilhelm (1992), Das Bedürfnis und sein Schatten. Vorarbeiten zu einer philosophischen Anthropologie, Freiburg i. B.

Berger, Wilhelm/Pellert, Ada [Hg.in] (1993), Der verlorene Glanz der Ökonomie. Kritik und Orientierung, Wien.

Gerschlager, Caroline (1996), Konturen der Entgrenzung. Zur Ökonomie des Neuen im Denken von Thomas Hobbes, Francis Bacon und Joseph A. Schumpeter, Marburg.

Gerschlager, Caroline/Gubitzer, Luise (1997), Geld und Finanzmärkte, in: Kurswechsel. Zeitschrift für gesellschafts-, wirtschafts- und umweltpolitische Alternativen, Nr. 4.

Gerschlager, Caroline/Paul-Horn, Ina [Hg.in] (2001), Geld und Finanzmärkte, Marburg (in Vorbereitung).

Gubitzer, Luise (1994), Alternative Ökonomie, in: Kurswechsel. Zeitschrift für gesellschafts-, wirtschafts- und umweltpolitische Alternativen, Nr. 1.

Gubitzer, Luise (1999), Grundlegungen einer Alternativen Politischen Ökonomie, Habilitationsschrift zur Erlangung der allgemeinen Venia für Volkswirtschaftstheorie und -politik an der WU-Wien (Publikation in Vorbereitung).

Heintel, Peter (1993a), Alternative Modellbildung in der Ökonomie, in: Berger/Pellert, 17–72.

Heintel, Peter (1993b), Das historische Subjekt. Notizen zu einer Frage; in: Berger/Pellert, 185–200.

Kitzmüller, Erich (1996), Gewalteskalation oder neues Teilen, Wien.

Kreuzberg, Klara (2000), Die Zukunft der Gesellschaft, die Gesellschaft der Zukunft, Publikation des Projekts „Alternative Modellbildung in der Ökonomie", München (in Vorbereitung).

Klagenfurt, Kurt (1995), Technologische Zivilisation und transklassische Logik, Frankfurt/M.

Paul-Horn, Ina [Hg.in] (1997), Transformation der Arbeit. Prozeßwissenschaftliche Erforschung einer Grundkategorie, Wien.

Paul-Horn, Ina/Kitzmüller, Erich (1998), Alternative Ökonomie, Wien, NewYork.

Paul-Horn, Ina [Hg.in] (1999), Entgrenzung und Beschleunigung. Widersprüche und Fragen im Prozeß der Modernisierung, Wien.

Andrea Günter

Liebe zur Freiheit, Hunger nach Sinn: Wirtschaftsethik, Frauenpolitik und die Arbeit am Symbolischen

Das zweite Buch der Projektgruppe *Ethik im Feminismus* trägt den Titel „Weiberwirtschaft weiterdenken. Feministische Ökonomiekritik als Arbeit am Symbolischen". Mit dem Untertitel „Feministische Ökonomiekritik als Arbeit am Symbolischen" haben wir den Horizont umrissen, der diesen Ansatz prägt. Da ist einmal die Kritik am Androzentrismus der etablierten Ökonomietheorien, die, wie zu erwarten, den erwachsenen, gesunden, bürgerlichen Mann zum Maßstab der Wirtschaft machen. Dabei beruht der Androzentrismus des ökonomischen Denkens darauf, daß der Mann zum Maßstab des ökonomischen Denkens und zugleich zur Vermittlungsinstanz der Frauen geradewegs auch in der Welt der Ökonomie wird (Filli/Praetorius 1994:12–15; Günter/Praetorius/Wagener 1998: 17–32, 107–118). Die Behauptung der alleinigen männlichen Vermittlungsstruktur galt lange auch für die ökonomische Seite des In-der-Welt-Seins der Frauen, insofern allein dem Vater oder Ehemann Besitz, Gelderwerb und Berufstätigkeit erlaubt war.

Dann aber ist mit dem Androzentrismus eine Logik des Denkens verbunden, die die französische Philosophin Luce Irigaray die Logik des Einen beziehungsweise die Logik des Selben genannt hat. Damit ist gemeint, daß es nur einen Maßstab gibt, den Mann beziehungsweise den männlichen Maßstab, dem alles andere untergeordnet oder einverleibt wird. Das Andere erscheint in dieser Logik als Abweichung des Männlichen, als Ergänzung zu ihm, als mehr oder weniger männlich. So gilt die Frau beziehungsweise das Weibliche zwar als das Andere des Mannes, aber so, daß es zugleich sein Selbes ist: ihn ergänzt, weniger ist als er, der das Ganze darstellt und so weiter (Filli/Praetorius 1994:15ff.; Günter/Praetorius/Wagener 1998:48ff.).

Diese Logik des Androzentrismus verstärkt in den Blick zu nehmen ist für die Ökonomiekritik zentral, denn wenn wir über Wirtschaft diskutieren, konstruieren wir das Soziale als dessen Gegenpol. So bleibt „die Wirtschaft" Maßstab des politischen Tätigwerdens, stellt das Ganze dar, soll ergänzt werden, um diese für das gesellschaftliche Zusammenleben erträglich zu machen, bleibt dabei aber unhintergehbar die Norm.

Auch die Ethik erfährt ein ähnliches Schicksal. Der gegenwärtig oft zu vernehmende Ruf nach Ethik folgt derselben Ergänzungslogik. Ethik soll das zweckrationale Denken und Profitstreben ergänzen. Das Soziale und die Ethik nimmt in unserem Sprechen und Denken dieselbe Position im Hinblick auf die Wirtschaft ein wie das Weibliche im Hinblick auf das Männliche, und für das Soziale und die Ethik ist dasselbe Schicksal vorgesehen wie im bürgerlichen Selbstverständnis für das Weibliche: Es gibt ein geheimes symbolisches Bündnis zwischen der Wirtschaft und dem Männlichen gegen das Soziale, die Ethik und das Weibliche.

Dieses Bündnis betrifft heute insbesondere die Deutungsmuster, mit denen wir die Welt betrachten, und deren Logik. Denn in der Realität haben die Frauen die Funktion, das Männliche zu ergänzen und den Mann als Vermittlung für Frauen abgelehnt, gerade auch im Hinblick auf die Wirtschaft. Dafür spricht, daß heute, 1999, mehr und mehr Frauen berufstätig sind, für ihre ökonomische Unabhängigkeit sorgen, über Besitz verfügen, ferner die unhintergehbare Bedeutung der Hausarbeit für die Gesellschaft und die Ökonomie behaupten und sich außerdem noch nie so viele Frauen mit Wirtschaftsthemen beschäftigt, fortgebildet und nach eigenen Entwürfen gesucht haben wie in den letzten fünf Jahren. Die Mailänderinnen sprechen sogar von einer unerwarteten Revolution des Arbeitsmarktes (Butarelli 1997). Vor diesem Hintergrund können wir nicht mehr so einfach von der Männlichkeit des Wirtschaftssubjekts beziehungsweise der Wirtschaft sprechen.

Durch das praktische und theoretische Tätigwerden der Frauen ist ferner die Partialität der Männlichkeit des Wirtschaftssubjektes entlarvt worden. Die Wirtschaft hat sich, gerade wenn es um die Neuordnung des Geschlechterverhältnisses geht, als partiell, unvollständig, eingeschränkt und beschränkt erwiesen. Und dies, obgleich wir „die" Wirtschaft als übermächtig erleben. Oder vielleicht erleben wir sie heute gerade auch darum als so übermächtig, weil wir mit der Ohnmacht und Unfähigkeit der Ökonomie konfrontiert sind, wenn es um die Probleme des Zusammenlebens, wenn es um Politik geht.

Was uns zu tun bleibt, ist die Suche nach einer neuen Ordnung des Lebens und des menschlichen Zusammenlebens, die die übermächtig erscheinende Wirtschaft auf ihren Platz verweist. Die Suche nach einer solchen Ordnung beinhaltet nicht lediglich die nach einer neuen materiellen Existenz, zum Beispiel die nach einer neuen Steuerpolitik. Vielmehr wird eine solche Suche immer Antworten darauf geben, wie wir unsere menschliche Existenz und das Zusammenleben der Menschen in der Welt verstehen, ob sie will oder nicht. Bewußt an diesem Zusammenhang zu arbeiten und uns darüber auseinanderzusetzen, wie wir uns verstehen, ist das, was wir von der Projektgruppe *Ethik im Feminismus* im Anschluß an die italienischen Differenztheoretikerinnen die „Arbeit am Symbolischen" nennen.

Diese Arbeit besteht in der Deutung der Tatsachen, auf die wir in der Gegenwart stoßen. Denn unsere Deutung der Tatsachen ist das wesentliche Moment, das hilft, unser Tätigwerden zu orientieren, ohne dabei die alten Geschlechterklischees zu reproduzieren (Günter 1999). Die Deutung der sich ständig verändernden Gegenwart liefert reale Anhaltspunkte gerade auch für solche gesellschaftlichen Veränderungen, die wir von frauenbewegter Seite aus als für Frauen sinnvoll akzeptieren können, und die zugleich etwas über den Sinn der weiblichen Existenz in der Welt sagen. Für das Bestehen auf diesen Zusammenhang spricht wiederum, daß in den letzten Jahren die Suche nach dem Sinn der weiblichen Existenz präsent war, zum Beispiel darin, daß besondere „weibliche" Fähigkeiten wie Fürsorglichkeit und Beziehungsfähigkeit für das Arbeiten in der Wirtschaft behauptet wurden. Dies hat den Frauen Sinn versprochen, wenn auch auf eine sehr problematische Weise. An der Sinnsuche festzuhalten, halte ich für unhintergehbar notwendig, aber es ist auch notwendig, dafür eine andere Sprache zu finden.

Deshalb muß die Tatsache gedeutet werden, daß sich die Wirtschaft und die Arbeitswelt dadurch, daß Frauen in den letzten Jahren als wirtschaftliche Subjekte tätig geworden sind, indem sie über Besitz verfügen, berufstätig sind und auf dem Markt als Subjekte tätig werden, unhintergehbar verändert hat. Zu fragen ist, ob es Zeichen dafür gibt, daß die Schwierigkeiten dieses Prozesses nicht auf einen Back lash hinauslaufen, wie er in den letzten Jahren von feministischer Seite aus beklagt wird. Ob es Zeichen dafür gibt, die wir als Indizien für wirkliche Veränderungen festhalten können, und die uns beispielsweise die weibliche Berufstätigkeit vor der bloßen Anpassung an die Verhältnisse oder den Eintritt weiblicher Subjekte in den Markt, vor deren Einverleibung in die neoliberale kapitalistische Logik schützen lassen.

Nun ist es eine Möglichkeit, sich Statistiken vorzunehmen und aufgrund der veränderten Zahlen etwa die zunehmende Berufstätigkeit von Frauen zu konstatieren. Die zunehmende Berufstätigkeit der Frauen könnte jedoch allein ein Reflex auf äußere Notwendigkeiten sein, wie etwa auf die Tatsache, daß die Löhne in den letzten Jahren nicht im gleichen Maße wie die Preise gestiegen sind, sodaß ein Verdienst in einer Familie nicht ausreicht, und daher mehr und mehr Frauen arbeiten gehen müssen.

Indizien dafür, daß es sich bei der zunehmenden Berufstätigkeit der Frauen nun um eine *politische* Errungenschaft handelt, müssen als eine Veränderung in unserem Selbstverständnis, insbesondere in unserem Verständnis des Frau- und des Mannseins erkennbar werden. Solche Indizien gibt es durchaus. Denn wir können trotz der Schwierigkeiten, die Frauen in der Praxis mit dem Berufsleben haben, davon ausgehen, daß in unserem Selbstverständnis Frausein, Gelderwerb, Besitz und Beruf nicht mehr als unvereinbar betrachtet werden beziehungsweise allein Männlichkeit an Gelderwerb, Besitz und Beruf gekoppelt ist.

Damit geht einher, daß Frauen in der Welt nicht mehr Männer oder Männlichkeit als Vermittlungsinstanz für Gelderwerb, Besitz und Berufstätigkeit brauchen. Das Verständnis, daß Frauen in immer weniger Bereichen auf die Vermittlung von Männern oder Männlichkeit angewiesen sind, ist das Indiz, das die Mehrung der weiblichen Freiheit in der Welt anzeigt. Die Verminderung der Notwendigkeit männlicher Vermittlung für Frauen und die Zunahme der eigenen weiblichen Vermittlung in allen Belangen der Welt ist das Zeichen dafür, daß das Patriarchat seinem Ende entgegengeht (Libreria 1996). Außerdem liegt der einzige Grund dafür, daß so viele Frauen seit dreißig Jahren mit Vehemenz dafür sorgen, einen eigenen Beruf, Gelderwerb und Besitz zu haben, darin, daß *sie* dies wollen, daß sie ihre Freiheit behaupten wollen.

Die Erkenntnis von der Verminderung der männlichen Vermittlungsmacht und von der Zunahme der weiblichen Freiheit scheint mir übrigens auch das Einzige zu sein, das Frauen davor schützt, sich bei zunehmender Berufstätigkeit dem Berufsleben lediglich anzupassen. Denn die zunehmende Berufstätigkeit der Frauen als Zeichen der Realisierung weiblicher Freiheit zu betrachten, verweist uns ständig darauf, daß nicht allein Notwendigkeit und Anpassung, sondern die Freiheit das Zeichen ist, unter dem die zunehmende Berufstätigkeit der Frauen steht.

So kann das Tätigwerden mit dem Selbstverständnis, daß dies ein Zeichen der weiblichen Freiheit ist, zu sehr anderen Handlungen führen als allein die Kenntnisnahme der nackten Tatsache der zunehmenden weiblichen Berufstätigkeit, wie sie sich an Statistiken ablesen läßt. Es ist vor allem dieses Selbstverständnis, das Frauen gerade auch im Berufsleben Freiheit schenkt und den Raum für Leidenschaft und Veränderungsbestrebungen eröffnet und offen hält.

So halte ich es für sinnvoll und notwendig, daß wir uns die politisch sinnstiftenden Faktoren bewußt machen, die in den letzten dreißig Jahren frauenbewegterweise die wesentlichen Veränderungen unserer gesellschaftspolitischen Verhältnisse bestimmt haben, und die von Visionen unterschieden werden müssen. Meines Erachtens handelt es sich um die folgenden drei Faktoren:

- Die Liebe der Frauen zur Freiheit, die wir anfangs nur negativ bestimmt haben, nämlich als Widerstand gegen männliche Unterdrückung und Definitionsmacht.
- Die Suche der Frauen nach einem (vom Mann) unabhängigen Sinn der weiblichen Existenz und nach der weiblichen Würde in der Welt. Diese zeigt sich in den vielen frauenbewegten kulturwissenschaftlichen, philosophischen und theologischen Arbeiten, vermittels derer die Frauen ein neues Verständnis der weiblichen Existenz in der Welt gewinnen.
- Der Wunsch nach gelingenden Beziehungen, wie sie die Tatsache zum Ausdruck bringt, daß unglaublich viele Frauen in den letzten dreißig Jahren an ihren Beziehungen gearbeitet haben, sei es an ihren Freundinnenschaften und Liebesbeziehungen, an ihren Beziehungen am Arbeitsplatz oder in der Politik, und zwar gerade auch in Form von Selbsterfahrung, Therapie, Supervision und allen möglichen Kommunikationsfortbildungen, welche sich alle mit Beziehungen beschäftigen.

Mit der Benennung solcher Faktoren ist eine Ordnung des Tätigwerdens von Frauen markiert, die den Rahmen für die Wirkmächte des In-der-Welt-Seins der Menschen abgibt. Solche Faktoren wahrzunehmen und zu benennen erlaubt, andere Wirkmächte richtig einzuschätzen und sie nicht größer, aber auch nicht kleiner machen zu müssen als sie sind.

Der Ruf nach Ethik und nach Werten

Auch der gegenwärtig so häufig zu vernehmende Ruf nach Werten beinhaltet die Suche nach einer Erneuerung der Ordnung des menschlichen Zusammenlebens. Unmittelbar mit diesem Ruf ist das gegenwärtige Unbehagen an der Wirtschaft und ihren Machern verknüpft, das sich in lauten Gegenstimmen gegen den Terror der Ökonomie, wie Viviane Forrester es im Titel ihres gleichnamigen Bestsellers auf den Punkt gebracht hat, und deren neue Ideologien wendet.

Allerdings ist es auffällig, daß es vor allem Männer sind, die nach Werten und Tugenden rufen. Auch dies läßt sich als Erfolg der Frauenbewegung verstehen, denn es ist die männliche Werteordnung, die abgewirtschaftet hat (Muraro 1999).

Nehmen wir diesen Ruf jedoch ernst, denn es geht um mehr als um eine Ergänzung des Geschehens. Dieser Ruf steht vielmehr für die Grundsatzfrage der Politik, nämlich für die Frage, wie wir unser Zusammenleben regeln wollen, so daß wir einigermaßen anständig und vielleicht auch gerecht miteinander in der Welt leben können und tätig werden. Es ist der Ruf nach einem Neuentwurf des Zusammenlebens der Menschen in der Welt. Es ist der Ruf danach, „der" Wirtschaft, genauer gesagt, dem Gebaren der multinationalen Großunternehmen und ihrer Macher sowie deren Anspruch auf alleinige Gestaltung des Zusammenlebens weltweit, dem Globalisierungsanspruch etwas entgegenzusetzen.

Etwas, das maßlos geworden ist, das, wie der Mann, für das Ganze zu stehen scheint, auf den ihm angemessenen Platz in der Ordnung des menschlichen Lebens zu verweisen, kann dann gelingen, wenn man dessen Partialität Rechnung trägt und davon ausgeht, daß dies nur ein Teil der Welt ist und gerade nicht für das ganze Menschsein steht. Dazu ist, das zeigen uns viele große Denkerinnen und Denker, zugleich ein Perspektivenwechsel vonnöten, der den Blick auf die Frage lenkt, wer wir als Menschen sind (Günter 1998:136ff.).

Interessanterweise hat gerade auch Hannah Arendt einen solchen Perspektivenwechsel im Zusammenhang mit einer ähnlichen Fragestellung vorgeführt. So ist Arendt in den 60er Jahren in Anbetracht der US-amerikanischen kapitalistischen Gesellschaft des 20. Jahrhunderts der Frage nachgegangen, was in einer Gesellschaft, die sich wesentlich über Arbeit definiert, passiert, wenn dieser die Arbeit ausgeht. Eine Antwort darauf sucht sie *nicht* in Lösungsvorschlägen zur Neuregelung des Arbeitsmarktes und der Arbeitsverteilung. Vielmehr entwirft sie eine

Anthropologie, in der sie die Grundtätigkeiten der Menschen herausarbeitet. Arendt will verstehen, was *Arbeiten* als Tätigkeit meint, und wie sich die Tätigkeit „Arbeiten" von anderen Tätigkeiten unterscheidet. Hierbei unterscheidet sie *Arbeiten*, *Herstellen* und *Handeln* (Arendt 1981; Günter/Praetorius/Wagener 1998:153–175).

Noch eine weitere Ähnlichkeit findet sich zwischen Arendts Denken und unserem gegenwärtigen Unbehagen an „der" Wirtschaft. So verstehen wir heute immer besser, daß unser Unbehagen an der Wirtschaft etwas mit der Ohnmacht der Politik zu tun hat. Dies zeigen die Veröffentlichungen unserer wichtigsten Zeitungen. Hier sticht ins Auge, daß das Unbehagen an der Politik, nicht einfach nur das an der Politik der gegenwärtigen Regierungen, sondern ganz grundsätzlich das an unserer politischen Kultur, ins Zentrum der Reflexion getreten ist. So wird seit einiger Zeit öffentlich darüber diskutiert, ob die Demokratie an ihrem Ende angelangt ist.

Nun findet sich auch bei Hannah Arendt die Verschiebung von der Frage nach der Arbeitsgesellschaft hin zur Frage nach der Politik. Dabei veranlaßt Arendt nicht das Unbehagen an der Politik ihrer Zeit oder die Macht der Großkonzerne dazu, über Politik nachzudenken. Vielmehr fordert sie die Erfahrung des nationalsozialistischen Totalitarismus, der ihrer Analyse zufolge zu einer zunehmenden Politikvergessenheit geführt hat, dazu heraus, die Menschen wieder darauf aufmerksam zu machen, was das Politische ist.

Wenn Feministinnen nun Androzentrismuskritik machen und nach einem neuen Verständnis des Zusammenlebens der Geschlechter in der Welt suchen, dann geht es ebenso wie bei Hannah Arendt um eine neue ordnungstranszendierende Perspektive, nicht nur im Hinblick auf die Wirtschaft, sondern im Hinblick auf das ganze Leben (Günter/Praetorius/Wagener 1998:18). Daß in beiden Fällen die Politik zum Dreh- und Angelpunkt des Nachdenkens und Neuentwerfens wird, erstaunt nicht, wenn man bedenkt, daß es in beiden Fällen, in der Frage der Geschlechterdifferenz und in der der Politik, um das Phänomen der menschlichen Verschiedenheit geht. Es ist das Grundproblem des androzentristischen Menschenbildes, daß Verschiedenheit nicht beziehungsweise auf eine uneigentliche Weise gedacht wird. Die Frau erscheint, wie anfangs vorgestellt, als das vom Mann Abgeleitete, manchmal ihn Ergänzende. Hierbei wird nicht Verschiedenheit gedacht, sondern das Eine wird zum Maßstab des Anderen. Philosophisch schlägt sich das darin nieder, daß von „dem" Menschen gesprochen wird. Dem steht Hannah Arendts Aussage über die Verschiedenheit der Menschen gegenüber, die beinhaltet, daß nicht *der* Mensch, sondern vielmehr *die* Menschen auf der Erde leben und die Welt bevölkern.

Gerade in der Verschiedenheit der Menschen aber liegt wiederum das Phänomen des Politischen begründet. Es beruht darauf, daß Menschen in Anbetracht ihrer Verschiedenheit miteinander zu tun haben, gemeinsam in der Welt tätig werden wollen und notwendigerweise gemeinsam tätig werden müssen. Das Politische ist Folge der Verschiedenheit. Es besteht in der Suche nach Wegen und Formen, die die Menschen in Verschiedenheit gemeinsam tätig werden lassen, ohne daß die Verschiedenheit dabei geopfert wird oder verloren geht. Die real existierenden Demokratien sind Ergebnisse dieser Suche. Sie stellen mehr oder weniger gelungene Formen des Zusammenwirkens dar, die es den Menschen erlauben, als verschiedene im Hinblick auf das Gemeinsame tätig zu werden (Günter 1998:7–20). So hat unser Unbehagen an der gegenwärtigen politischen Kultur auch damit zu tun, daß wir den Eindruck haben, die Politiker unterschieden sich nicht voneinander und es sei gleichgültig, wen wir wählen: Die Verschiedenheit ist verloren gegangen.

Zur Politik zählt vor allem die Möglichkeit, sich für die einzelne Person zu öffnen und offen zu halten, sich aktiv von dem, was ist oder was andere wollen, unterscheiden zu können und Initiativen zu starten, um das eigene Wollen in das gemeinsame Tätigwerden einzubringen. Diesem Grundphänomen des Politischen aber wird institutionalisierte Politik – Staatspolitik – immer hinterherhinken. So zeigt sich im Hinblick auf Frauen ebenso wie im Hinblick auf Wirtschaft, daß diese immer (schon) anderswo sind als die institutionalisierte Politik und deren Angebote sie vermuten. Was die Wirtschaft betrifft, so hält Nina Grunenberg, Journalistin der Wochenzeitung *Die Zeit* in „Aus dem Weg, bitte!" (7.10.1999) fest, daß die Wirtschaft beim Umbau der Arbeitsverhältnisse schneller ist als die Politik und diese nicht braucht. Was wiederum Frauen betrifft, zeigt sich dieses Problem im Zusammenhang mit der Netzwerkidee, die Feministinnen nun schon seit zwanzig Jahren als wichtige frauenpolitische Strategie verkünden, die aber nach wie vor im argen liegt. Nun kann frau daraus schließen, daß das Patriarchat immer noch übermächtig ist, die Frauen noch nicht so weit sind oder es einfach nicht richtig machen. Oder wir können von einem eigenen Urteilsvermögen und Wollen der Frauen ausgehen und die Tatsache anerkennen, daß Frauen schon immer anderswo sind und anderes wollen als Programme und wohlmeinende Vorschläge es vorherbestimmen können, daß sie schon Antworten auf die Probleme ihres Lebens gefunden haben, unabhängig davon als wie erfolgreich diese in der öffentlichen Meinung erscheinen. Dann hat der Mißerfolg solcher Programme aber nicht mit einem mangelnden politischen Ethos der Frauen oder mit politischer Unmündigkeit, sondern vielmehr mit der menschlichen Verschiedenheit und der weiblichen Freiheit zu tun.

Immer anderswo zu sein als diese Form von Politik projektiert, gilt auch für die Wirtschaft. Allerdings muß hier zunächst unterschieden werden zwischen der Freiheit des Marktes und der der Manager. Daß uns diese Unterscheidung verloren gegangen ist, hat etwas mit der symbolischen Unordnung zu tun, die der Kapitalismus hervorgebracht hat. So kann er von der Freiheit des Marktes sprechen, obgleich dieser gar nie frei sein kann, denn die Freiheit ist eine spezifische Möglichkeit des Menschseins. Frei können nur Menschen sein, sprechende Wesen, die durch Sprechen ihre Einzigartigkeit kundtun und sich aktiv von anderen unterscheiden können. Wäre der Markt wirklich frei, so würde seine Dynamik außerdem nicht darin bestehen, daß alle Wirtschaftsmächte derselben Gesetzlichkeit folgten oder folgen müßten, wie es gegenwärtig so gerne behauptet wird. Vielmehr müßten sich die einzelnen Konzerne in ihrem Wirtschaftsverhalten aktiv voneinander unterscheiden.

Zur Arbeit an der symbolischen Ordnung zählt, daß wir solche Unordnungen in unserem Sprechen und Denken herausfinden und sie richtigstellen. So machen wir in diesem Falle sichtbar, daß es immer die Menschen sind, die entscheiden und handeln, und daß die Rede von der Freiheit des Marktes Unsinn ist. Daß die Freiheit des „Marktes" also vielmehr in der Freiheit der einzelnen Subjekte besteht, die am Markt tätig werden, und die, wenn sie wirklich frei sind, sehr unterschiedlich tätig werden müßten. Daß wir in unserem Sprechen über die Wirtschaft nicht von dieser Tatsache ausgehen, und daß Manager nicht in Verschiedenheit tätig werden, hat etwas mit den Managementideologien zu tun, dem heiligen Glauben der Wirtschaft und mehr und mehr unserer ganzen Gesellschaft, die vorgibt, sie wüßte, wie die Welt funktioniert und Weisen des Tätigwerdens propagiert, die das Verhalten und Entscheiden der Menschen mehr und mehr vereinheitlicht. Auf diese Weise verlieren wir an Freiheit.

Händler, ebensowenig wie Ehrgeizige, haben allerdings, so schon Aristoteles, nichts in der Politik zu suchen. Denn typische Verhaltensweisen der Händler sind Konkurrenz, Gewinnsucht und Habgier. Was den Händlern und den Ehrgeizigen geradewegs fehlt, ist der Ethos des Politischen: Die Bereitschaft nämlich, einen gemeinsamen Handlungsraum mit anderen, die andere Interessen und Vorstellungen haben, offen zu halten und gemeinsam mit diesen tätig zu werden (Günter 1998:21–28). Wenn sich also gegenwärtig unser Eindruck verschärft, daß die Politik beziehungsweise die Demokratie am Ende ist, so findet dieser Eindruck eine Bestätigung unmittelbar darin, daß wir, folgen wir Aristoteles, eine Gruppe zum Maßstab der Politik machen, die antipolitische Tugenden verkörpert (Günter 1998:48–64).

Es ist also nicht zu beklagen, daß die Wirtschaft immer schon anderswo ist, denn das ist ein „normales" Phänomen des menschlichen In-der-Welt-Seins, das nicht allein nur die Wirtschaft, sondern beispielsweise auch die Frauen betrifft. Das Problem ist vielmehr, daß der kapitalistischen Wirtschaft per definitionem das politische Ethos fehlt, das Freiheit jenseits von individualistischem Eigennutz in der Bezogenheit auf andere ansiedelt. Frauen hingegen können nicht umhin, die Bezogenheit in der Politik zu verabschieden, weil sie, nicht anonymisierte Wirkmächte, sondern konkrete Personen, immer auf andere Frauen, Männer und Kinder stoßen, mit denen sie direkt verhandeln müssen (Günter 1998:51–55). Außerdem haben die Frauen in den letzten dreißig Jahren gezeigt, daß Bezogenheit, Abhängigkeit und Freiheit miteinander zu vereinbaren sind. Denn seit der Verwirklichung ihrer Freiheit haben sie dennoch weiterhin Hausarbeit gemacht, Kinder erzogen und Kranke gepflegt.[1]

Die Revolution der Arbeitsverhältnisse durch die Frauen hat also dazu geführt, daß unsere Gesellschaft alle ökonomischen Fragen grundsätzlich neu regeln muß. Gleichzeitig hat sie aber auch gezeigt, daß damit unhintergehbar eine Neubegründung der Ordnung unserer Kultur verbunden ist, und das heißt, eine Neubegründung der Ordnung der zwischenmenschlichen Beziehungen (Günter 1998:59–68). Die Neubegründung der Beziehungen erweist sich als Dreh- und Angelpunkt, weil gerade die Kulturleistungen darauf beruhen, die existentiellen Momente des menschlichen Daseins miteinander zu verbinden und zu verarbeiten: also die Gebürtigkeit, die Lebensalter und den Tod, dann das Treffen von Schutzvorkehrungen gegen die Gewalten der Natur, aber auch die Erfindung und den Gebrauch von Werkzeugen und die Formen der Verteilung von Gütern (Günter 2000; Freud 1974; Wagener 1999). Dabei erscheint eine weitere Unterscheidung hilfreich, nämlich die zwischen der Ökonomisierung und Kapitalisierung der verschiedenen Lebensbereiche. Die gegenwärtige Durchkapitalisierung macht uns darauf aufmerksam, daß das ganze Leben auf Tausch und Tauschbeziehungen beruht, beziehungsweise daß Vorgänge im gesamtgesellschaftlichen Tausch vorhanden sind, wie zum Beispiel Familienarbeit, die bislang nicht als solche wahrgenommen oder zumindest nicht angemessen gewertet wurden. Insofern ist feministischerseits das Wachsen des Wissens davon und die Anerkennung dieser Bereiche durchaus begrüßenswert: Das ganze Leben ist Tausch. Allerdings beinhaltet diese Erkenntnis nicht, daß aller Tausch, und das heißt das ganze Leben, durch Geld geregelt werden muß (Günter/Praetorius/Wagener 1998:100f., 131ff.; Günter 1998:202–217). Diese Unterscheidung verlangt nach ethischen Maßstäben.

Das Subjekt der Fülle

Eine weitere auffällige Parallele zwischen Hannah Arendts Anthropologie des menschlichen Tätigwerdens und dem Neuentwurf der Geschlechterdifferenz hat unmittelbar etwas mit dem Neuentwurf des Subjekts der Ökonomie zu tun. Es handelt sich um die Bedeutung der Gebürtigkeit, um die Bedeutung der Tatsa-

1 Freiheit gibt es also nicht, wie bei Arendt zu lesen, nur für Bürger, die frei von den Pflichten des Alltags sind. Dies zeigt das historische Ereignis der Frauenfreiheitsbewegung. Arendt hat in ihrer Anthropologie einen schwerwiegenden Fehler gemacht, der darin besteht, daß es bei ihr keine Kinder und Alten gibt, und das, obgleich sie von der Gebürtigkeit der Menschen ausgeht. Ich argumentiere hier also mit Arendt gegen Arendt.

che, daß jeder Mensch von einer Frau geboren wird, als Kind, nämlich als Tochter oder Sohn zur Welt kommt und durch die mütterliche Vermittlung in die Welt eintritt.

Nun geht die Ökonomietheorie von einem homo oeconomicus aus, der wirtschaftet, um seine Bedürfnisse zu befriedigen. Dem Menschen ist der Mangel strukturell eingeschrieben. Allerdings übergeht auch diese Interpretation des Menschseins, daß nicht der Mensch, sondern die Menschen auf der Erde leben und die Welt bevölkern. Das heißt, daß jede und jeder von uns zwar als bedürftiges Kind in die Welt eintritt, aber diese Welt immer schon da ist und immer auch schon andere Menschen da sind, die für das Kind sorgen beziehungsweise sorgen könnten. Das heißt, daß uns das Geborensein der Menschen nicht den Mangel vor Augen führt, sondern vielmehr die Fülle: das immer schon Dasein der Welt mit all ihren Gütern und das immer schon wertschöpfende Tätigsein der anderen Menschen. Anstelle eines Subjektes des Mangels können wir daher von einem Subjekt der Fülle ausgehen. Von einem Subjekt der Fülle auszugehen verändert meines Erachtens nun grundlegend die Einschätzung des wirtschaftenden Tätigwerdens. Denn das Geborensein des Menschen in Fülle beinhaltet, daß man immer zuerst bekommt, so wie man das Leben geschenkt bekommt. In den Vordergrund tritt das Tauschen und Verteilen der schon existierenden Güter, das immer noch mehr Schaffenmüssen und Habenwollen tritt in den Hintergrund. So ist uns unser westlicher Reichtum nicht länger ein Problem, sondern die Habgier, die unmittelbar mit der Illusion der Unabhängigkeit zu tun hat (Günter/Praetorius/Wagener 1998:119–144; Günter 1998:202–217). Auch die Wirtschaft stößt im Augenblick an die Grenzen dieser Illusion, denn sie mußte in den letzten Jahren bitter erfahren, daß auch sie abhängig ist, so von der Stabilität der Finanzmärkte unterschiedlichster Nationen und Regionen (Rußland, Asien, Brasilien). Auch für sie wäre das Konzept der Vielheit von Abhängigkeiten, und das heißt die Rückbindung an die Politik und die Gemeinwesen ein stabilisierender Faktor.

Es geht also darum, was man dafür, daß man bekommen hat, zurückgibt. Es geht um Dankbarkeit. Denn Dankbarkeit beinhaltet, etwas zurückzugeben aufgrund dessen, daß ich bekommen habe. Dankbarkeit bezeugt, etwas bekommen zu haben, das mich bedingt, mich schuldig macht, verpflichtet und folglich rückbindet. Dankbarkeit bringt die Verbundenheit und Abhängigkeit von anderen zur Sprache und in die Welt (Markert 1997:5–9). Es ist die „unangenehme" Seite der Ordnung des menschlichen Zusammenlebens, nämlich die, die dazu herausfordert, Wertschätzung dafür, bekommen zu haben, durch eigenes Tätigwerden tatsächlich kundzutun und in die Welt zu bringen: zu geben. Eine Kultur der Dankbarkeit erscheint als Alternative zur kapitalistischen Habgier.

Interessanterweise hat die Schwägerin des Daimler-Chrysler-Chefs Jürgen Schrempp in einem öffentlichen Brief an diesen, als dessen Wunsch publik wurde, seine Steuern im Ausland abzurechnen, ähnlich argumentiert. Dieser Brief enthält den Vorwurf, Schrempp vergesse, daß er von unserer Gesellschaft Ausbildung, Studium und Stipendien bekommen hat, auf unseren Straßen fährt, unser Gesundheitssystem in Anspruch nimmt, seine alten, pflegebedürftigen Eltern von seiner Schwägerin versorgt wurden usw. (Badische Zeitung Freiburg, Februar 1999). Mit dieser Argumentation appelliert die Schwägerin an die Ordnung des menschlichen Zusammenlebens, die im Geborensein begründet ist: Herr Schrempp vergißt, daß er zuerst Kind war, daß er zuerst in der Gesellschaft, in der er heute noch lebt und arbeitet, bekommen hat.

Von einer Kultur der Dankbarkeit zu sprechen, die Folge des Geschenks des Lebens ist, ist zugleich elementare Patriarchatskritik. Denn das Patriarchat geht davon aus, daß die Mutter Materie und Objekt des kindlichen Wachstums sei. Dagegen hat die italienische Philosophin Luisa Muraro in ihrem Buch „Die symbolische Ordnung der Mutter" auf großartige Weise herausgestellt, daß die Mutter nicht einfach Materie des kindlichen Wachsens ist, sondern daß sie es ist, die gibt und schenkt, und das dann, wenn auch sie bekommt: zurückbekommt (Günter/Praetorius/Wagener 1998:133–144, Günter 1998:59–68).

LITERATUR

Arendt, Hannah (1981), Vita activa oder Vom tätigen Leben, München.

Butarelli, Annarosa u.a. (1997), La rivoluzione inattesa. Donne al mercato del lavoro, Milano.

Filli, Heidi Bernhard/Praetorius, Ina u.a. (1994), Weiberwirtschaft. Frauen – Ökonomie – Ethik, Luzern.

Frankfurter Frauenschule [Hg.in] (1999), Frauen – Arbeit: Entfremdung und Freiheit. Reflexionen aus Italien, Königstein.

Freud, Sigmund (1974), Fragen der Gesellschaft. Ursprünge der Religion, Studienausgabe Band IX, Frankfurt/M.

Günter, Andrea/Praetorius, Ina/Wagener, Ulrike (1998), Weiberwirtschaft weiterdenken: Feministische Ökonomiekritik als Arbeit am Symbolischen, Luzern.

Günter, Andrea (1998), Politische Theorie und sexuelle Differenz. Feministische Praxis und die symbolische Ordnung der Mutter, Königstein.

Günter, Andrea (1999), L'Opera al nero: Die Arbeit am Symbolischen, in: DIOTIMA, Die Welt zur Welt bringen. Politik, Geschlechterdifferenz und die Arbeit am Symbolischen, Königstein.

Markert, Dorothee (1997), Die politische Bedeutung von Dankbarkeit. Überlegungen zum Anspruch auf Wohlbehagen, zu gerechtem Tausch und der Freiheit zum Handeln, in: Schlangenbrut 59, 15. Jg., 5–9.

Muraro, Luisa (1999), Freudensprünge, in: DIOTIMA, Die Welt zur Welt bringen. Politik, Geschlechterdifferenz und die Arbeit am Symbolischen, Königstein.

Muraro, Luisa (1993), Die symbolische Ordnung der Mutter, Frankfurt/M.

Wagener, Ulrike/Markert, Dorothee/Schrupp, Antje/Günter, Andrea (1999), Liebe zur Freiheit, Hunger nach Sinn. Flugschrift über Weiberwirtschaft und den Anfang der Politik, Rüsselsheim.

Frigga Haug

Erfahrung und Theorie

Die Langeweile in der Ökonomie und die Farbwerke Hoechst[1]

Um die Wirtschaftsseite einer Tageszeitung zu lesen, muß ich mir einen Ruck geben. Was dort steht, ist mir in seiner Gesetzlichkeit bekannt, und zugleich sind eben diese Gesetze ganz meinem Eingriff entzogen, haben mit meinem konkreten Leben nichts zu tun. Die Wirtschaftsseite langweilt mich. Als Marxistin muß ich mich für Ökonomie interessieren. Täglich also zwinge ich mich, lese: *Volkswagen spürt noch keine Geschäftsbelebung. Klöckner rechnet mit einem ausgeglichenen Abschluß. Hoechst kündigt unveränderte Dividende für 1982 an.* Irgendwie beunruhigend beruhigend. Die Krise in der Stagnation. Profitgesetze, Klassenfragen, Ausbeutung, dahinter zunehmend Arbeitslosigkeit. Die Größe der hier in Frage stehenden Komplexe macht mir ein schlechtes Gewissen, wenn ich der Wirtschaftsseite kein längeres Studium widme und statt dessen auf die Seite mit den kleinen lokalen Nachrichten überwechsle. *Eine Frau springt aus dem vierten Stock in einen Hinterhof.* So viel Verzweiflung kann ich mir vorstellen. *Ein Ölscheich läßt sich sein Flugzeug von innen vergolden, selbst die Armaturen in dem eingebauten Badezimmer sind aus 24-karätigem Gold.* Auch das kann mit meinem Interesse rechnen. Ich habe auch ein Badezimmer, diesen überflüssigen Luxus in Gold, noch dazu in einem Flugzeug, kann ich verurteilen und bemessen und weiß wieder zugleich, daß solche Verhaltensweisen geradezu systemwidrige Ausnahmen sind. Produktion um der Produktion willen, nicht wegen des Luxuskonsums, bestimmt die Kapitalgesetze.

Ich zwinge mich zurück auf die Wirtschaftsseite und lese weiter über die Normalität des Kapitalismus, nicht über seine Auswüchse. *Der Weltumsatz bei Hoechst ist um 15% auf 34,4 Milliarden DM gestiegen.* Auch etwas, das meinen Horizont überschreitet: 34,4 Milliarden. Ich stelle fest, daß ich geradezu zwanghaft die Wirtschaftsgeschehnisse auf meine kleine Haushaltsökonomie übertrage. Die Gesellschaft im Großen mir zu eigen machen, heißt, ihre Gesetze auf die Regeln meines privaten Lebens herunterdenken. Und umgekehrt. Das geht eine Weile ganz gut: Waren müssen gekauft werden mit Geld; Gebrauchswerte werden produziert; es wird konsumiert; es herrscht Arbeitsteilung. Aber wie die Menschen ihr Leben produzieren, aufgeteilt nach Klassen und um des Mehrwertes willen, dies bestimmt nicht die häusliche Produktion und also das tägliche Leben und umgekehrt sind die Versorgung der Kinder, die Familienform und die

1 Vortrag, gehalten an den Volksuniversitäten Stockholm und Berlin 1982. Bereits erschienen in: Das Argument 136/1982.

Unterordnung der Frauen unter die Männer keine Fragen, die mit Ausbeutung, kapitalistischer Fremdbestimmung und Klassenkampf zu kennzeichnen wären. So finden wir uns in dem Paradox, daß die entscheidenden Fragen der Gesellschaftsformation vom Standpunkt des alltäglichen Lebens aus unbegreifbar und von daher langweilig werden und die lebendigen Fragen des Alltags vom Standpunkt des Klassenkampfes und also von dem radikaler linker Politik her nebensächlich (vgl. dazu auch meinen Beitrag „Frauen und Theorie" 1983). Und doch muß es einen Zusammenhang geben zwischen den Dingen im Großen und Ganzen und der Art und Weise wie massenhaft gelebt wird. Ich quäle mich weiter durch die Zahlenwüsten im Wirtschaftsteil. Die unbegreiflichen Zuwachsraten bei Hoechst, so lese ich, verdanken sich am stärksten der Pharma-Sparte mit einem Plus von 20,9%; prozentual noch mehr wuchs der Faserumsatz, um 31,6%. Der Hinweis auf die bestimmten Produkte, die den Unternehmern für ihre Profite gleichgültig sein mögen, weckt mein Interesse. Wieso wuchs dermaßen die Arzneimittelproduktion? Und wer braucht denn die vielen zusätzlichen Fasern? Wie leben denn die Menschen diese Artikel? Und wie leben sie überhaupt dieses gesamte System? Meine Begriffe aus der Kritik der politischen Ökonomie lassen mich da ziemlich hilflos: *Klasse; Klassenkampf; Arbeit, gleichgültige; Produktivkräfte; Produktionsverhältnisse; Ausbeutung und Mehrwert* – von daher kann ich schlecht ableiten, *wie* diese Strukturen ergriffen werden. So wenig die Profitgesetze unmittelbar das häusliche Leben in der Familie regen, so wenig läßt sich der Alltag aus den Kapitalgesetzen deduzieren. Was so für den Alltag aller Menschen gilt, seine Unbegreiflichkeit aus den Gesetzen, nach denen sich die Produktion im Großen analytisch bestimmen läßt, das gilt um so mehr für die Frauenfrage. Die Frauenunterdrückung ist älter als der Kapitalismus; der häusliche Bereich, der orientierend das Leben der Frauen bestimmt, unterliegt den Kapitalgesetzen nicht direkt; die Verantwortung für Mann und Kinder, die leibliche und seelische Versorgung der Angehörigen sind Aufgaben, die der Logik von Verwertungsprozessen und Lohnarbeit widerstreiten (vgl. dazu Haug 1981). Liebe und Fürsorge widersprechen Konkurrenz und Tauschdenken. Wir kommen hier zu einem zweiten Paradox, das ich verkürzt folgendermaßen charakterisieren möchte: Die Frauenunterdrückung hängt ganz offensichtlich mit Bereichen und der Fesselung an sie zusammen, die sich gegensätzlich zu den Kapitalgesetzen bestimmen. Das macht, daß sie von der Befreiungstheorie der Lohnarbeiter, dem Marxismus, nicht nur nicht erfaßt wird, sondern sogar auf der Seite der Befreiung schon eben jene Teile der Frauenleben angesiedelt scheinen, die ihre Unterdrückung ausmachen. Mütterlichkeit, Befriedigung von Bedürfnissen unabhängig von der Leistung, Liebe, Fürsorge, Wohnlichkeit, das sind sozialistische, gar kommunistische Ziele und zugleich die Fesseln, in denen die Frauen heute leben. In der Arbciterbewegung wurde auch lange Zeit der Sozialismus als Frau dargestellt; so ist auch heute den Frauen zuhause die Aufgabe der Erlösung von der außerhäuslichen Fremdbestimmung aufgetragen. (Ohne der Frauenunterdrückung auch nur einen halben Gedanken zu schenken, feiern u.a. André Gorz und Alain Touraine die Frauenbewegung als eine Befreiungsbewegung für Männer, weil sie ihnen die häuslichen Werte bringen könnte. „Es geht dann nicht mehr darum, die Frau von der häuslichen Tätigkeit zu befreien, sondern darum, deren nichtökonomischer Rationalität auch jenseits des *domus* Geltung zu verschaffen ..." [Gorz 1980:78]. „Dank der Frauenbewegung haben wir Männer den Anspruch auf Gefühle, auf Beziehungen zu Kindern usw. wiederentdeckt." [Touraine, zit. nach Gorz 1980:79]).

Zusammenfassend möchte ich behaupten, daß die Langeweile in der Ökonomie daher rührt, daß wir uns nicht die Mühe gemacht haben, die Art und Weise zu studieren, wie die Menschen die in der Kritik der politischen Ökonomie entdeckten Strukturen alltäglich leben. Das ist eine Frage nach der individuellen Vergesellschaftung.

Wir nehmen die verschiedenen Dimensionen des Lebens: Liebe und Arbeit, Privates und Öffentliches, Haushalt und Wirtschaft als verschiedene getrennte Bereiche wahr, haben über jedes arbeitsteilig getrennte Gedanken und Gefühle und doch leben wir die Trennung in einem zusammenhängenden Leben. Für die Frauenfrage heißt dies, daß wir über den Zusammenhang von Frauenunterdrückung und Kapitalismus so gut wie nichts wissen – allerdings empört vor Leichtlohngruppen und der Streichung von Sozialausgaben stehen und noch viel fassungsloser vor Abtreibungsgesetzen und Scheidungskosten –; und daß wir also nicht sagen können, wie sich das Gesamtsystem mit Hilfe von Frauenunterdrückung reproduziert, welche Eingriffe für Frauenbefreiung heute möglich sind und noch nicht einmal, welche Perspektive eine Arbeiterbewegungspolitik ohne Einbeziehung der Frauenfrage hat.

Kollektive Empirie als Erinnerungsarbeit

Wir stellen also fest, daß es nicht nur an Frauen in Wissenschaft und Kultur, in Regierung und Wirtschaft mangelt, sondern auch, daß die weiblichen Erfahrungen nicht oder kaum in die Theoriebildung, in die tragenden Begriffe etwa des Marxismus Eingang gefunden haben. Ebensowenig, wie wir begreifen, daß ein System von Konkurrenz, Imperialismus, Ausbeutung, Unterdrückung und Krieg die Zustimmung seiner Bürger erhält, ebensowenig begreifen wir, warum Frauen nicht gegen eine Struktur sich zur Wehr setzen, in der sie immer wieder zu Wesen werden, die den Männern untergeordnet sind, Wesen zweiter Klasse (vgl. dazu Mouffe 1982). Ich stelle mir die doppelte Frage, wie die Defizite in der Theoriebildung aufzuarbeiten sind, wie also der Marxismus zu erweitern ist um die Frauenfrage und wie Frauen in ihre Vergesellschaftung verändernd eingreifen können. D.h. ich stelle mir die Frage nach eingreifender Theorie, die die Erfahrungen der Frauen begreift in der Perspektive ihrer Veränderung.

Die neue Frauenbewegung zog aus dem Fehlen der Frauen in allen gesellschaftlich relevanten Bereichen und aus der Ahnung, daß dies in der wissenschaftlichen Theorie kaum anders sei, den Schluß, Politik als Selbsterfahrung zu betreiben. Das Persönliche ist politisch, dieser Slogan war für viele Aufforderung, sich in kleinen Gruppen alltägliche Probleme zu erzählen, sich aus der Vereinzelung in das Gefühl massenhafter Erfahrung zu begeben. Daß der bloße Austausch von Erlebtem noch nicht zum Begreifen führt, läßt sich hier schnell einwenden. Daß das Anhäufen von Unterdrückungs- und Gewaltgeschichten zwar zunächst das Selbstbewußtsein stärkt, aber auf die Dauer eher mutlos macht, statt Eingriffe zu ermöglichen, daß Selbsterfahrungsgruppen immer nach relativ kurzer Zeit zusammenbrechen oder weniger dramatisch im Sande verlaufen, ist selber eine ziemlich gesicherte Erfahrung aus diesem Umgang mit Erfahrungen. Aus Erfahrung muß man nichts lernen, formulierte Brecht und zugleich gilt, daß man ohne Erfahrung nichts lernen kann (vgl. dazu Haug 1981:2). Aus dem bisher skizzierten Dilemma erfahrungsarmer Theorie und theoriearmer Erfahrung möchte ich einen Vorschlag kollektiver Empirie *präzisieren:* die *Erinnerungsarbeit* (vgl. dazu Projekt Frauengrundstudium 1980 und 1982). Um herauszufinden, wie das Leben der vielen einzelnen geschieht, müßten wir es besichtigen. Eine Möglichkeit ist, *Geschichten zu schreiben,* Alltagsskizzen und Jedermanns-Erlebnisse von uns aufzuzeichnen (vgl. dazu Haug [Hg.in] 1980). Um zu vermeiden, daß so das Alltägliche begriffslos und vorurteilsvoll bloß verdoppelt wird, gilt es, diese Notizen *kollektiv zu bearbeiten*. Um die soziale Konstruktion, die Mechanismen, Verknüpfungen, Bedeutungen unserer Taten und Empfindungen herausarbeiten zu können, müssen wir *historisch vorgehen*. Der Vorschlag, der also die Tugenden der Erfahrungsgruppen beibehalten will, die Verhältnisse im Großen mit dem Leben im Kleinen zu verknüpfen und die Untugenden vermeiden möchte, im begriffslosen „Kleinen" auf das Gesamt zu verzichten, heißt: *kollektive Erinnerungsarbeit* zu leisten. Die Betonung liegt auf kollektiv, auf Erinnerung und auf Arbeit. Das Resultat ist eine notwendige, genußvolle, neue, große Empirie.

Der Vorschlag ist in dieser Verknüpfung neu. Die einzelnen Bestandteile jedoch werden seit einiger Zeit diskutiert. Das macht die Durchführung leichter und schwieriger. Überall trifft man auf Vorarbeiten, zugleich wird man beschuldigt, Grenzen nicht einzuhalten. Das trifft die Bereiche: sozialwissenschaftliche Methode; Literatur; den Streit um Erfahrung und um Sprache und ihrer Bedeutung, um Kultur und Ideologie.

Ich werde versuchen, bei der Präzisierung des Verfahrens die Streitpunkte, wo nicht ausführlich zu benennen, sie jedenfalls in meine Ausführungen operativ einzubeziehen.

Subjekt und Objekt

In den empirischen Sozialwissenschaften streitet man seit langem darum, ob der Mensch als Gegenstand von Forschung nicht seiner menschlichen Spezifik, der Tatsache, daß er selbst handelndes Subjekt ist, eben nicht Objekt, beraubt werde. Kann man auf Menschen wie auf Insekten blicken? (vgl. dazu insbes. Adorno 1969, und Haug 1978). Bewegungen, Eigenschaften, Verhaltensweisen als feste Dinge erfassen? Das geht von Anweisungen an Interviewer, die möglichst unauffällig zu sein haben, damit sie das Feld nicht durch ihr eigenes Menschsein verunklaren, bis zu Vorschlägen, umgekehrt, das Interview zu Erziehungszwecken zu benutzen, das Feld anders zu verlassen als man hineinging. Im Kern des Hin und Her um die geeignete Mensch-Forschung, um das Verhältnis von Subjekt und Objekt in der Forschung, steht die Auffassung von dem, was der Mensch ist und was man mit ihm vorhat. Gilt es, seine Verhaltensweisen zu erforschen, um ihn vom Standpunkt einer Regierung besser steuern zu können oder faßt man ihn als gesellschaftliches Wesen, das sich selbst seiner Taten und ihrer strukturellen Behinderungen bewußt wird, um eingreifend zu verändern, das die Welt für menschliche Zwecke umbauen will?

Man hört an den Formulierungen: Wir ergreifen Partei für den aufrechten Menschen, der den Verhältnissen nicht bloß ausgeliefert ist. Diese Parteinahme hat Einfluß auf die Methode der Empirie. Für uns kommt eine Forschung, die den Menschen als Gegenstand oder Objekt faßt, nicht in Frage. Daß die Form, das Leben zu erkunden durch das kollektive Schreiben von Geschichten, eine ganz eindeutige Aufforderung ist, Forschung als Selbsttätigkeit zu fassen, liegt auf der Hand. Erforschte und Forschende sind eins. Die Lösung des Subjekt-Objekt-Problems ist fast zu einfach.

So einfach kann jeder schließlich nicht Forscher sein. Das beginnt schon bei der Wahl des Themas. Wer bestimmt es? Schließlich ist „Alltag“ zunächst ein Chaos. Wer also soll – noch dazu für ein Kollektiv – setzen, was ausgewählt werden soll? Die Fragen um das Monopol der Themenstellung betreffen zugleich umgekehrt die Frage der Interessen der vielen. Jeder, der einmal in einer Selbsterfahrungsgruppe war oder auch nur auf Familienfesten oder in Eisenbahnabteilen den langen Reden einzelner zuzuhören gezwungen war, weiß um das Problem. Im Grunde möchte keiner hören, was die anderen zu sagen haben. Man kennt es schon; es ist zudem uninteressant erzählt; die Erzählenden streichen sich heraus und putzen andere herunter; dieses Alltagsgeschwätz über alles kann man nicht ausstehen. Auch in den Selbsterfahrungsgruppen wartet jede darauf, endlich selber an die Reihe zu kommen, möchte eher sprechen als zuhören. In den berechtigten Beschwerden sind schon eine Reihe praktischer Hinweise an die Bearbeitung von Erzähltem enthalten – ich komme später darauf zurück. Hier geht es zunächst um die Frage des Interesses und die Wahl des Themas.

Ich möchte behaupten, daß die Interesselosigkeit bei den Erzählungen anderer nicht allein, nicht einmal wesentlich der Kunstlosigkeit des Vortrags geschuldet ist, sondern eben jener Auffassung entspringt, daß es im Grunde bedeutungslos ist, was jeder so alltäglich tut, erfährt, fühlt usw., bedeutungslos für alle anderen und besonders bedeutungslos für die Gesamtgesellschaft. Da es aber auch eben dieses alltägliche Leben ist, in dem sich die Gesellschaft im Großen reproduziert, wird allein schon ein Wissen darum, so behaupte ich ferner, die Haltung der einzelnen zu sich selbst und zueinander umbauen. Man nimmt sich und andere ernst. Die Forschungsfrage, wie die Systemstrukturen – etwa die Lohnform, das Geld, das Wachstum der Textilindustrie oder ähnliches – in meinem Alltag von mir mit welchen Motiven, Hoffnungen, Wünschen usw. aufgenommen, umgearbeitet und getragen werden und wie dies die anderen machen, verwandelt uns unversehens allesamt in Experten unseres Alltags. Wir erscheinen einander nicht mehr als Zeitdiebe oder Konkurrentinnen, die sich die Schau stehlen, sondern als Forschende in gemeinsamer Sache, als Wissende, die die Mosaiksteine liefern können, die zum Bau des Ganzen verwendet wurden, von uns umbaubar wären. Daß aus unseren Einzelerfahrungen etwas Gemeinsames erkennbar werden kann, verändert schon unsere Beziehung zueinander. Die lernende Haltung macht uns ungeduldig und offen für jede weitere Information und geduldig gegenüber der Unzulänglichkeit der Berichterstattung. Das gilt, so behaupte ich, für jedes Thema, welches unseren Alltag, unsere Erfahrungen mit den gesellschaftlichen Strukturen, wie wir sie vorfinden, verknüpft. Welches Feld dann konkret gewählt und bearbeitet wird, richtet sich am besten nach dem Druck, den die einzelnen verspüren. Es ist wahrscheinlich, daß sie dort am meisten zu sagen und also beizutragen haben, wo der Leidensdruck am größten ist. Ohnehin verschieben sich im Laufe der Bearbeitung die Probleme, erweisen sich andere, eröffnen sich neue Forschungsfelder usw. – hierzu später.

Bestimmen wir gemeinsam, was uns wichtig ist, so ist die Gruppe auch gleich zu Anfang schon der Garant, daß es sich nicht um ein sektiererisches Problem handeln, – die bloße Zustimmung schon zeigt, daß es alle betrifft, daß ein Vergleich möglich ist, daß Unterschiedliches zusammengetragen werden kann, daß überhaupt ein Forschungsprozeß eröffnet werden kann (ausführlich dazu Haug 1983).

Die soziale Konstruktion subjektiver Erfahrung

Erfahrungen als Quelle der Erkenntnis benutzen ist ganz illusionär, wird man einwenden. Hier wird doch fälschlich unterstellt, daß die einzelnen überhaupt in der Lage sind, „objektiv" über sich zu berichten. Was ihnen widerfuhr, verarbeiten, ja konstruieren sie doch subjektiv! Hier haben wir das Subjekt-Objekt-Problem, welches wir auf der Seite der Forschung so harmonisch lösten, auf der Seite der Berichterstattung mit ganzer Wucht wieder. Dem subjektiv Erfahrenen ist jede objektive Gültigkeit abzusprechen. Die Begründung: Die einzelnen drehen und wenden, deuten um und verfälschen, verdrängen und vergessen, was ihnen widerfährt, und verfolgen eine Konstruktion ihrer Person, der sie den Gehalt der Vergangenheit unterordnen. Man kann also nichts darauf geben, was sie von sich und ihrer Weltbearbeitung sagen, es ist subjektiv gefärbt.

Machen wir aus dem Vorwurf der bloß subjektiven Bedeutung der Dinge eine Forschungsfrage. *Wie* verändern, verfälschen, verdrehen die einzelnen eigentlich die Gegebenheiten ihres Alltags und *warum?* Das Warum hängt mit ihrer Identität zusammen. Das soll heißen, die Menschen bauen die Gegebenheiten ihres Lebens so um, daß sie selber einigermaßen widerspruchsfrei darin existieren können. So sie dies nicht in der Tat tun können, tun sie es in der Idee, in der Erinnerung. Was wir also erforschen können, ist nicht, „wie es wirklich war", sondern wie die einzelnen sich hineinbauten, sich veränderten, welche Interpretationen sie vornahmen, was sie davon hatten, kurz, wie sie sich selber bauten in die vorhandenen Strukturen.

Der Vorwurf beflügelt uns. Schließlich waren es nicht so sehr die fertigen Strukturen, die wir erkennen wollten, sondern ihr Werden, die Verarbeitung der Gegebenheiten im Alltag mit dem Resultat, daß die einzelnen die Gesamtgesellschaft immer wieder reproduzieren. Der Vorwurf hat sich in sein Gegenteil verkehrt. Es ist in der Tat *notwendig,* die subjektiven Erinnerungen zu befragen, wenn wir über die Aneignung objektiver Strukturen etwas wissen wollen. Dabei nehmen wir nicht an, daß sie ganz ins Belieben der einzelnen gestellt ist, wie dies als Beigeschmack des Wortes „subjektiv" zu spüren ist. Ganz im Gegenteil. Wie die einzelnen etwas wahrnehmen, es für gut und richtig, für schön und erstrebenswert, für verächtlich und verwerflich halten, dies ist die Stätte des täglichen Klassenkampfes um die Köpfe und Herzen der Menschen. Ist uns dies bewußt, so können wir einige theoretische Hilfe (aus Ideologie- und Kulturtheorie) für unsere kollektive Empirie bekommen. Die Verarbeitung der einzelnen, die wir als Weltaneignung entzifferten und der wir in den Alltagsgeschichten auf der Spur sind, werden sich bewegen auf dem Feld herrschender kultureller Werte und gegenkultureller, widerständiger Versuche, dem Leben einen Sinn und Genuß abzuringen. Sie werden Kompromisse sein (vgl. dazu Willis 1979 und Projekt Ideologie-Theorie 1979). Es empfiehlt sich, als eine Art theoretischen Rahmens, die Gewohnheiten, Sitten, Regeln und Normen, das, was erwartet wird, was allgemein dazu gedacht wird, was in unseren eigenen Köpfen als moralische Erwartung und halbtheoretische Einstellung vorhanden ist zu der Untersuchungsfrage, ebenso aufzuschreiben wie die Hoffnungen, die sich an eine Selbstvergesellschaftung im Gegensatz zur Fremdvergesellschaftung heften. Man wird feststellen, daß unsere eigenen Taten, soweit wir sie erinnern, in gewisser

Weise neben den gesellschaftlichen Erwartungen und eigenen Wünschen liegen, daß die Probleme verschoben sind. Die Zusammengesetztheit der Kompromisse zu untersuchen, heißt auch, Möglichkeiten freizulegen, anders zu leben, bzw. herauszufinden, wie anders gelebt werden könnte – wo Veränderungen nötig und möglich sind.

Unsere kollektive Empirie hat also das hochgesteckte Ziel, herauszuarbeiten, wie die einzelnen sich in vorhandene Strukturen einbauen, dabei sich selbst bauen und die Strukturen zum Teil verändern, wie sie also die Gesellschaft wiederherstellen, wo Veränderungsmöglichkeiten sind, wo Fesseln am härtesten drükken usw.

Literatur oder Schreiben – Erste Bearbeitungsschritte: die Sprache

Das Aufschreiben von Erlebnissen und Erinnerungen selber verändert schon eine Menge: Man muß aussondern und gewichten, passende Worte suchen, eine Distanz schaffen, Zusammengehöriges ausfindig machen, sich einen Leser denken und also einzelnes verständlich ergänzen, damit Zusammenhänge erfassen usw. Man muß sich vor allem das Erlebte bewußt machen, als wäre es zuvor schon bewußt gemacht. Das ist nicht nur anstrengend, es erfordert auch ein ganz anderes Augenmerk auf die Dinge, und umgekehrt stellt man beim Schreiben plötzlich fest, was einem alles einfällt, was sich hinzudrängt. Kurz, Schreiben ist eine eigene Produktion, eine Tätigkeit, die selber ein neues Bewußtsein schafft. Schreiben schafft auch einen eigenen Genuß: so zum Beispiel, wenn man nach langem Hin und Her plötzlich das Wort gefunden hat, das genau das ausdrückt, was man sagen wollte. Schreiben ist ein Handwerk, das gemeinhin arbeitsteilig von Schreibern besorgt wird; Literaten, sie betreiben es als Kunst.

So ist die dritte Front, an der der Streit um das Geschichtenschreiben ausgetragen wird, die zwischen Literatur und Schreiben. Folgen wir mit dieser Schreib-Aufforderung an die Frauen nicht lediglich dem Modetrend nach „authentischer" Literatur? Ich möchte mich an dieser Stelle nicht einmischen in die Auseinandersetzung um höhere Kunst, niedriges Schreiben, um Genialität und Alltagssprache (vgl. dazu insbes. Manthey 1979). Wohl aber scheint es mir notwendig, einige Aspekte des Schadens zu untersuchen, den eine solche Arbeitsteilung in Schreiben und Leben mit sich bringt.

Wir kommen damit zur Frage der *Bearbeitung* von Geschichten. Da ist zunächst die *Sprachlosigkeit*. Sie tritt in den Geschichten als Armut an Worten, damit als Unfähigkeit auf, überhaupt etwas mitzuteilen. Rückfragen danach, was genau geschehen war, wie man sich fühlte, worüber man erregt war, wohin man wollte, treffen stets auf die gleichen Gefängnismauern, den Wünschen und Behinderungen keine Form geben zu können und also für sie keinen Weg zu finden. Solche Sprachlosigkeit halte ich für eine wirkliche Behinderung bei der Befreiung, nicht bloß für einen Ausdruck davon, daß man kein Dichter ist. Das Heraustreten aus dem Dunkel der Vorgeschichte, die Bewegung der Frauen in die Politik, dieser Akt als selbstbewußter Schritt braucht auch die Bewußtheit des Lebens, braucht den Transport der Erfahrungen in begreifende Theorie – und braucht mithin Sprache. Insofern ist die Delegation der Macht über Sprache an einige Auserwählte ein Hindernis auf dem Weg der Befreiung. Eine Aufgabe des Kollektivs ist also auch die einer Sprachschule, die anders als die wirkliche Schule aus den geteilten Erfahrungen versucht, die Worte zu finden, die zum Handeln befähigen.

Das gilt auch für die häufigste Form, in der Erinnerungen in Worte gebracht werden: *das Klischee.* Man könnte das Klischee wohl auch als Fremdvergesellschaftung in der Sprache bezeichnen. Anders als die Sprachlosigkeit ist es unmittelbar geschwätzig, kann auf Einverständnis rechnen und verhindert dabei alles Denken und Begreifen. „Er sah ihr tief in die Augen", „ihr Herz bebte", „das Blut wich aus ihren Wangen", „ein Schluchzen stieg in ihre Kehle" – gerade die Gefühlswelt der Frauen scheint imperialistisch besetzt von Klischees, die wie Korsette das angemessene Fühlen und Wollen vorgeben. Der Schriftsteller E.A. Rauter (1978) bezeichnete Klischees als etwas, das ist, wie „wenn man einen Zwetschgenkern in den Mund nimmt, den ein anderer ausgespuckt hat, statt einer Zwetschge". Klischees sind in gewisser Weise auch Selbstverurteilungen auf dem ausgetretenen Pfad des Gesollten zu bleiben. Sie sind in jedem Fall Behinderungen beim Begreifen. So etwa schrieb eine Frau bei einer Untersuchung über die Einordnung der Körper in die herrschende Erwartung: „Ich entdeckte, daß meine langen lockigen Haare modisch waren und die Aufmerksamkeit auf sich zogen." Doris Lessing schrieb zu diesem für Frauen so unbegreiflichen Komplex *Haare:* der Friseur „entließ sie mit einer sehr dunkelroten Haarfarbe und einer Frisur, bei der sie bei jeder Bewegung das Gefühl hatte, eine schwere Seidenlast schwinge gegen ihre Wangen. So war es früher immer gewesen, wie sie sich noch gut erinnerte." (Lessing 1978:38). Es geht mir auch hier nicht darum, eine erfolgreiche Schriftstellerin gegen eine Alltagsschreiberin auszuspielen, sondern ich möchte vorführen, daß im Unterschied der beiden praktisch-politische Handlungsunterschiede liegen. Während Lessing zeigt, daß ein erotisch-sinnliches Moment in der Berührung mit den eigenen Haaren liegt – übrigens würde das niemand verstehen, wenn es nicht für alle fühlbar wäre –, scheint es in der Version unserer Alltagsautorin, als ob ihre Beziehung zu ihren Haaren ganz allein durch Mode und Aufmerksamkeit von anderen bestimmt sei. Ich halte das für eine vulgär-soziologische Theorie, die durch vorgefestigte Wortzusammensetzungen, die gerade so bereit lagen, zustande kommt, wenn wir nicht nachdenken, nicht fühlen und uns nicht erinnern. Die eifrig bereitstehenden Worte anstelle unserer und damit doch auch als Ausdruck für unsere Erfahrung orientieren uns in diesem Fall weg von Sinnengenuß und Körperlichkeit und versprechen Befreiung statt dessen als Unabhängigkeit von Moden und ähnlichem.

Ganz im Gegensatz zu ihrem Ruf ist unsere alltägliche Sprache auch ziemlich *abstrakt*. Indem sie absieht von der Konkretheit von Gefühlen, Gedanken, Erfahrungen und nur von weit oben über sie spricht, wird es schwer, ohne zusätzliche Anstrengung die weiblichen Erfahrungen in die erzählte Form zu bringen. So schrieb etwa eine Gewerkschafterin: „Während seiner Gewerkschaftsarbeit konnte er zahlreiche Kontakte knüpfen, die ihm auch bei seiner Bewerbung auf eine wesentliche Position nützlich sind." Kein Wort, kein Begriff, wie das geht „Kontakte knüpfen", was zahlt man für so ein Knüpfwerk, wem schlüpft er in den Hintern, wen verärgert er nicht durch eine eigene Meinung, wohin trägt er schmeichelnde Worte, (könnte sie solche Kontakte knüpfen, ohne in eine höchst zweideutige Lage zu geraten?) wozu braucht er und was ist eine „bessere Position"? Solche Fragen werden im Kollektiv stellbar. Nach einiger Zeit entsteht geradezu ein lustiger Wettstreit, hinter den Worthüllen die Vorgänge aufzuspüren (vgl. dazu Morisse u.a. 1982). Eine Möglichkeit, solch einordnender Abstraktionen zu entgehen, ist die Konzentration auf eine *bestimmte Situation*. Sie erlaubt es, liebevoll *die Details* zu beschreiben und ermöglicht es so überhaupt erst, andere Dinge zu erkennen als jene, die die vorurteilsvolle Halbtheorie zu erinnern erlaubt hatte, ermöglicht also so erst, der Vorschrift zu entkommen und die sinnliche Dimension zu entdecken.

Der Widerspruch, die Leerstelle, das Interesse

Eine besondere Herausforderung bei der Bearbeitung von Geschichten ist der *Widerspruch*. Im Kollektiv läßt sich gut kritisieren, was man einzeln anstandslos toleriert: daß nämlich in unseren Geschichten die einander ausschließenden Meinungen, Bewertungen und Ereignisse eine friedliche Koexistenz der Nichteinmischung führen. Der Bearbeitungsschritt sieht keineswegs vor, reale Widersprüche aus dem Leben etwa durch Wortwahl zu eliminieren. Vielmehr geht es darum, die friedliche Koexistenz, die zumeist ein Produkt von Nichterkennen, von Leugnung und Verdrängung ist, zu durchbrechen. So haben wir zum Beispiel wenig Mühe, endlose Schauergeschichten zu schreiben, in denen unsere Mütter uns in dieser und jener Frage behinderten und uns zu den verstümmelten Charakteren machten, die wir jetzt sind. Andererseits können wir, die wir zumeist auch Mütter sind, sowohl Geschichten schreiben über unsere Behinderungen durch Töchter, wie solche über den verderblichen Einfluß der Schule auf die ungetrübte Mutter-Tochter-Beziehung usw. Auch hinter diesen Wahrnehmungen verbergen sich nach meinem Dafürhalten vulgärsoziologische Theorien, wie sie in Illustrierten, aber auch in „wissenschaftlichen“ Büchern verbreitet werden. Sie dienen dazu, ein strukturelles Problem auf eine Ebene zwischen zwei Personen zu verschieben, oder anders gesprochen, Probleme in den Verhältnissen als solche von Schuld und Versagen einzelner Personen wahrnehmen zu lassen. Sie können sich leicht halten, wenn wir sie nicht mit Gegenerfahrungen konfrontieren. Auch dies ist eine Aufgabe des Kollektivs.

Eine andere Weise, sich mit Unerträglichkeiten zu arrangieren, ist *das Schweigen.* In den Erinnerungen tritt es auf als *Leerstelle* und als *Bruch.* Die Erkenntnis, daß man das Verschwiegene erforschen muß, der Versuch, Theorien daraufhin zu untersuchen, worüber sie nicht sprechen, war für die Frauenbewegung von großer Bedeutung (vgl. dazu insbes. Irigaray 1980). Schließlich hatten wir uns schon so daran gewöhnt, in der Geschichte nicht vorzukommen, daß wir im eigenen Denken und Sprechen diese Absehung von der bloßen Existenz von Frauen mitmachen. Verschwiegenes zu hören, die Leere zu sehen, ist zunächst schwierig, erfordert eine eigenes detektivisches Training (vgl. dazu auch Sölle 1981). Aber schon allein der Gedanke, daß es so etwas überhaupt gibt und daß es von Bedeutung ist, das Wahrnehmungsfeld strukturiert, das Handeln mit orientiert, schult dieses detektivische Herangehen mit einem Ruck. Die kollektive Diskussion über das Schweigen in den Geschichten ist besonders genußvoll, weil sie schöpferische Ergänzungsleistungen verbindet mit der Entdeckung, daß verschiedene Standpunkte unterschiedliche Sichtweisen erbringen und daß man einen eigenen Standpunkt besitzt, der mit der herkömmlichen Sichtweise auf die Dinge in Konflikt gerät, selbst wenn man diese bislang akzeptiert hatte.

Diese Frage von *Standpunkt* und *Interesse* ist überhaupt eine Schulung in Handlungsfähigkeit. Gewöhnlich erlebt und schreibt man so, daß einem etwas widerfährt, unbekannte Mächte organisieren das Leben für uns, personifiziert in schlechten Charakteren. Die Taten der anderen erklären sich aus ihren Eigenschaften, wir selber sind ihnen ausgeliefert. Ich möchte behaupten, daß eine solche Sichtweise auf andere Menschen zu Handlungsunfähigkeit führen muß, bestenfalls zur Klage. Die theoretische Einsicht, daß die anderen Personen – wie man selber – aus unterschiedlichen Interessen handeln, legt bei der Bearbeitung der Geschichten das Gewicht auf die Ausgestaltung der Personen mit begreifbaren Interessensmotiven. Dieser Schritt in der Bearbeitung ist einer, der die größte Umorganisation unmittelbar nach sich zieht. Die Mühe, die anderen Personen in ihren Bedingungen und Interessen vorzuführen, verändert die Sichtweise auf die eigenen Person im Handlungsgefüge. Aus einem Opfer von Verhältnissen und Personen wird eine Gestalt, die *mit* den Bedingungen und Personen arbeitet. Daß diese Erkenntnis nicht nur für das Schreiben wichtig ist, sondern für das Politikmachen überhaupt, erfährt man auch, wenn Frauen über Niederlagen in politischen Kämpfen berichten, z.B. als Schwierigkeit, Bündnisse zustande zu bringen.

Zusammenfassung

Ich breche die Vorführung der Bearbeitungsschritte an dieser Stelle ab, um meinen praktischen Vorschlag wieder in den anfänglichen Kontext zu stellen. Um ihn diskutierbar zu machen, fasse ich noch einmal zusammen, was er leisten sollte. Ich begann mit der Langeweile in der Ökonomie im Großen und brachte dies in Zusammenhang mit der Unbegriffenheit alltäglicher Praxen im Kleinen, insbesondere der weiblichen in ihrer Orientierung auf die Versorgung der Familie, die Fürsorge, das Wohl des Hausstandes usw. Um eine Erklärung zu finden, wie sich die Gesamtgesellschaft durch die Leben der vielen täglich wiederherstellt, wollte ich die Erfahrung der einzelnen für die Theoriebildung produktiv nutzen. Dies ist notwendig, um die Unterdrückung der Frau und ihre Einbindung in die Reproduktion der Gesamtgesellschaft zu begreifen und damit zu verändern. Der Vorschlag ist nicht als Ersatz von Politik gemeint, sondern als ein Teil Kulturpolitik. Er richtet sich besonders an die Frauen in der Frauenbewegung im weiteren Sinn. Er verbindet die Basisaktivitäten mit der allgemein arbeitsteilig betriebenen Forschung. Überhaupt stellt er Arbeitsteilungen in Frage und damit Kompetenzen. Daß wir über die Art und Weise, wie die Menschen die gesellschaftlichen Strukturen leben, so wenig wissen, scheint auch eine Frage der Arbeitsteilung zu sein. Es gibt die Analyse der Strukturen – die Kritik der politischen Ökonomie – und Auffassungen über Menschen. Daß z.B. von den Frauen abstrahiert wird beim Nachdenken über Wirtschaftsfragen, macht, daß sie sich langweilen in der Ökonomie und diese Politik als „nicht ihre Sache“ von sich fernhalten. Da waren zum Beispiel die Farbwerke Hoechst und ihre Wachstumsraten: Pharmaerzeugnisse und die Fasern. Fragen wir uns, wie man das eigentlich macht, den Umsatz etwa in Kunstfasern zu steigern, haben wir eine Antwort sofort bei der Hand. Das liegt u.a. daran, daß der Massenkonsum gesteigert werden kann, weil Frauen auf jeden Modegag hereinfallen. Befriedigt lehnen wir und zurück, nehmen uns selbst aus der Analyse aus und nehmen als Antwort, wo die Fragen erst anfangen. Wie wird denn das gelebt? Warum handeln Frauen so, falls sie so handeln? Welche Bedeutung hat was für sie? Was verknüpfen sie an Hoffnungen, Sehnsüchten mit was? Wie wollen sie leben? Wie bauten sie sich in die Strukturen, sodaß z.B. „die Mode“ als mächtiges Subjekt mit ihnen Handel treiben kann?

Ich möchte zum Abschluß eine kleine Geschichte vorführen, die in einem Projekt entstand, das sich die Frage stellte, wie Frauen sich selbst aktiv zu Objekten machen, durch subjektives Tun als Subjekte verschwinden, Gegenstände zum Anschauen, Anfassen, Objekte etwa männlicher Begierde werden. Anstoß war eine Begegnung mit einer Frau in der Universität, die ein durchsichtiges Kleid trug und darunter einen winzigen dreieckigen Schlüpfer und in diesem aufgrund sehr hoher Absatzschuhe ihren Hintern schwenkend mit ungezielter

Einladung durch den Flur schritt. Wir fragten uns, wohin sie mit dieser Darbietung wirklich wollte, konnten uns nicht vorstellen, daß die Eindeutigkeit des Auftretens eindeutige Absicht der Akteurin war und wußten nicht, was sonst. Wir stellten fest, daß wir nicht so weit gehen mußten, um zu erkennen, daß auch wir unser Aussehen ständig kontrollieren, irgendwie zur Schau stellen und darstellen, nach unbekannten Maßstäben mit den Augen anderer taxieren, kurz, daß wir nicht selbstverständlich und einverständig leben, sondern von uns mehr oder weniger unglücklich einen Ausdruck managen. Dieses Gewordensein unseres schaustellerischen Selbst, den Aspekt, in dem wir uns als Objekte leben, wollten wir erforschen (vgl. dazu den Band „Sexualisierung der Körper“ 1983). So entstand also u.a. die folgende Geschichte:

DER SCHLÜPFER

Endlich wurde es wieder Frühling und damit wärmer. Langsam konnte man die Mutter wieder bedrängen, Kniestrümpfe tragen zu dürfen. Als das Thermometer morgens auf dreizehn Grad kletterte, wurden zur bereitgelegten Wäsche das erste Mal die heißersehnten Kniestrümpfe gelegt. Weil es eigentlich aber noch heller Wahnsinn war, die Mutter ihr die nächste Grippe drohend vor Augen hielt, sollte sie über die Unterhose noch eine blaß hellblaue Wollhose anziehen. Die fand sie schrecklich, weil sie immer leicht kratzten und so babyhaft waren. Aber erstmal akzeptierte sie diesen Vorschlag, weil die dicken Strumpfhosen damit der Verbannung auf den Boden näher kamen. Endlich wieder Luft an den Beinen, dachte sie auf dem Weg zur Schule. Die meisten Mädchen hatten noch keine Kniestrümpfe an und sie wurde beneidet, denn das sprach für die Tollheit der Eltern und wie man in der Lage war, seine Wünsche bei ihnen durchzusetzen. In der Pause wurde auch der erste Gummitwist wieder herausgeholt und eifrig um höchste Höhen und komplizierte Sprünge gerungen. Ab kniehoch fing sie an, den Rock hinten runter zu halten, damit niemand, vor allen die frechen Jungen nicht, die blaßblaue Unterhose sahen. Das war anstrengend, ersparte Hänseleien, aber verursachte auch Fehler, was sie ärgerte. Am Nachmittag ging sie mit der Großmutter in die Stadt. In der Wäscheabteilung erzählte sie maulend, wie blöde sie die Hosen fände und daß sie sie einfach noch im Treppenhaus vor der Schule ausziehen und erst kurz vor der Haustür nach der Schule wieder anziehen werde. Die Großmutter frage eine Verkäuferin nach Wollschlüpfern für das Kind. Neben den bekannten etwas kräftiger blauen gab es noch eine Neuheit: weiße Spielhöschen, aus ganz weichem Stoff und hinten hatten sie drei Reihen Rüschen. Pflegeleichter als Wolle seien sie obendrein. Die fand sie ganz toll. Derselbe Stoff wie die Unterwäsche ihrer Mutter. Sie bettelte so lange, bis die Oma nachgab. Sonntags sollte sie die anziehen. Ja, ja dachte sie, stopfte am nächsten Morgen die Wollhose zurück in den Schrank und zog mit Wonne die Rüschenhose an. Sie konnte die Pause kaum erwarten, bzw. daß der Gummitwist endlich kniehoch war. Mit den Armen Schwung holend, sprang sie so hoch sie konnte. Die Mädchen fragten, wo sie die denn gekauft habe, so eine wollten sie auch haben und die Jungen schrien: „Die hat ja 'n Entenarsch!" Sollten sie doch schreien, so etwas tragen eben Erwachsene, die Jungen begreifen das eben nicht.

Ich kann an dieser Stelle kaum detailliert diese Geschichte bearbeiten bzw. einen Bearbeitungsprozeß schildern, dem weitere Fassungen folgen. Doch möchte ich auf einige Aspekte hinweisen, die meines Erachtens schon aus dieser kleinen Szenenwiedergabe sie allgemein verdeutlichen lassen. Die Geschichte ist einfühlend geschrieben; es fällt uns nicht schwer, ähnliche Ereignisse und Gefühle aus unseren Köpfen hervorzuholen. Wir können selbstverständlich folgen und entdecken doch rückblickend einige Merkwürdigkeiten.

Da ist einmal der Widerspruch. Während es zunächst die Jungen waren, die vor allem die blaßblaue Hose nicht sehen sollten, sind sie am Ende unerheblich, weil dumm. Wir halten beides für möglich – d.h. die Bedeutungen von Personen ändern ihren Stellenwert im Begründungszusammenhang: vor der Blamage gegenüber Jungen rangiert das Erwachsenwerden und darin schon der komplizierte Zusammenhang, da man etwas für andere tut und schon akzeptiert, daß sie es mißdeuten und sich dennoch in der spiegelbildlichen Sicht durch andere baut.

Deutlich, finde ich, wird auch der Kompromiß. Die Autorin mogelt das sprachlich so hin, daß die Übernahme fremder Standpunkte durch eine Art altkluger Hineinnahme von Wortstücken in eigene Reden erahnbar wird: z.B. es war zwar heller Wahnsinn – hier hört man die Mutter, oder: es gab eine Neuheit, pflegeleicht – die Sprache der Verkäuferin. Das werden später die eigenen Maßstäbe sein, ihr Ursprung ausgelöscht.

Über einige Beziehungen wird geschwiegen. Sie tauchen in der erstarrten Fossilgestalt von Eigenschaften auf: die Hose *ist* babyhaft. Die Geschichte dieser Anstrengung, erwachsen zu werden, muß noch entziffert werden. Warum ist es wichtig zu zeigen, daß man sich bei den Eltern durchsetzen kann? Da wir uns später gerne als Opfer darstellen, sollten wir den Bruch suchen und zuvor die Stärke jener Zusammenhänge, in denen wir uns als Sieger zeigten.

Aber wir erfahren auch etwas über den Siegeszug der Farbwerke Hoechst. Ihre Produkte stoßen auf eine vielfältige, großenteils nicht mehr bewußte Verknüpfung von Gefühlen, Körperempfindungen, Gerüchen, Geschmäckern, Personenbeziehungen, Erinnerungen an Siege und Niederlagen, an Freundschaften und Stimmen, Hoffnungen und Pläne. Da löst ein weißer Volant in einem Schaufenster ein heftiges Gefühl von Freiheit und Schwung aus, von Triumph und Stärke, Sonne und Freundschaft. Die Verbindung ist abgebrochen. Mit so etwas arbeitet z.B. die Werbeindustrie, die den hohen Absatz vorbereitet. An ihr arbeiten auch wir, wenn wir das Leben bewußt machen.

LITERATUR

Adorno, Theodor W. u.a. (1969), Der Positivismusstreit in der deutschen Soziologie, Darmstadt.

Brecht, Bertolt (1964), Kleines Organon für das Theater. Schriften zum Theater/1948 – 1956, Frankfurt/M.

Gorz, André (1980), Abschied vom Proletariat. Jenseits des Sozialismus, Frankfurt/M.

Haug, Frigga (1978), Dialektische Theorie und empirische Methodik, in: Das Argument 111, 9/10.

Haug, Frigga [Hg.in] (1980), Frauenformen. Alltagsgeschichten und Entwurf einer Theorie weiblicher Sozialisation, Argument-Sonderband 45.

Haug, Frigga (1981), Erfahrungen in die Krise führen, in: Die Wertfrage in der Erziehung, Argument-Sonderband 58.

Haug, Frigga (1981), Männergeschichte, Frauenbefreiung, Sozialismus, in: Das Argument 129, 9/10.

Haug, Frigga (1982), Frauen und Theorie, in: Das Argument 132, 3/4.

Haug, Frigga (1983), Erinnerungsarbeit, in: Sexualisierung der Körper, Argument-Sonderband 90.

Irigaray, Luce (1980), Speculum. Spiegel des anderen Geschlechts, Frankfurt/M.

Lessing, Doris (1978), Der Sommer vor der Dunkelheit, Reinbek bei Hamburg.

Manthey, Jürgen [Hg.] (1979), Literaturmagazin 11, Schreiben oder Literatur, Reinbek bei Hamburg.

Morisse, Inge u.a. (1982), Unsicherheit in der Politik – Gewerkschafterinnentagebuch, in: Das Argument 135, 9/10.

Mouffe, Chantal (1982), The Sex/Gender System and the Discursive Construction of Women's Subordination, in: Internationale Ideologie-Diskussion, Argument-Sonderband 84.

Projekt Frauengrundstudium (1980), Frauengrundstudium, Argument-Studienheft 44.

Projekt Frauengrundstudium (1982), Frauengrundstudium 2, Argument-Studienheft 57.

Projekt Ideologie-Theorie (1979), Theorien über Ideologie, Argument-Sonderband 40.

Rauter, E. A. (1978), Vom Umgang mit Wörtern, München.

Sölle, Dorothee (1981), Feministische Theologie, in: Das Argument 129, 9/10.

Willis, Paul (1979), Spaß am Widerstand, Frankfurt/M.

Gisela Notz

Wir wollen nicht die Hälfte vom schimmligen Kuchen – wir wollen einen anderen

Louise Otto, die heute als die Vorkämpferin der Frauenbewegung bezeichnet wird, hatte bereits 1848 mit ihrer „Adresse eines Mädchens" an den damaligen sächsischen Innenminister Oberländer, der eine Arbeiterkommission einberufen hatte, darauf hingewiesen, „daß es nicht genug ist, wenn sie (die Herren, G.N.) die Arbeit für die Männer organisieren, sondern daß sie dieselbe auch für die Frauen organisieren müssen", weil die Frauen so gut wie die Männer für das tägliche Brot arbeiten müssen. Explizit wandte sich die Frauenrechtlerin gegen einen „Familienlohn", denn das hieße ihrer Meinung nach, „die eine Hälfte der Menschen für Unmündige und Kinder zu erklären und von den anderen ganz und gar abhängig zu machen" (zit. nach Franzke/Ludwig/Notz 1997:117). Das war zu einer Zeit, als es für Frauen noch völlig unüblich war und gegen die Konventionen verstieß, sich zu politischen Themen öffentlich zu äußern. Einen zentralen Platz in Louise Ottos Kampf um Frauenrechte nahm die politische Streitschrift „Das Recht der Frauen auf Erwerb" aus dem Jahre 1866 ein. Schon damals ging es aber nicht um das „Recht auf Erwerb", über das die zahlreichen Heimarbeiterinnen, Dienstmädchen und die neu hinzugekommenen Fabrikarbeiterinnen ja verfügten, sondern Louise Otto engagierte sich, zutiefst erschüttert über die Lebenssituation der arbeitenden Frauen, zeitlebens für eine Verbesserung ihrer Arbeits- und Lebensbedingungen. Aber auch der bürgerlichen Frau sollte es ermöglicht werden, sich durch eigene Existenzsicherung aus der untergeordneten Rolle der Ehefrau zu lösen. Durch den Zugang zur universitären und beruflichen Bildung sollten Frauen die Möglichkeit erhalten, ebensolche Qualifikationen zu erwerben wie die Männer, um dann in die bis dahin Männern vorbehaltenen Positionen in Beruf, Gesellschaft und Politik vorzudringen.

Heute reicht es nicht mehr, das Recht der Frauen auf Erwerb zu fordern. Frauen haben um die Teilhabe an der bezahlten Erwerbsarbeit lange gerungen. Sie haben de jure die Gleichberechtigung erlangt. Die ist durch Art. 3, Abs. 2 des Grundgesetzes – den wir vor allem dem mutigen Kampf von Elisabeth Selbert und ihrer Genossin Frieda Nadig zu verdanken haben – seit 1949 eindeutig festgelegt. Viele Frauen sind dennoch auch heute auf den unteren Ebenen der betrieblichen Hierarchien zu finden und für (viele) Männer scheint es immer noch selbstverständlich, daß Frauen ihnen dienen und sie bedienen. Viele Frauen haben Teilzeitjobs mit niedrigen Löhnen und geringen sozialen Leistungen. Nicht selten machen Frauen (fast) die gesamte Hausarbeit, (viele) Männer helfen bestenfalls mit. Nicht selten sind Frauen gezwungen, mehrere geringfügige Arbeitsplätze anzunehmen, die immer noch kaum ausreichen, um die eigene Existenz und die eventuell vorhandener Kinder zu sichern.

Die Phantasie von Frauen reichte zu allen Zeiten weiter, als die Hälfte vom schimmligen Kuchen zu fordern. Das zeigt ein Blick in die Geschichte ebenso wie der Blick auf die gegenwärtigen Bedingungen. Ich will es mit diesem Beitrag nicht bei der Analyse des Vergangenen und Bestehenden belassen, sondern den Blick auch nach vorn – zum Wünschenswerten – wenden.

Frauen wollten schon früher mehr als die Hälfte vom schimmligen Kuchen

Im Jahre 1789 verabschiedete die Nationalversammlung die „Erklärung der Menschen- und Bürgerrechte", die 1791 in die neue französische Verfassung einging. Sie eröffnete den männlichen Bürgern eine Reihe von Rechten, z.B. das Recht auf freie Entfaltung der Persönlichkeit, auf Leben und körperliche Unversehrtheit, auf Gleichheit vor dem Gesetz, auf Glaubens- und Gewissensfreiheit, das Recht auf freie Meinungsäußerung, auf Versammlungs- und Vereinigungsfreiheit. Frauenrechte waren nicht mitgemeint.

Olympe des Gouges wies damals nach, daß der Mann allein von der Revolution profitieren wolle, indem er nur sein eigenes Recht auf Gleichheit verlange, gleichzeitig aber despotisch über das weibliche Geschlecht bestimmen wolle. Sie wollte keine weiblichen Despotinnen und sie wollte nicht die Hälfte vom schimmligen Kuchen. Sie wollte eine Gesellschaft von freien Frauen und Männern. Sie ergänzte die Erklärung der Menschen- bzw. Männerrechte um die Erklärung der Frauenrechte. In Artikel I ihrer „Rechte der Frau und Bürgerin" heißt es: „Die Frau ist frei geboren und bleibt dem Manne ebenbürtig in allen Rechten." In Artikel II wird Ziel und Zweck von politischen Zusammenschlüssen definiert: „die Wahrung der natürlichen und unverjährbaren Rechte von Frau und Mann, als da sind: Freiheit, Eigentum, Sicherheit und insbesondere das Recht auf Widerstand gegen Unterdrückung".

„Wer nicht frei für sich erwerben darf, ist Sklave", stellte Louise Otto in der oben erwähnten Schrift „Das Recht der Frauen auf Erwerb" (1866:103) fest. Sie sah die Versklavung der Frauen durch eine menschenunwürdige Abhängigkeit vom Hausherrn. Daher reklamierte sie die Einlösung von Freiheit und Gleichheit aller Menschen und forderte demokratische Rechte und Pflichten auch für Frauen. Zu den Rechten zählte sie vor allem das Recht auf Erwerb (vgl. Notz 1996).

Ihr ging es schon damals nicht um irgendeine Arbeit, an der Frauen partizipieren wollten, sondern die Arbeit sollte die Selbständigkeit der Frauen ermöglichen: „Selbständig kann schon dem Sprachgebrauch nach nur sein, wer selbst zu stehen vermag, d.h., wer sich selbst auf seinen eigenen Füßen und ohne fremde Beihülfe erhalten kann" (Otto 1866:48). Das heißt, es ging nicht um Zuverdienst, sondern nur eine Frau, die ihre Existenz aus eigenem Erwerb sichern kann, war in der Lage, sich von der untergeordneten Rolle der Ehefrau zu lösen. Louise Otto sah das als wesentlichen Schritt, um die weibliche Würde aufrechtzuerhalten. Keine Frau sollte gezwungen sein, sich von anderen ernähren zu lassen, wie es auch keinem arbeitsfähigem Manne zugemutet wurde. Das „Recht auf freie Selbstbestimmung" sah sie als „das heiligste und unveräußerlichste jedes vernunftbegabten Wesens" (Otto 1866:74).

Louise Otto wandte sich ebenso gegen die – damals wie heute verbreitete – Niedrigbewertung von Frauenarbeit, durch die der Verdienst der armen Leute gedrückt wurde (Otto 1866:21) und sie wandte sich gegen die einseitige Zuweisung von typischen „weiblichen Arbeiten", zu denen sie damals Sticken, Häkeln, Nähen usw. zählte. Eindeutig hielt sie es für unwürdig, daß Frauen wegen der Versorgung von Kindern und hilfsbedürftigen Eltern ans Haus gefesselt waren. Die Emanzipation der bürgerlichen Frauen sollte nicht weiter durch das Einstellen von Dienstboten ermöglicht werden. Die Dienstbotenfrage wurde im letzten Jahrhundert in engem Zusammenhang mit der Sklavenbefreiung gesehen. In einem demokratischen Staat, so schrieben bereits 1869 die Geschwister Catherine und Harriet Beecher in ihrem Buch „Das Heim der Amerikanischen Frau", in dem alle Menschen einander gleichgestellt sein sollten – wie das in den USA nach der Verabschiedung der Unabhängigkeitserklärung der Fall sein sollte – dürfte es keine Dienstboten geben, denn „die Institution häuslicher Dienstbarkeit hat noch etwas von dem Einfluß feudaler Zeiten an sich" (zit. nach Kuhn 1992:356).

Kindergärten und Krippen forderte daher Louise Otto als notwendige Voraussetzung für die Berufstätigkeit der Frauen und eine gute Ausbildung der Kindergärtnerinnen als Notwendigkeit für eine kindgerechte Erziehung (Otto 1866:98f.). Ohne eine Teilung der materiellen und immateriellen Familienpflichten zwischen Männern und Frauen sah sie ihr Emanzipationskonzept als verfehlt. Dem Teil der sozialistischen Arbeiterbewegung, der – wie die Lassalleaner – ihre Frauen nach bürgerlichem Vorbild im Hause behalten wollten, warf sie vor, daß sie ihr Reich der Freiheit auf Kosten der Sklaverei der Frauen gründen wollten (Otto 1866:103).

Olympe de Gouges ist am 3. November 1793 hingerichtet worden, weil sie sich widerständig verhalten hat. Louise Otto und andere Streiterinnen der Ersten Frauenbewegung haben die Gleichberechtigung nicht mehr erlebt, denn es dauerte bis 1945, bis die Vereinten Nationen (UNO) sich in einer Charta für die Gleichberechtigung von Frau und Mann aussprachen. Darin wird der „Glaube an grundlegende Menschenrechte, an Würde und Wert der menschlichen Person und an die Gleichberechtigung von Mann und Frau" bekräftigt. Am 10.12.1948 wurde die „Erklärung der Menschenrechte“ von der Vollversammlung der Vereinten Nationen (UNO) angenommen und Anstrengungen zur Verwirklichung beschlossen.

Nach Art. 1 dieser Erklärung heißt es: „Alle Menschen sind frei und gleich an Würde und Rechten geboren. Sie sind mit Vernunft und Gewissen begabt und sollen einander im Geiste der Brüderlichkeit begegnen.“ Was „alle Menschen“ heißt, ist in Art. 2 festgelegt, nämlich wirklich alle, egal welcher Rasse, Farbe, Geschlecht, Sprache, Religion, politischer oder sonstiger Überzeugung, nationaler oder sozialer Herkunft, egal ob sie Vermögen haben oder was sonst ihren Status bestimmt. Nach Art. 23 hat jedermann das Recht auf Arbeit (und nach Art. 1 damit auch jede Frau), auf freie Berufswahl, auf angemessene und befriedigende Arbeitsbedingungen sowie auf Schutz gegen Arbeitslosigkeit. Art. 25 legt das Recht auf eigenständige Existenzsicherung fest, danach hat jeder und jede das Recht auf „angemessenen Lebensstandard, einschließlich ausreichender Ernährung, Bekleidung, Wohnung“ etc.

Damit gehört das Recht auf existenzsichernde Arbeit zu den menschlichen Grundrechten. Wenn aber (Art. 29) jedermann Pflichten gegenüber der Gemeinschaft hat und die Rechte und Freiheiten auch für andere achten und sichern muß, dann wird es auch für alle Menschen zur Pflicht, ökonomische und soziale Ungleichheit – also auch die Ungleichbehandlung von vielen Frauen und die Betrachtung der Frau als „Zuverdienerin“ – zu problematisieren und zu bekämpfen.

Für die Bundesrepublik Deutschland ist die Gleichbehandlung aller Menschen durch das Grundgesetz gewährleistet. Alle Menschen werden als Träger höchster geistig-sittlicher Werte und wegen ihrer Fähigkeit zu eigenverantwortlicher Selbstbestimmung respektiert und eine verächtliche Behandlung ist seitens des Staates auszuschließen.

Die Tatsache, daß in Art. 3, Abs. 2 des Grundgesetzes der Grundsatz formuliert wurde: „Alle Menschen sind vor dem Gesetz gleich. Männer und Frauen sind gleichberechtigt“, ist das Verdienst von weiblichen Parlamentarierinnen und ganz besonders von Elisabeth Selbert und Frieda Nadig, die gegen die Empörung der Abgeordneten aus allen Fraktionen beharrlich blieben. Dennoch wissen wir, daß nach beinahe fünfzig Jahren Grundgesetz de facto immer noch erhebliche Unterschiede in der Behandlung von Frauen und Männern bestehen. Einer der gravierendsten Unterschiede ist die Verwirklichung des Rechtes auf eigenständige Existenzsicherung.

In einigen Bereichen haben Frauen mehr als die Hälfte vom schimmligen Kuchen

Noch immer gehört die BRD zu den reichsten Ländern der Welt. Dieser Reichtum ist höchst ungleich verteilt. Erwerbslose, ArbeiterInnen und RentnerInnen verfügen über weniger Ressourcen als Angestellte, Beamte und Landwirte. Frauen haben qua Geschlecht den schlechteren Zugang zu ausreichend bezahlter Erwerbsarbeit und zu Reichtum und Macht. Aber auch innerhalb der verschiedenen gesellschaftlichen Gruppen gibt es große Diskrepanzen. Das wohl größte gesellschaftliche Problem ist die fortschreitende Massenerwerbslosigkeit und das Bereitstellen immer prekärerer Arbeitsverhältnisse. Für viele Betroffene, besonders für viele Frauen bedeuten sie Armut und ein menschenunwürdiges Leben. Wie bereits vor der Jahrhundertwende sind es Feministinnen, die die geschlechtshierarchische Arbeitsteilung, welche die Trennung von bezahlter und unbezahlter Arbeit und ihre geschlechtliche Zuordnung bestimmt, ebenso problematisieren wie die Machtverhältnisse, denen Frauen in ökonomischer, sozialer, politischer und kultureller Hinsicht als Individuen und als Gruppe ausgesetzt sind.

Tatsächlich stellen Frauen heute weit mehr als die Hälfte der Haus- und Sorgearbeiterinnen, der Erwerbslosen, der ungeschützt und geringfügig Beschäftigten, der Dienstboten, der Geringverdienenden, der Teilzeitarbeitenden, der für niedrige Löhne Arbeitenden und der „working poor", also derjenigen, die arm sind, obwohl sie Erwerbsarbeit leisten, außerdem der „ehrenamtlich" Arbeitenden und auch der im Bereich der Gesundheits-, Pflege- und Sozialarbeit Erwerbsarbeit Leistenden. 70 % der Armen sind Frauen – weltweit.

Hingegen sind Führungs- und Machtpositionen weiter mit Männern besetzt. Frauen stehen weltweit weit weniger Plätze in den Parlamenten zur Verfügung. In der BRD sind es ca. 30 %. Die mächtigsten Ministerien, das Auswärtige Amt und das Wirtschaftsministerium sowie das Bundeskanzleramt sind jedoch frauenfrei. In den Managementetagen der Wirtschaft sitzen fast ausschließlich Männer und in den gehobenen Positionen von Verwaltung und Dienstleistung und an den Universitäten ist es nicht anders. (Viele) Männer basteln eher strategisch an ihrer Karriere als Frauen das tun. Der Fortschritt der letzten Jahrzehnte besteht darin, daß sich immer öfter tüchtige und fähige Frauen trauen, öffentlich aufzutreten und gegen das ungeheure Unrecht der patriarchalen Ordnung anzukämpfen.

Die gestiegene „Erwerbsneigung" der Frauen

In der Bundesrepublik Deutschland ist es die gestiegene (West) oder ungebrochene (Ost) Erwerbsneigung, die immer wieder als Ursache der Massenarbeitslosigkeit genannt wird. Im Westen wird sie wie eine ansteckende, im Osten wie eine unheilbare Krankheit rezipiert. Folgerichtig – so Meinhard Miegel vom Institut für Wirtschaft und Gesellschaft in Bonn – ist dann auch die größere „Erwerbsneigung" in den neuen Bundesländern die Ursache für die höhere Erwerbslosenquote in Ostdeutschland. Sie müsse auf ein „Normalmaß" zurückgedreht werden, betonen Politiker seit dem Zusammenschluß der beiden deutschen Staaten. Wobei mit „Normalmaß" die Erwerbsbeteiligung der westdeutschen Frauen gemeint ist. Die aber wollen auch nicht mehr „normal" sein und ihre „Erwerbsneigung" auf das Quantum der 60er und 70er Jahre zurückdrehen. Wären sie dazu bereit, „wäre die Zahl der Erwerbspersonen in Westdeutschland rund 3 Millionen geringer und damit die Arbeitslosigkeit weit weniger brisant" (Miegel 1996:20). Eine wahrhaft simple Ursachenforschung, wie Mann sie simpler kaum betreiben kann. Miegel betont ausdrücklich, er wolle Frauen nicht zurück an den Herd drängen, verweist aber gleichzeitig darauf, „daß nicht nur in Deutschland jüngere, gut qualifizierte Frauen zunehmend ältere, oft weniger qualifizierte Männer aus dem Arbeitsmarkt drängen". In Wirklichkeit ist es der Arbeitsmarkt selbst, der verdrängt.

Tatsächlich betrifft die Erhöhung des Erwerbspotentials in der Alt-BRD zwischen 1983 und 1992 um knapp 3,4 Millionen mehrheitlich (57 %) Frauen. Sieht man sich die Arbeitsplätze und Arbeitstätigkeiten an, so sind Frauen bestenfalls quantitative Gewinnerinnen, jedoch qualitative Verliererinnen auf dem Arbeitsmarkt. Die qualitativen Verluste beziehen sich nicht ausschließlich auf Arbeitszeit und auf das zur Sicherung der Existenz notwendige Geld, sondern auch auf verschlechterte Arbeitsbedingungen im Blick auf dequalifizierte Anforderungen und neue, schwerwiegende psychische und physische Belastungen, oftmals dort, wo neue Techniken, Arbeitsorganisationen oder Managementmethoden eingesetzt werden.

Die Situation von Frauen auf dem Arbeitsmarkt

Obwohl die meisten Mädchen heute eine gleich gute oder bessere Schulbildung haben als Jungen, haben sie immer noch den schlechteren Zugang zur beruflichen Bildung und finden sich nur in wenigen, sogenannten typisch weiblichen Ausbildungsberufen. Nach abgeschlossener Berufsausbildung werden sie nicht so häufig wie Jungen in den Betrieb übernommen. Bei „zukunftsträchtigen" Weiterbildungsmaßnahmen sind sie unterrepräsentiert. Die Anzahl der Frauen in „Männerberufen" nimmt nur geringfügig zu, und Ingenieurwissenschaften bleiben weiter Männerdomänen. Besonders häufig sind es Frauen mit mehr als einem Kind, die die bezahlte Arbeit aufgeben. Je länger sie ihre „Familienphase" ausdehnen, desto weniger Chancen haben sie, in den Beruf zurückzukehren. Über ein Drittel der abhängig beschäftigten Frauen arbeitet weniger als die „Normalarbeitszeit". Der Stundenlohn der Arbeiterinnen und auch die Gehälter der angestellten Frauen liegen immer noch erheblich unter dem der Arbeiter und der Anteil der erwerbslosen Frauen war in den letzten Jahren, stellt man ihre niedrigere Erwerbsbeteiligung in Rechnung, ständig über dem der Männer. Die diskontinuierlichen Berufsverläufe führen dann dazu, daß die Durchschnittsrente einer in der Bundesrepublik lebenden Frau, die während ihres Erwerbslebens Arbeiterin war, 1997 bei 663,- DM lag (Männer 1.582,- DM). Eine frühere Angestellte bekommt durchschnittlich 1.060,- DM (Männer 2.146,- DM). Etwas höher sind die durchschnittlichen Witwenrenten für Frauen mit 893,- DM für ehemalige Arbeiterinnen und 1.229,- DM für frühere Angestellte (Statistisches Bundesamt 1998). 40 % der Frauen, aber nur 1 % der Männer haben überhaupt keine eigene Rente aus eigenen Anwartschaften. Im Schnitt sind 10 % von Altersarmut betroffen (Mascher 1996:37). Gerhard Bäcker (1994:15) sieht Altersarmut als „Spätindikator für die Lebensmuster und Geschlechterrollen einerseits und die Erwerbs- und Lohnstruktur andererseits". Trude Unruh (1987:15) sagte es etwas einfacher: Die Altersarmut ist das „zynische Ende der christlichen Familienpolitik".

Frauenarbeit ist mehr als Arbeit

Die großen Gesellschaftstheorien, die sich mit Arbeit befassen, ignorieren die Leistung der Frauen für die Erschaffung und den Erhalt der Gesellschaft (Reproduktionsarbeit). Weder Karl Marx noch Max Weber haben die unbezahlte Arbeitskraft als Basis für die Entwicklung des Kapitalismus betrachtet (vgl. Brück u.a. 1992:18). Die Arbeiten im Haus und bei der Erziehung der Kinder fallen nicht unter die Definition Arbeit, weil sie bekanntlich nicht bezahlt werden und angeblich auch unbezahlbar sind. Aus dieser Ignoranz ergeben sich eine Reihe von Problemen, denn die Arbeiten, die nicht Erwerbsarbeiten sind, sind gesellschaftlich ebenso notwendig wie die Erwerbsarbeit.

Produktionsarbeit und Reproduktionsarbeit vollziehen sich in scheinbar unabhängigen Bereichen. Diese Trennung, sowie die Tatsache, daß Lohnarbeit die vorherrschende Form ist, in der die gesellschaftlich notwendigen Tätigkeiten verrichtet werden, führt zu einer Gleichsetzung von Lohnarbeit und Arbeit. Damit werden alle Reproduktionstätigkeiten als Nichtarbeit oder „Freizeit" gefaßt und somit abgewertet. Der Reproduktionsbereich ist weitgehend der Wirkungsbereich von Frauen. Die Benachteiligungen, die aus dieser Zuständigkeit abgeleitet werden, wirken auch auf Frauen, die „Familie" nicht in ihren Lebensplan einbezogen haben.

Der Zugang zu ausreichend bezahlter Arbeit wird für Frauen immer schwieriger. In Zukunft werden sie vor allem in untertariflich bezahlten, geringfügigen, nicht existenzsichernden Teilzeitarbeitsverhältnissen und anderen „ungeschützten Beschäftigungsverhältnissen“ (Möller 1988), aber auch als „neue Selbständige“ bzw. Scheinselbständige zu finden sein. Allen diesen Arbeitsverhältnissen ist gemeinsam: Die die sie ausüben, können in der Regel nicht ohne Abhängigkeit von anderen Personen (meist ist es der Ehemann) oder vom Staat leben. Die immer prekäreren Arbeitsverhältnisse führen dazu, daß 73 % der Frauen über 15 Jahre (West und Ost) über kein eigenes Einkommen oder weniger als 1.800,- DM Nettoeinkommen verfügt. Daß jedoch fast die Hälfte der Frauen, die einen „vollen Job“ ausführen, dieses Einkommen ebenfalls nicht erreicht, liegt an der Minderbewertung von „typisch weiblichen“ Berufen, wie Arzthelferin, Einzelhandelsverkäuferin etc.

Es ist die Konzeptionierung der Frau als Hausarbeiterin und die Idealisierung der Frau als Mutter, die dazu führt, daß viele Frauen in ökonomischer Abhängigkeit leben müssen. Die Notwendigkeit für diese Abhängigkeit wird oftmals mit der Doppelorientierung der Frauen auf Kind und Beruf begründet. Männern wird eine solche Orientierung nicht unterstellt.

Heute plädieren konservative Politiker wieder offen dafür, daß Frauen ihr Glück am heimischen Herd finden sollen, ein geringfügiger Zuverdienst ist dabei nicht ausgeschlossen. Subtile Anspielungen, auch progressiver Zukunftsforscher auf Plaste und Elaste kaufende „werktätige Eltern“, dienen letztlich wiederum der Glorifizierung der Frau als hausarbeitende Mutter, die „selbstverständliche“, nichtentlohnte Tätigkeiten, nicht nur im eigenen Haushalt, sondern auch noch in „vielen sozialen Einrichtungen“ verrichtet (vgl. Ullrich 1993:88).

Neue Kuchen sind nicht immer besser als die alten

Angesichts der sich verschärfenden Diskriminierungen von Frauen auf dem Arbeitsmarkt, sind Politik, Wissenschaft und Praxis herausgefordert, die Arbeitsmarktlage der Frauen spürbar zu verbessern. Sozialpolitische Lösungsmodelle werden von verschiedenen Seiten propagiert.

WissenschaftlerInnen verweisen heute immer wieder darauf, daß für die Zukunft nicht mehr alle Menschen Erwerbsarbeit im ersten Sektor werden finden können. Es gelte daher, den „Bann der erwerbswirtschaftlichen Dominanz“ zu brechen (Ullrich 1993:95). Vorschläge beziehen sich auf die Etablierung eines dritten Sektors (Rifkin 1995) oder das Nebeneinander verschiedener Wirtschaftsweisen, wie von Ullrich vorgeschlagen. Er sieht für die Zukunft einen viel kleiner gewordenen Sektor der Erwerbswirtschaft, einen großen Sektor der Subsistenztätigkeit und der „Hauswirtschaft“ und einen größeren Zwischensektor genossenschaftlicher, kommunaler Tätigkeit als Sektor für „Gemeinwirtschaft“, wo wichtige Arbeit nicht über Geld entlohnt, sondern über Zeit verrechnet oder auch steuerfrei Nachbarn geholfen wird (1993:95).

Jeremy Rifkin warnt in einem Buch vor Verelendung und Gesetzlosigkeit, wenn wir den Erwerbslosen nichts Sinnvolles zu tun geben. Er fordert dazu auf, die Fixierung auf den Markt und auf den Staat aufzugeben und setzt die Hoffnung auf einen dritten Sektor für die Opfer der dritten industriellen Revolution. In diesem dritten Sektor sollen Arbeitskräfte tätig sein, die im marktwirtschaftlichen Sinne „nichts wert“ sind. Sie sollen dort in Non-Profit-Organisationen, in gemeinnützigen Projekten zu Schattenlöhnen arbeiten (Rifkin 1995).

„Bürgerarbeit“ empfiehlt Ulrich Beck, Mitglied der Kommission für Zukunftsfragen der Freistaaten Bayern und Sachsen, als Gegenferment zur schrumpfenden Erwerbsarbeit und zur Milderung der Krise des Sozialstaats für „Arbeitslose und Sozialhilfeempfänger, Jugendliche vor, neben und nach der Berufsausbildung, Mütter nach der Erziehungsphase, ältere Menschen im Übergang in den Rentenstand, Teilzeiterwerbstätige, vorübergehend aus der Erwerbsarbeit ausgestiegene“ (Kommission für Zukunftsfragen 1997, Teil III).

Alle in diesem Zusammenhang nur angerissenen Modelle gehen vom Fortbestand bzw. von der Festschreibung sozialer und geschlechterspezifischer Ungleichheiten aus, denn sie votieren für den Fortbestand bzw. die Verfestigung einer gespaltenen Arbeitsgesellschaft (vgl. Notz 1999).

Mit Sicherheit wird es für die Zukunft immer dringlicher, über Konzepte jenseits der fremdbestimmten Lohnarbeit nachzudenken. Es geht um Visionen einer zukünftigen Arbeitsgesellschaft, in der der Gesamtzusammenhang von Arbeit und Leben, Existenzsicherung und Eigentätigkeit von Individuen und Gesellschaft neu gestaltet wird.

Die Menschen der Zukunft werden immer weniger Zeit am (bezahlten) Erwerbsarbeitsplatz verbringen und über immer mehr freie Zeit verfügen. Ob Freizeit durch unfreiwillige Teilzeitarbeit, geringfügige und andere ungeschützte Arbeit, Hausarbeit oder Erwerbslosigkeit und unbezahlte Arbeit erzwungen sein wird, oder ob sie aus der Verteilung der Produktionszuwächse resultiert und mit kürzeren Wochenarbeitszeiten einhergehen wird, ist eine ungelöste, politische Frage. Die Antwort wird auch davon abhängen, wie sich die Menschen zur Wehr setzen. Schließlich sind sie nicht nur Opfer der Verhältnisse, sondern auch handelnde Subjekte.

Frauen wollen einen anderen Kuchen

Die Forderungen, die Feministinnen heute stellen, sind nicht neu. Die Hoffnung der „alten“ Frauenbewegung, wenn Frauen erst einmal eine gründliche Berufsausbildung nachweisen könnten und genügend Qualifikationen angehäuft hätten (z.B. Salomon 1902:37), wird es ihnen auch gelingen, in die bis dahin Männern vorbehaltenen Positionen in Beruf, Gesellschaft und Politik vorzudringen, hat sich bis heute nicht erfüllt. Frauen haben heute oft bessere Schulzeugnisse, haben sich den Zugang zu (fast) allen Berufen und zu den Universitäten erkämpft und bleiben doch meist auf den unteren Ebenen. Die Männerbünde sind zählebig und es gibt „gläserne Decken" (Buchinger/Pircher 1994) und offene und „geheime Ausschlußverfahren" (Notz 1995), die Frauen auf bestimmten Positionen festhalten und von mit Einfuß und Ansehen ausgestatteten Posten fernhalten. Ohne Quotierung der Bereiche, in denen gesellschaftlich notwendige Arbeit geleistet wird, also der Haus- und Sorgearbeit und der Erwerbsarbeit, und ohne Maßnahmen zur Entpatriarchalisierung der Erwerbsarbeit, die dazu führen, daß Frauen und Männer den gleichen Zugang zu Ausbildungsgängen, die gleichen Chancen zur Übernahme einer qualifizierten, die eigene Existenz sichernden, sinnvollen Berufsarbeit und den gleichen Zugang zu Maßnahmen der beruflichen und politischen Weiterbildung sowie zur Übernahme politischer und öffentlicher Ämter haben, wird es in der Zukunft nicht mehr gehen. Auch wenn die Quote ein Image-Problem hat und auch von Frauen mitunter abgelehnt wird. „Wenn eine Frau etwas kann, setzt sie sich allein durch", so die Unternehmerin des Jahres 1997. Ohne die Quote wären noch nicht einmal so viele Frauen in politischen, gewerkschaftlichen, staatlichen und öffentlich-rechtlichen Gremien wie heute. In einigen Bundesländern gilt die Regelung, daß weibliche Bewerber mit gleicher Qualifikation bei Einstellung und Beförderung im öffentlichen Dienst so lange zu bevorzugen sind, bis in den jeweiligen Bereichen ein Frauenanteil von 50 % erreicht ist. Seitdem bewerben sich viel mehr Frauen auf Positionen. Die private Wirtschaft wehrt sich gegen solche Regelungen, obgleich einige Firmen durchaus davon überzeugt sind, daß ein höherer Frauenanteil in der Belegschaft ihnen Wettbewerbsvorteile beim Kunden verschaffen kann. Sie setzen auf „Total-E-Quality" zur Förderung von Frauen. Freilich haben einige Frauen, die Positionen errungen haben, vergessen, daß sie die niemals bekommen hätten, wenn es keine Frauenbewegung gegeben hätte.

Allerdings kann es nicht einfach bei der Forderung „Her mit der Hälfte!" bleiben. Denn das hieße, Frauen wollen nicht mehr und nichts anderes. Es wird nicht reichen, daß einfach nur mehr Frauen politische Positionen und Führungspositionen in Wirtschaft und Verwaltung einnehmen, also daß neben den Herren die gleiche Anzahl Herrinnen sitzt. Es braucht Frauen, die auch Fraueninteressen vertreten, weil sie mit den herrschenden Verhältnissen nicht einverstanden sind. Frauen, die Macht nicht mit Unterdrückung verbinden, sondern für die Macht heißt, „etwas hervorzubringen: eine andere Lebensweise, eine andere Welt, einen inspirierenden Sinn" (Rossana Rossanda, zit. nach Meyer 2000:5).

Keinesfalls kann es als emanzipatorisches Konzept bezeichnet werden, daß Frauen nach der Entscheidung des Europäischen Gerichtshofs vom 11.1.2000 nun in die bundesdeutsche Wehrmacht einziehen sollen, weil ihr Fernbleiben angeblich gegen Art. 12 a des Grundgesetzes, wonach Frauen der Dienst mit der

Waffe verboten ist, nicht mehr EU-gemäß sein soll. Gleichberechtigung soll heißen: Frauen können danach die Hälfte der SoldatInnenpositionen besetzen und die Hälfte der Generäle etc. kann in Zukunft weiblich sein. Das Grundgesetz für die Bundesrepublik Deutschland, so, wie es die Väter und Mütter des GG beschlossen hatten, sah keine Wehrverfassung vor, sie wurde erst im März 1956 durch eine Verfassungsänderung möglich. Der neue Wehrartikel wurde gegen den Widerstand von 19 SozialdemokratInnen eingefügt. Gleichberechtigung hieße, nicht die verrottete Hälfte des Kuchens für Frauen zu fordern, sondern Militärdienst auch für Männer zu beseitigen. Viele Männer verweigern den Dienst an der Waffe bereits. Angesichts der angespannten Arbeitsmarktsituation sind es vor allem die Frauen aus den neuen Bundesländern, die sich für den Dienst an der Waffe interessieren (*Frankfurter Rundschau* vom 21.1.2000). Wir sollten unsere Kinder lehren, daß man Freiheit und Menschenrechte nicht verteidigen kann, indem man Bomben auf ein Land wirft und wir sollten sie lehren, daß es schwer ist, gegen den Strom zu schwimmen, aber daß es notwendig und möglich ist.

Es geht um Umverteilung

Einerseits werden sich zunehmend mehr Menschen darüber einig, daß so nicht weiter gewirtschaftet werden kann, andererseits läuft praktisch immer wieder alles nach den alten Mustern ab. „Wo ist der Weiber Wut geblieben? Als Nächstenliebe abgeschrieben?“ fragt Margot Schroeder in ihrem Gedicht „Abschied vom Provisorium“. Vielleicht ist sie hinter der Hoffnung auf Teilhabe an der Hälfte der Macht verschwunden oder hinter der großen Anstrengung, die es kostet, vor dem männlichen Kandidaten auf die Leiter zu klettern. Vielleicht ist sie gar beim Schwimmen im Hauptstrom („Gender-Mainstreaming“) abgetrieben worden? Gender-Mainstreaming wurde bereits 1985 auf der Weltfrauenkonferenz diskutiert. Es meint das Prinzip der Integration der Geschlechterperspektive in alle Politikfelder. Das Konzept will auch Männer als Akteure beim Aufbau einer geschlechtergerechten Gesellschaft heranziehen. Wer nicht den schimmligen Kuchen umverteilen will bzw. sich im verseuchten Wasser treiben lassen will, muß geschlechterdemokratische Perspektiven mit Inhalten verbinden, aber das hieße dann eben, genau zu prüfen, wo der „Mainstream“ hingeht, und ob er mit feministischen Forderungen in Einklang zu bringen ist.

Mit dem Zerfall des real existiert habenden Sozialismus scheint das Entwikkeln von Zukunftsvorstellungen in Ungnade geraten zu sein. Sie sind jedoch unbedingt notwendig, wenn wir darüber entscheiden sollen, ob angebotene neue Normen, Vorstellungen und Verfahren uns dem anderen, besseren Leben näher bringen. Auch wenn wir uns davon verabschieden wollen, daß die menschliche Gesellschaft ein glückliches Endziel oder ein wie auch immer ausgestattetes Paradies erreichen könnte. Dringend notwendig wird es jedoch, sich darauf zu einigen, daß soziale Ungleichheit, patriarchale Entscheidungsstrukturen und geschlechterhierarchische Arbeitsteilung ebensowenig zum „guten Leben" gehören wie Gewalt, Krieg, verseuchtes Wasser und vergiftete Lebensmittel.

Erst wenn wir eine Vorstellung davon haben, was das viel zitierte „gute Leben" eigentlich sein soll, wird es möglich, Forderungen und Modernisierungsstrategien daraufhin zu prüfen, ob sie uns diesen Utopien näher bringen. Nur dann sollten sie weiter verfolgt werden. Frauen müssen laut werden, sich zur Wehr setzen, scheinbar unzumutbare Forderungen immer wieder stellen.

Eine Bekämpfung von Armut und Erwerbslosigkeit wird nur möglich sein, wenn alle Arbeitsfelder in die feministische Gesellschaftskritik einbezogen werden. Eine bloße Erweiterung des Arbeitsbegriffes um Reproduktionsarbeiten wird nicht ausreichen. Menschen aus großen und kleinen Fabriken, aus Verwaltungen, „neue Selbständige", Menschen aus Schatten- und Alternativwirtschaft und lokaler Ökonomie wie auch aus Hauswirtschaft und Ehrenamt müssen in die Konzeptentwicklungen und Handlungsstrategien, auch in gewerkschaftliche Strategien und Aktionen einbezogen werden. Und die Handlungskonzepte werden sich nicht ausschließlich auf Arbeitsbeschaffung und Arbeitszeit, sondern auch auf Humanisierung, Demokratisierung, inhaltliche und organisatorische Gestaltung aller gesellschaftlich notwendigen Arbeiten und auf die Nützlichkeit der Produkte und Dienstleistungen richten müssen. Angesichts der Internationalisierung der Wirtschaft wird die Verständigung über weltweite Mindeststandards notwendig.

Es genügt nicht, daß die Teilhabe der Frauen an der Erwerbsarbeit respektiert wird, weil man sie nicht mehr ohne weiteres in die Ecke drängen oder in die Reserve stecken kann, und weil sie nicht mehr geneigt sind, ganz an den Herd zurückzukehren, selbst dann nicht, wenn es der voll programmierbare Mikrowellenherd ist. Es muß der gleichberechtigte Zugang gewährleistet sein. Das heißt Frauenerwerbsarbeit muß mit eigenständiger Existenzsicherung durch sinnvolle Arbeit verbunden sein. Das heißt nicht, irgendwelche Lohnarbeitsplätze neu zu schaffen und geringfügige Beschäftigung und Niedriglöhne weiter auszubauen. Es geht um eine Beendigung der Deregulierung und die Neugestaltung von Arbeit und Tarifrecht. Es heißt auch nicht, weitere Warenlawinen zu produzieren. Es geht um Erwerbsarbeit, die möglichst selbstbestimmt ist, durch die die Mit- und Umwelt nicht weiter geschädigt wird und durch die die Persönlichkeitsentwicklung gefördert wird. Es geht auch um eine Neubewertung dieser Arbeit. Es gibt keinen Grund, warum Arbeitsplätze, die überwiegend mit Frauen besetzt sind, prinzipiell schlechter bezahlt werden als solche, die überwiegend mit Männern besetzt sind. Wir brauchen einen gesetzlich festgelegten Mindestlohn und, solange es Erwerbslosigkeit gibt, eine Mindestabsicherung, die keinen diskriminierenden Charakter hat. Frauen dürfen sich dennoch das Recht auf Erwerb nicht abkaufen lassen. Arbeit muß wieder als Ort der Kommunikation und Kooperation, der gesellschaftlichen Partizipation und der Möglichkeit zum solidarischen Handeln reaktiviert werden.

Damit Männer und Frauen eine gesellschaftlich organisierte, existenzsichernd bezahlte Arbeit ausführen können, und damit Kinder gemeinsam mit anderen soziale Kompetenzen und liebevollen Umgang miteinander einüben können, wird es auch notwendig, daß Kinderkrippen, Kindergärten, Ganztagsschulen, Kinderhorte, Einrichtungen für die Freizeit der Jugendlichen und andere soziale Infrastrukturen ausreichend und pädagogisch sinnvoll bereitgestellt werden. Es geht um eine Entideologisierung der häuslichen Versorgung. Schließlich muß eine Mutter auch dann eine gute Mutter sein können, wenn sie nach dem Mutterschutz wieder ihrer Erwerbsarbeit nachgeht (vgl. Notz 1991).

Zu fordern sind auch menschenwürdige Einrichtungen für die Sorge und Pflege von alten Menschen und anderen, die sich nicht (mehr) selbst helfen können, nach ihren Wünschen und Vorstellungen. Für unsere alten Menschen und für uns als zukünftige Alte fordern wir eine Mindestrente, durch die ein menschenwürdiges Leben möglich wird.

Zudem müssen wir über Alternativen nachdenken, wie wir Teile der Hausarbeit anders gestalten können, damit die Emanzipationsbemühungen von besser verdienenden Frauen nicht auf Kosten von solchen Frauen gehen, die als Putzhilfen oder Dienstbotinnen in ungeschützten Beschäftigungsverhältnissen arbeiten. Die geschlechtshierarchische Arbeitsteilung wird durch solche „Modelle" nicht aufgehoben, sondern es entstehen zusätzlich neue Unterschichtungen.

Mein Vorschlag ist es, Frauen weder auf dem Arbeitsmarkt, noch in der Sozial- und Familienpolitik, auch nicht in der Tarif- oder Steuerpolitik weiter als Mitverdienende, zusätzlich Verdienende, also nicht weiter im Zusammenhang mit Familie und „Hauptemährer" zu sehen, sondern als eigenständige Individuen, für die es selbstverständlich ist, die eigene Existenz aus eigener Arbeit zu sichern. Das heißt nicht, daß ich der postmodernen Individualisierung das Wort reden will. Erst wenn es für alle Frauen und für alle Männer, die das wollen, selbstverständlich wird, daß sie ein Recht auf eigenständige Existenzsicherung aus eigener sinnvoller Arbeit haben, die ihnen auch eine eigenständige Alterssicherung gewährleistet, werden freie Zusammenschlüsse unter freien Menschen wirklich werden können, ohne Besitz- und Machtansprüche und ohne Gewalt. Deshalb wird es notwendig, allen Menschen gleiches Recht und Existenzberechtigung zuzugestehen, egal, ob sie alleine, zu zweit oder zu mehreren, mit oder ohne Kinder und egal, welche sexuelle Beziehung sie leben. Kinder sollten zudem schon in der Schule lernen, daß der Sinn des Lebens für Frauen nicht nur, für Männer aber auch, in der Verantwortung für andere Menschen liegt.

Notwendige Voraussetzung ist eine radikale Arbeitszeitverkürzung im Bereich der Vollzeit-Erwerbsarbeit, ein Abbau von Überstunden und eine Gleichverpflichtung beider Geschlechter zur Übernahme der (jetzt) unbezahlten Haus- und Sorgearbeit.

Arbeitszeitverkürzung halte ich nach wie vor für das wichtigste Element künftiger Arbeitspolitik. Aber Arbeitszeitverkürzung alleine reicht eben auch nicht aus. Das könnte im schlimmsten Falle bedeuten, daß Männer in ihrer freien Zeit mehr Hausarbeit verursachen, während Frauen mehr leisten. Geht sie jedoch einher mit einer Neuverteilung der unbezahlten Arbeiten, dann wird das für viele Frauen eine Verkürzung ihres Arbeitstages bedeuten, für manche Männer aber auch eine Verlängerung. Es geht also um eine Umstrukturierung, Neudefinierung, Neugestaltung und Neuverteilung aller jetzt bezahlt und jetzt unbezahlt geleisteten, gesellschaftlich notwendigen und nützlichen Arbeiten.

Wir – und damit meine ich diejenigen, die mit der bestehenden sozialen und geschlechterspezifischen Ungleichheit nicht zufrieden sind – werden über Alternativen zur Vollbeschäftigung nachdenken müssen, bzw. Vollbeschäftigung neu definieren müssen – aber nicht auf Kosten der eigenen Existenzsicherung von Frauen. Frauen aus den verschiedensten Ländern denken nach über Konzepte kürzerer Erwerbsarbeitszeiten mit der Möglichkeit, Haus- und Sorgearbeiten und gemeinwesenorientierte Arbeiten in den Arbeitstag beider Geschlechter zu integrieren.

Wir werden auch über neue Aktionsformen nachdenken müssen, mit denen wir auf unser Anliegen aufmerksam machen können. Wir werden Spektakel verursachen müssen, die nicht ohne weiteres überhört werden können und wir werden unter Umständen verweigern und solidarisch Widerstand leisten müssen – gemeinsam, nicht einzeln und alleine.

Auf jeden Fall werden unsere Überlegungen nicht dabei enden, daß Frauen die Hälfte vom schimmligen Kuchen wollen oder gar die Hälfte der Fensterplätze auf der Titanic. Wir werden einen anderen Kuchen backen müssen, denn wir haben genug von unseren Magenschmerzen. Vermutlich werden wir die gesamte Bäckerei umkrempeln müssen und wir werden neu darüber nachzudenken haben, mit wem, für wen und unter welchen Arbeitsbedingungen und mit welchen Ressourcen und Energien wir backen wollen. Auch ein Vollwert-Öko-Kuchen kann unter psychisch und physisch krank machenden, menschenunwürdigen Arbeitsbedingungen gebacken werden, und die nach den Kriterien humanisierter Arbeitsbedingungen gestaltete kleine Fabrik wird zum Destruktionsapparat, wenn dort Kriegsmaterial produziert wird.

Das Ziel, sinnvoller, existenzsichernder Arbeit für alle Menschen, die das wollen und die Möglichkeit für Männer und Frauen, die erwerbsarbeitsfreie Zeit für Haus- und Sorgearbeiten, kulturelle, künstlerische, politische und gemeinwesenorientierte Arbeiten zu nutzen, darf nicht aus den Augen verloren werden. Verschiedene gemeinwesenorientierte und regionale Betriebe und Projekte aus dem Bereich der alternativen Ökonomie, auch Wohn- und Lebensgemeinschaften, die sich zusammenschließen, weil sie Leben und Arbeit zusammenbringen wollen und gemeinsam mehr und Besseres erreichen können als alleine, können richtungsweisend sein (vgl. Notz 1999).

Es gilt, konkrete Utopien für das viel zitierte „gute Leben" zu entwickeln und für deren Durchsetzung zu kämpfen. Schließlich geht es um die Möglichkeit der Teilhabe von Frauen und Männern am ganzen Leben. Ohne Kritik an der Organisation und Steuerung des gesellschaftlichen Arbeitsprozesses und der Verteilung des Erwirtschafteten wird das nicht zu erreichen sein. „Die einzige Lösung, um dem Unvorhersehbaren entgegen zu kommen, ist Versprechungen zu machen und sie einfach einzuhalten" (Hannah Arendt). Konkrete Utopien für ein anderes Wirtschaften können keine immer wieder vertagte Angelegenheit sein. Wenn das Leben auf diesem Planeten auch für unsere Kinder gewährleistet sein soll, wird es höchste Zeit sofort damit anzufangen.

LITERATUR

Bäcker, Gerhard (1994), Altersarmut – Frauenarmut, Dimensionen eines sozialen Problems und sozialpolitische Reformoptionen, WSI-Diskussionspapier Nr. 17.

Buchinger, Birgit/Pircher, Erika (1994), Versteckte Diskriminierungen, Wien.

Bundesministerium für Familie und Senioren [BMFuS] (1994), Familien und Familienpolitik im geeinten Deutschland – Zukunft des Humanvermögens, Fünfter Familienbericht, Bonn.

Franzke, Astrid/Ludwig, Johanna/Notz, Gisela (1997), Neuauflage Louise Otto: „Das Recht der Frauen auf Erwerb" mit einem Nachwort zur aktuellen Situation, Leipzig.

Institut für Arbeitsmarkt- und Berufsforschung (1996), Kurzbericht Nr. 2.

Kommission für Zukunftsfragen der Freistaaten Bayern und Sachsen (1997), Erwerbstätigkeit und Arbeitslosigkeit in Deutschland. Entwicklung, Ursachen und Maßnahmen – Teil I, II und III, Bonn.

Kuhn, Anette [Hg.in] (1992), Die Chronik der Frauen, Dortmund.

Meyer, Birgit (2000), Frauen zwischen Macht und Moral, in: Das Parlament, 21.1.2000, 5.

Miegel, Meinhard (1996), Der ausgefranste Arbeitsmarkt, in: Die Zeit, 9.2.1996, 20.

Notz, Gisela (1989), Frauen im sozialen Ehrenamt, Freiburg.

Notz, Gisela (1991), Du bist als Frau um einiges mehr gebunden als der Mann. Die Auswirkungen der Geburt des ersten Kindes auf die Lebens- und Arbeitsplanung von Müttern und Vätern, Bonn.

Notz, Gisela (1992), Zurück in den Beruf. Qualifizierung und Wiedereinstieg von Frauen in die Büroarbeit, Köln.

Notz, Gisela (1995), Zum Verhältnis von Strukturwandel, Weiterbildungsstrategien und geschlechtshierarchischer Segregation, in: Wetterer, Angelika [Hg.in], Die soziale Konstruktion von Geschlecht in Professionalisierungsprozessen, Frankfurt/M., New York, 205–220.

Notz, Gisela (1996), Das Recht der Frauen auf Erwerb. Damals so aktuell wie heute, in: Nagelschmidt, Ilse/Ludwig, Johanna [Hg.in], Politische Denkerin und Wegbereiterin der deutschen Frauenbewegung, Dresden, 117–133.

Notz, Gisela (1996), Verlorene Gewißheiten? Individualisierung, soziale Prozesse und Familie, Frankfurt/M.

Notz, Gisela (1999), Die neuen Freiwilligen. Das Ehrenamt, eine Antwort auf die Krise, Neu-Ulm, 2. Auflage.

Otto, Louise (1866), Das Recht der Frauen auf Erwerb. Blicke auf das Frauenleben der Gegenwart, Hamburg.

Rifkin, Jeremy (1995), Das Ende der Arbeit und ihre Zukunft, Frankfurt/M., New York.

Salomon, Alice (1902), Soziale Frauenpflichten, Berlin.

Statistisches Bundesamt (1998), Statistisches Jahrbuch 1998 für die BRD, Wiesbaden.

Ullrich, Otto (1993), Lebenserhaltende Tätigkeit jenseits der Lohnarbeit, in: Fricke, Werner [Hg.], Jahrbuch Arbeit und Technik 1993, Bonn, 84–98.

Unruh, Trude (1987), Trümmerfrauen, Essen.

Birge Krondorfer

Das Geld hat k/ein Geschlecht

Ungemäße Bemerkungen zur vermessenen Ordnung des Maßlosen

An ihren Früchten sollt ihr sie erkennen.

„Und der Tausch von Reichtümern findet also in Realität (zu 90%) unter Männern statt. (...) Die bisherige feministische Analyse der Ausbeutung von Frauen hat zwar der feministischen Diskussion sehr viel gebracht. Aber sie reicht meiner Meinung nach nicht aus, um die phallokratische Ordnung in der Ökonomie zu analysieren" (Madörin 1991:3).

„Welches Pfand nun haben feindliche Stämme, das ihnen ihre wechselseitige Anerkennung als Tausch- und Handelspartner, ja als menschen-ähnliche Wesen garantieren kann? Angesichts der drohenden wechselseitigen Vernichtung war der höchste Einsatz gerade hoch genug, um die Identität der eigenen und die Lebensberechtigung der Feind-Gruppe auf Dauer zu stellen: nämlich die Menschen selbst. Der Tausch von Menschen, insbesondere der Frauentausch und die Ausheirat (Exogamie) legten den Grundstein zu jeder Form von Organisation. Jede Gruppe hatte die wichtigsten Produktionsmittel, die Frauen, als Geiseln gegeben und genommen" (Pesendorfer 1993: 198).

„Nichts bringt die Menschen schneller um den Verstand als die Liebe und das Geld. Geld ist etwas Hochabstraktes und Knallkonkretes zugleich, unveränderlich und laufend anders, ein Maßstab und doch gleichzeitig meßbar. Geld hat die Aura des Magisch-Mythischen und zugleich etwas Platt-Profanes, es wird mit aller Inbrunst verteufelt und voller Leidenschaft vergötzt, es ist ungeheuer praktisch und doch hochkompliziert. Geld verkleidet sich als Sache, als Funktion, als Instrument, als Vorstellung, als (Rechts-)Anspruch, als Mittel oder gar als Symbol – es bleibt ein kniffliges Paradoxon" (Rainer 1992:9).

Zu diesem Paradox (Duden: Widerspruch in sich) werden ein paar Gedanken nachgeschrieben, auch wenn sie für manche ‚para doxa', also ‚gegen die Meinung' (Kluge), scheinen – zum Behufe theoretischer Täusche, die zu noch ungedeckten Denkschecks feministischer Pläusche verführen könnten. Nicht als Vorschriften – warum eigentlich nicht – dennoch als Indikation von Alter-nativen; hier frei übersetzt mit: den anders Geborenen, statt wie üblich mit: ‚wechselnd, wechselweise‘ (Kluge). Womit wir fast in medias res wären; denn, so gesehen, wie kann es eine ‚Alternative‘ geben, wenn diese selbst schon der Wechsel ist? Welche Verwechslung? Welche ScheideMünze? Welcher Kredit – welcher Glaube in welches Vertrauen? Kopf oder Zahl – so basal/banal.

Feministische Theoriebildung steht bald mal im Verdacht das Allgemeine zu ignorieren und nur Partikuläres hervorzubringen und/oder zu repräsentieren. Was gerade beim Thema Geld als denkerische Absonderung gelten könnte, da ja die güldene Geltung des Geldes im allgemeinen als vermittelndes und vermitteltes allgemeines Medium gilt – also tautologische Inkommensurabilität darstellt. Dies könnte den Verdacht einhandeln, als eine der Sache selbst nicht angemessene, dilemmatische Besonderheit zu erscheinen. Aber da vielleicht Sprache das Geld des Denkens ist, so rennt sich grad dieses Problem selbst die Stirn ein. Doch jede sich der Theorie Verschriebene weiß (nicht oft genug), daß das zu Bedenkende immer in ei(ge)nem Inter-Esse motiviert ist. Reflexionen zum Geschlechterverhältnis werden schneller als andere der beschränkten Wahrnehmung bezichtigt, obwohl längst deutlich sein könnte, daß die Denk- und Tatsachen des sich als solches behauptenden Allgemeinen als männlich bestimmte Partialität des Begreifens bekannt geworden ist. Gerade das Thema Geld, das, wie man es auch dreht und wendet, immer die Kehrseite der Medaille zeigt, erweist sich als Unding im Moment des Versuches seiner Dingfestmachung. Denn das Phänomen Geld stellt ein universelles Bindemittel dar; durch es, mit ihm verkehren alle.

Wie also darin eine Differenz aus(findig)machen?

Wo doch selbst die Geschlechterdifferenz im abendländischen Diskurs als Tauschmittel fungiert. „Vom Extrem der empirischen Immanenz bis zum Ersatz für Transzendenz und Unendlichkeit: das alles sind Formen, in denen die Geschlechterdifferenz erscheint und verschwindet. Sie ist nicht abwesend, sondern überall mehr oder weniger gegenwärtig. (...) Stets gegenwärtig, ohne eigentlich Gegenstand zu sein, ist die Geschlechterdifferenz etwas, das zirkuliert und ausgetauscht wird. Sie zirkuliert im Verborgenen (...), weil man (sie) nicht sehen, nicht an sie rühren will? (...) Sie zirkuliert in ihrer Verknüpfung mit anderen Differenzen: Obgleich klar ist, daß sie die primäre Differenz, die erste von allen darstellt, wird sie nur im Zusammenhang mit anderen Differenzen erwähnt (...) mit Klassen-, Rassen-, Altersunterschieden, immer im Rahmen von Diskursstrategien, die sei's auf Unterwerfung, sei's auf Subversion zielen“ (Fraisse 1996:62).

Könnte es sein, daß Geschlecht als immer präsente und verdrängte Differenz eine im Geld symptomatisierte Verkuppelung gefunden hätte? Eine Hochzeit, die in ihrer Materialisierung Unterschiede stiftet und in ihrer Immaterialisierung alle Differenz aufsaugt?

Eine Versuchung:

Allding und Unding

Geld ist. Geld ist selbstreferentiell und durch nichts zu ersetzen, da es alles ersetzt. Geld ist nicht eßbar und es ist an sich nichts wert. Es ist die „Abbreviatur aller äußerlichen Notwendigkeit" (Hegel 1986:229) und es hält heute als ‚Schein' des Seins das Innere der Welt zusammen. Es ist illegal sowie legal und macht alle egal. Es macht jede/n gleich gültig und alle gleichgültig.

Geld ist anonymes und allgemeinstes Kommunikationsmittel; ist zum anderen Angelegenheit des Intimen. Es ist ein abstraktes Medium und organisiert größere Kollektive über abstrakte Gemeinsamkeiten. Es hat eine Zwitterstellung, ist weder bloß materiell noch bloß immateriell. Das Medium Geld gibt den Tauschdingen (Wert und Preis) einen ‚Namen', seine gesellschaftliche Existenz. So gesehen ist Geld etwas Un(be)greifbares, obwohl es *die* Ermöglichung der Organisation (Warentausch, Arbeitsteilung) darstellt. Es selbst ist eigentlich nichts, ein ‚homogenes' Gut, das überall die gleiche Qualität hat, bzw. keine hat, diese muß immer erst entstehen. Es ist unbestimmt, mimetisch, endlos (nach Heintel 1988). ‚Geld ist nicht alles' heißt es, dennoch kann alles zu Geld werden.

Geld ist Kalkül, Mittel zum Zweck, aber auch Bestimmung aufs einzelne Leben. Es markiert Individualität wie Sicherheits- und Abgrenzungsbedürfnisse, sowie Freiheits- und Bewegungsmöglichkeiten.

Geld ist objektiv und subjektiv zugleich. Es reduziert Komplexität und fungiert als Organisationsoperator, aber es hat ebenso emotionale und politische Bedeutung, es inhaliert und transportiert unterschiedliche Bedürfnisse.

Das Geld wäre also dieser gemeinhin neutrale Selbstapplikator, dadurch daß es alle Widersprüche dialektisch aufhebend in sich vereint?

Geld, als allgemeines Äquivalent, repräsentiert Abstraktes und Konkretes zugleich. Es ist reales Kapital und symbolischer Code in einem. Es reguliert damit monetär unsere sozialen Bezüge. Ein dabei wesentliches Problem wäre, ob die Geldsphäre absolut ist, also von nichts anderem mehr abhängt, oder ob sie selbst irgendwelchen Bedingungen unterliegt.

Geld habitualisiert Merkmale menschlicher Werte: „Vertrauen und Berechnung – drückt sich damit das Mysterium des Geldes aus? (...) in der Art der abgewendeten Seite einer Münze (...). Kopf, das ist das Vertrauen in den anderen, in sein Interesse, Zahl, das ist das Vertrauen in die Berechenbarkeit aller Verhältnisse" (Pircher 1999:12).

Geld ist zudem Ausdruck sublimierten Begehrens. Vermittels des Tauschakts in einem Dritten wird die direkte Begierde gehemmt, bzw. aufgeschoben. Seltsamerweise ist Geld als dieses Verschiebungsding etwas, das alle haben möchten.

Vielleicht liegt darin ein archaisches Motiv, denn, so Hinweise auf die Entstehungsgeschichte des Geldes, liegt dieses nicht in der Logik des marktförmigen Tausches, sondern – in der Kanalisierung von Gewalt – im Opfer an die Götter, als Akt des Ausdrucks des Gemeinwesenzusammenhalts. „Das Opfer ist eine Art Zahlung an die Gottheiten, wie es ebenso verwendet wird, um Bürger für ihre Verdienste um die Gemeinschaft zu belohnen. Ein etymologischer Hinweis scheint diese Vermutung zu stützen, wonach Geld ursprünglich ‚Entgelt, Buße, Lohn' und dergleichen bedeutete" (Pircher 1999:21). Eventuell könnte es so sein, daß Vielhaben nicht bloß den materiellen Reichtum meint, sondern ebenso die vermehrte Teilhabe an einem (säkularisierten) ‚Göttlichen' in dem Sinn es den einzelnen transzendiert und Teilnahme an irgendeiner vereinten Omnipotenz (phantasmatisch) garantiert.[1]

Geld ist Mangel und Fülle, Schuld und Gabe, Ware und Wahrheit,Tauschen und Täuschen, Geltung und Vergeltung, Wertung und Werden, Vermögen und Verhängnis – an diesen Währungen und Wahrungen scheiden sich nicht nur die Münzen, sondern auch die Geister.

Geld, das in eins Ding für sich und für anderes ist, das Tauschmittel und Ort der Vermittlung ist – ist es sozusagen das ideale göttliche Kind?

Könnte es sich nicht auch um einen un/heimlichen Ausbund (einen Bastard) der Geschlechterdifferenz handeln?

Vaterding und Mutterding

„Irigaray weist darauf hin, daß Geld, d.h. die Ware, in der der Wert aller anderen Waren gemessen wird, ein männlicher Maßstab ist. Das französische Wort ‚étalon' heißt sowohl ‚Deckhengst' als auch ‚Norm/Eichmaß' und ‚étalon d'or' heißt Goldwährung. Das Geld/Gold ist also phallisch besetzte Maßeinheit für Waren. Daß diese Ansicht Irigarays ihre Stichhaltigkeit hat, zeigt auch die Geschichte des Goldes. Gold war, als es zum ersten Weltgeld im Kapitalismus wurde, in unserer Kultur bereits mit einer reichen Symbolik besetzt: mit Unsterblichkeits-, Machbarkeits-, Schöpfer- und männlichen Potenz- und Allwissenheitsphantasien. Und heute, wenn die Börsenpreise steigen, so gilt der Markt als ‚bullish' (bullenhaft), wenn sie sinken, dann als ‚bearish' (bärenhaft). Bären gelten in der US-Marktforschung als androgynes Symbol" (Madörin 1991:4).

Geld und Geschlecht – beide sind zutiefst verwoben mit dem (symbolischen) Kapital und der (kapitalistischen) symbolischen Ordnung. Und: Beides be/trifft alle als jede/n. Wobei der Unterschied ‚verschieden' ist; in der zwieschlächtigen Sinnfälligkeit des Wortes. Vielleicht soll ja das ‚neutrale' Geld, das ‚ne uter' – das ‚weder maskulin noch feminin' (Kluge) ist – deshalb so sein, weil es etwas

1 Welche von der Teilhabe an diesem ‚Kapital' – übersetzbar als ‚Haupt...' – ausgeschlossen sind, das sobenannte zweite Geschlecht und die sobenannte dritte Welt, ist schlechterdings evident, nur in dieser angesprochenen Bedeutung noch wenig gedeutet.

zu verdecken hat oder gibt. Geld verweist ja auf sich und immer auf anderes. Aber was und warum wird da ge- und vertauscht, angewiesen, überwiesen, abgewiesen?

Exkurs 1: Die symbolische Ordnung

Die ‚symbolische Ordnung' ist ein wesentlicher Topos im Denken der Geschlechter-Differenz. Das ‚Symbolische' ist die Ordnung der Sprache, die wir vorfinden und in welche wir eingebunden sind. Sie verbindet „die Welt des Unbewußten mit der des Sprechens und beide zusammen mit den großen Welten der Gesellschafts- und Verwandtschaftsstrukturen" (Bowie 1994:59).

Das Gesetz des Symbolischen reflektiert zum einen die Genese der Subjekte über gegenseitige Anerkennung (Hegels Herr-Knecht-Dialektik: von der Drohung gegenseitiger Vernichtung hin zum symbolischen Austausch unter Gleichen), die sich auf ein übergeordnetes Drittes beziehen muß, eine Gemeinschaft, derer sie sich symbolisch versichern.

Es reflektiert zum anderen eine Art Gesellschaftsvertrag für die Geschlechter – einseitig. Durch den „Kampf um die ‚Weibchen' innerhalb und zwischen den Sippen sich bis aufs Blut befehdender Männer" ist ein Übereinkommen getroffen worden, nämlich die Verteilung von Frauen friedlich zu regeln.

„Die Männer verzichten also auf den direkten ‚Konsum' der ihnen am nächsten stehenden Frauen (Schwester, Mutter, Tochter, auch gewisse Grade von Cousinen) und suchen sich Ersatzobjekte in benachbarten Sippen. Durch diesen Tausch erhalten die Frauen neben ihrem praktischen Nutzen als Gebärerin und Arbeitskraft die Funktion von Zeichen. Sie symbolisieren das Bündnis zwischen Männern, wobei nicht sie als konkrete Frauen in die Gleichung eingehen, sondern ihre abstrakte Eigenschaft, als Frau mit einer anderen Frau vergleichbar und somit austauschbar zu sein" (Nölleke 1985:180).

Ohne diese Abstraktion gäbe es keine symbolische Ordnung, keine Kultur. Die weibliche Subjekthaftigkeit aber wird in der gesellschaftlichen Symbolik nicht repräsentiert. Irigaray (1979:178) beschreibt den gesellschaftlichen Reichtum als basierend auf der Ausbeutung der weiblich-geschlechtlichen Materie, die „so sehr konstitutiv für unseren soziokulturellen Horizont (ist), daß sie innerhalb desselben nicht interpretiert werden kann". Sie ist „eine verkannte ‚Infrastruktur' (der) Sozialität" (Irigaray 1979:177).

Es reflektiert zum weiteren, daß der Phallus, die Hochstilisierung des phallischen Symbols „zugleich Denkmal über den begrabenen wilden Wünschen wie Monument der Naturbeherrschung (ist). Als altes universales Symbol männlicher Selbsterzeugung und geistiger Neuschöpfung der Welt, steht der Phallus für die symbolische Potenz des Mannes, seine Fähigkeit zu Sublimierung und Selbstdisziplin" (Nölleke 1985:183).

Er gilt in einer männerrelevanten Kultur als der große Relator; die phallische Bedeutung ist diejenige der Fähigkeit, (die Geschlechter) zu differenzieren, der Abwesenheit, dem Mangel (der Mutter als Penislose, bzw. der Frau, die des Mangels ermangelt, da sie nicht der Kastrationsdrohung unterliegen kann) einen Namen zu geben und sie symbolisch zu verarbeiten.

Als Plus eröffnet der phallisch gestärkte Penis den Reigen der symbolischen Gleichungen: mit dem Kind, dem Kot als etwas vom Körper Ablösbaren, mit dem, was der Mutter fehlt, mit dem Geld, das zirkuliert... (nach Weber 1978:122).

Es reflektiert auch, daß es sich hier um eine väterliche Ordnung handelt, die (nach Lacan) den ‚Namen des Vaters' seit Beginn der symbolischen Zeiten mit der Figur des Gesetzes identifiziert. „Der Phallus spielt dabei die Rolle eines Fetischs, mit dem sich der Mann immer wieder versichert, daß er ‚ihn' hat und auch nicht verlieren kann, indem er das ‚Loch', das ihn so in Schrecken versetzt, mit beliebigen Objekten zustopft. (...) Die Frau fungiert als eine Art Fremdarbeiterin in diesem System, als Kolonialisierte, aber auch als Komplizin, sobald sie seine Gesetzlichkeit anerkennt" (Nölleke 1985:203).

Es reflektiert ebenso, daß ohne die Sprache die Ordnung der Tauschakte nicht denkbar ist. „Beim Austausch der symbolischen Objekte ging es (...) nicht um deren Qualität oder substantielle Eigenschaften, sondern um ihre Funktion, Beziehungen zwischen Menschen zum Ausdruck zu bringen. Die Gaben sind ‚... Gefäße, die leer bleiben müssen ...' (Jacques Lacan, Schriften I. Olten 1973, S.118), wie die sprachlichen Einheiten stellen sie nur relative Werte dar" (Nölleke 1985:188).

Diese strukturelle Kommunikation, das Gesetz des Symbols und damit des Tauschs, findet sich in allen gesellschaftlichen Systemen: in Institutionen und Organisationen, in Sitten und Normen, in Politik und Privatem. Die Zirkulation von Werten ist zugleich der Sinn produzierende Austausch von Worten.

„Von der Realität, vom Objekt wird dabei abstrahiert, es verschwindet; bei der Symbolbildung, so Lacan, handelt es sich immer um dieses ‚... Moment, wo das, was durch das Symbol zur Existenz kommt, nicht mehr ist'" (Nölleke 1985:190).

Es reflektiert in diesem Zusammenhang das Postulat des Unbewußten, ohne das es keine Sprache gäbe. Das Wort bildet die Verbindung zum ‚verlorenen Objekt', das als Gegenstand der unmittelbaren Wahrnehmung ins Unbewußte abgesunken ist. Bzw. funktioniert das Unbewußte nach den gleichen Strukturgesetzen wie die Sprache. Jede/r einzelne in den Diskurs der Menschheitsgeschichte eingeschriebene, ist – durch die Verdrängung des ursprünglichen Objekts – teilhabend an der Kultur mit ihren unzähligen Substitutionsmöglichkeiten und symbolischen Substitutsobjekten. Jede individuelle Geschichte ist somit vorgegeben; sie ist sprachlich codiert und die Strukturen des gesellschaftlichen symbolischen Systems finden im Individuum jeweils einen bestimmten Ausdruck.

„Das Unbewußte ist der gesellschaftliche Apparat im Subjekt“ (Nölleke 1985:195).

Unter diesen Voraus-Setzungen, daß der Begriff der ‚symbolischen Ordnung‘ selber der Tauschverhältnisse alle grundiert – indem gleichsam auf die Crux des Geschlechterverhältnisses verwiesen wird, z.B. die Vernichtung und der Verlust des Mutterobjekts in allen möglichen Relationen substituiert werden muß, wäre ‚Geld‘ ein Synonym, bzw. *der* Ausdruck, das Symptom dieses symbolischen Systems. Es ginge also hier um tiefendiagnostische Aspekte dessen, was das ‚Umtriebige‘ des Geldes ist. Damit im Zusammenhang ergibt sich vielleicht auch eine andeutungsweise Beantwortung der Frage, warum Frauen, wie gesagt wird, kein oder ein ‚gestörtes‘ Verhältnis zum Geld haben.[2]

Exkurs 2: Die Phantasmen der Verfügbarkeit

Eine in der feministischen Debatte kaum noch rezipierte Arbeit (Brennan 1997) befaßt sich mit den Tiefendimensionen des Ökonomischen. Wie andere feministische Theoretikerinnen kritisiert die Autorin die Genese des abendländischen Subjekts als eines, das daher existiert, weil es sich heraushebt, abtrennt von dem, was das Andere ist, das als verdrängter Hintergrund fungiert.

Wie kommt ein von der Mutter, oder allgemeiner, von der Umwelt abgesondertes Individuum, dessen ‚Persönlichkeit‘ mit ausufernden Warenschwemmen verbunden ist, also diese Hybris, dessen Agent als ‚das Ich‘ bezeichnet wird, überhaupt zustande (Brennan 1997:12)?

„Faktisch bewirkt dies ein sehr grundlegender Mechanismus, den ich als ‚Basisphantasie‘ bezeichne. Sie ist es, die den einzelnen dazu verführt, sich nicht nur als eigenständig, sondern zudem als Quelle aller Intelligenz und Sinngebung wahrzunehmen. Dabei begreift er das Andere (ob andere Menschen oder die Umwelt) als etwas Verfügbares, das nur für ihn da ist, um ihm aufzuwarten, ohne ihn warten zu lassen, also unverzüglich seine Wünsche zu erfüllen und für sofortige Befriedigung zu sorgen. (...) Ein Vorgang, den die Psychoanalyse im Inneren (im Kleinen) beobachtet, vollzieht sich auch in der äußeren Warenwelt (also im Großen)“ (Brennan 1997:13).

Es geht also um die in den Konsumgütern, die gesellschaftlich für den Tausch geschaffen und von uns psychisch begehrt werden, verkapselten Wünsche.

Ein Motiv sei „die paranoide Phantasie der autonomen Anfänge, mit der sich ein Subjekt als solches postuliert und die Bindungen an seine Umwelt kappt“ (Brennan 1997:30). Ein weiteres Motiv sei ‚der Wunsch nach sofortiger Befrie-

2 Auch weil *es* sie zum einen transzendiert und sie zum anderen auf die Immanenz schlechthin verweist?

digung', Abschaffung der Wartezeit. Waren und Dienstleistungen suggerieren ein ,Ich bin für dich da'. „Wie die verheißenen Dienste Herrschafts- oder Machtbedürfnisse ansprechen, so werden Allmachtsphantasien auch von Warenautomaten und ähnlichem genährt" (Brennan 1997:33).

Diese Motive begründen sich in der ambivalenten frühkindlichen Mutterbeziehung. Die Mutterimago – als gut und böse Imaginiertes, das gibt und vorenthält, das man einverleiben und zerstören möchte, das man mit Abhängigkeit und Allmacht belegt und das umgekehrt in Form einer Machtphantasie des Kindes funktioniert: „Damit wartet die Mutter stets dem Kind auf, nicht umgekehrt. Genau diese Phantasie sprechen die Waren an (...). Ihr Tun wird als willenlos und fremdgesteuert phantasiert. Und weil man Steuerung allzu gerne mit einem eigenständigen Willen verwechselt, erstreckt sich diese Verleugnung ohne weiteres auf die ganze belebte Natur. In dieser Hinsicht ist bemerkenswert, daß die oft hergestellte Verbindung zwischen Frau und Natur nicht etwa auf inneren, positiven Gemeinsamkeiten beruht, sondern auf dem, was die Phantasie beiden abspricht: Bei der Frau ist es der eigene Wille, bei der belebten Natur die Eigensteuerung, da beide sonst nicht berechenbar wären" (Brennan 1997:41).

Die Moderne sei (nach Lacan) die ,Ära des paranoiden Ich', „weil das Subjekt die Rache des Objektes (oder des Objektivierten) fürchte, so daß die Paranoia aus seinen eigenen projizierten Aggressionen gegenüber dem Anderen hervorgehe. Die damit verbundene Angst erzeuge das Machtbedürfnis" (Brennan 1997:43f.).

Und eben eine Beherrschungsdynamik durch Vergegenständlichung von Natur, Dingen und Menschen in Form von technisierter Warenproduktion, die fundiert ist auf den Basisphantasien gegenüber dem Mutterleib. Die verdrängten individuellen psychischen Fixpunkte ziehen eine Vielzahl von sozialen und ökonomischen Fixierungen nach sich.

„Diese Konsumsphäre ist heute offenbar völlig parallel zur Produktion organisiert: Jeder Wunsch nach sofortiger Befriedigung zwingt zum beschleunigten Erwerb, und das Akkumulationstempo sorgt für noch direktere Befriedigung. (...) Heute kann man alles sofort haben und später bezahlen, und gerade dazu hält man die Verbraucher ja auch an. Ob sie sich das wirklich leisten können oder müssen, darüber entscheidet nicht das Einkommen, sondern der jeweilige Kreditrahmen – weshalb dieser in einem zunehmend fiktiven Wirtschaftsgefüge auch die Grenzen der Wartezeit setzt. Oft überwindet der Anschein des Kredits, also die Maskerade ,sekundärer Klassenmerkmale', alle Grenzen, genau wie im Traum: Gerade die Wunschträume und mehr noch das Streben, ja sogar der zielstrebige Ehrgeiz, sich alles kommen lassen zu können, sind wahrscheinlich der wichtigste Faktor, der jede Klassensolidarität oder -definition sprengt und zunichte macht" (Brennan 1997:128).

Eine buchstäblich materialisierte Realisierung von noch so fiktiven Ursprüngen bewirkt, daß das Subjekt eher wahrnimmt, was es selbst geschaffen hat, als sich mit jenem verbunden zu fühlen, wodurch es geschaffen wurde.

Entgegen der herkömmlichen Wahrnehmung der ‚menschlichen Bezugsgewebe' und ihrer Tauschvermögen als basierend auf der Konzeption des Subjekts des Mangels, entwirft Andrea Günter (vgl. auch ihren Beitrag in diesem Band) eine Subjektvorstellung der Fülle, die (mit Hannah Arendt) an die Verschiedenheit und zugleich die Gebürtigkeit geknüpft ist.

„Geschaffen zu sein heißt – im Gegensatz zum Sich-selbst-Schaffen und Sich-erst-selbst-Erschaffen-Müssen –, ganz zu sein, vollständig zu sein. Das Subjekt des Mangels erscheint mir gerade durch die Illusion der Autonomie des Subjekts (...) mit der Unerschöpflichkeit und Unendlichkeit des Mangels behaftet. Menschliche Verschiedenheit aber erlaubt und begründet Tausch in all seinen Nuancen, im Sich-selbst-Sein, im Etwas-Eigenes-Sein, im Anderssein, im gerechten (Aus-)Tausch" (Günter 1998:182f.).

Jenseits des illusionären Charakters von Gerechtigkeitsnachstellungen, birgt die An-nahme des ganzen Lebens als Ökonomie, als Tausch von Geben und Nehmen, Schulden und Verdanken – diesseits der Kritik am Kapitalismus als ledigliches Sich-in-Beziehung-Setzen zu anderen mittels Geld – im Sinne einer Fülle des Geben-*und*-nehmen-Müssens eines Subjekts, das sich nicht unabhängig wähnt, eine andere Vorausgesetzheit der Seinsweise. „Denn die Befürchtung, das ganze Leben würde zur Ökonomie, macht nur Sinn, wenn wir die Konzeption des modernen autonomen Subjekts akzeptieren, das macht, und vielleicht auch noch – beschönigt – anderen gibt, aber nicht tauscht, weil es nicht empfängt" (Günter 1998:209).

Das gegenwärtige (politische) Gestaltungsproblem läge demnach nicht im Tausch selbst, sondern in seiner kapitalistischen Form des Wirtschaftens und Wertschöpfens. Das ‚Rationalisieren' – als Reduktions- und Vereindeutigungsverfahren von Tätigkeiten – beschränkt das Tauschen zwischen Menschen auf Geld, d.h. es gibt kein unvermitteltes Nehmen ohne mittel-bares Geben.

„Geben müssen: hier nun stößt man auf ein fundamentales Problem, daß nämlich die Männlichkeit immer verbunden ist – auf der Ebene des Unbewußten, was aber die ganze Ökonomie zum Funktionieren bringt – mit einem Bezug zur Schuld. (...) Das Kind verdankt den Eltern das Leben und sein Problem ist es, es ihnen wieder zurückzugeben, wobei natürlich nichts gefährlicher ist als zu schulden. Zu schulden heißt, die enorme Last der Großzügigkeit des Anderen zu ertragen, das heißt, bedroht zu werden von etwas Gutem... und etwas Gutes ist immer etwas Schlechtes, wenn es von jemand anderem kommt. (...) und wenn ihr ein Mann seid, so habt ihr nichts eiliger zu tun, als das Geschenk zurückzuschicken, als den Kreislauf eines Austausches zu unterbrechen (...) und zwar so, daß ihr das Kind von niemandem seid, und das ihr niemandem etwas schuldet" (Cixous 1990:110).

Was liegt noch im Geld begraben? Welche Schuld, die heute kein ‚Sein' mehr ist, sondern ein ‚Machen' und ein ‚Haben', wird wie wodurch gesühnt, oder rächt sich untenrum?

Welche Erbschaft restituiert sich permanent im weltweiten inflationären Gebrauch? Dieses ‚Anschwellen' (Kluge) macht welche liquid und andere nicht. Die Deflation als ‚unzureichende Versorgung' (Duden) – was für eine liquidierende Metapher für „Frauen als Ware, als Gebrauchs- und Tauschwert" (vgl. Irigaray 1979:177–198; „Frauenmarkt"). Imaginierter Mangel und Fülle in einer, aber ohne eigenen Genuß. „Mutter, Jungfrau, Prostituierte – das sind die gesellschaftlichen Rollen (...). Wertschätzung der Reproduktion und Kinderaufzucht; Treue, Scham, Unwissenheit...; Verführung, um das Begehren der Konsumenten anzureizen (...)" (Irigaray 1979:193).

Eine nämliches weiteres (d.h. im Bisherigen bereits angeklungenes) Interpretament ist jenes, welches den Begriff des Opfers als Ausgangsdrama unseres Un/Vermögens anschaut.

Exkurs 3: Opferungen

Luce Irigaray (1989:121–143) ist sich hinsichtlich unserer Gesellschaften gewiß: sie sind Opfergesellschaften. Die Funktion von Frauen – so die Unentgeltlichkeit des Reproduktions- und Versorgungstuns, wobei sich die Frage stellt, ob dann ‚das Kind den Status eines Tauschobjekts zwischen Frauen erhält', da es für Frauen sonst keine ‚Riten und Tauschsysteme' gäbe; bzw. so die freiwillige und unentgeltliche Arbeit – die ein ‚Teil des Opferzusammenhangs' sein könnte – wäre diejenige, die versteckte Gewalt, die im Opfer kanalisiert wird, (aus)zu halten. Da das Opfer Grund und Bindemittel der Sozietät ist, ‚eingerichtet und verwaltet von Männern', sind Frauen in diese eingeschlossen, ohne jedoch teilzuhaben an den sozial relevanten Zeremonien dieses Zusammenhalts.

„Daß von einer Frau freiwillige, unentgeltliche Arbeit verlangt wird, daß Frauen sich untereinander der sozialen Entlohnung von Arbeit widersetzen, belegt auch die Verdrängung oder die Einwilligung in das Verbot eines Bedürfnisses nach Handel. (...) Zugunsten welcher Gesellschaftlichkeit unter Männern? Um den Preis welchen Opfers, welcher Opfer? Solange die Frauen sich dieser Verdrängung, ihrer Verkennung, Verleugnung nicht bewußt werden, setzen sie sie fort. Und es erscheint ihnen normal, moralisch, als Zeichen einer richtigen Politik, eine Frau nicht – oder unterzubezahlen (...). Besonders, wenn sie eine intellektuelle Arbeit macht? Vor allem, wenn sie an der Befreiung der Frauen arbeitet? (...) Es scheint unmöglich, die gesellschaftlichen Beziehungen, die Sprache, die Kunst im weitesten Sinn, ohne Modifikation des ökonomischen Austauschsystems grundlegend und auf Dauer zu verändern" (Irigaray 1989:134).

Angesichts gesellschaftlicher Normierungen von Weiblichkeit, wären die Waren, die die Frauen tauschen können, ihre Kinder, ‚die sie betreffenden Worte und Gesten'. Dieser Tausch ist marktlos, ein Tauschhandeln ‚für sich' – in der Bedeutung des Mütterlichen als sozial anerkannte Nullposition; die unanerkannt aber zur funktionellen Infrastruktur des sozialen Körpers gehört, der ohne weibliche Arbeit nichts errichten könnte. „Das bedeutet, daß der Opferritus ... bereits auf diesem Verkennen oder Vergessen errichtet ist" (Irigaray 1989:140).

Diese verdrängte und unterdrückte Weiblichkeit erscheint nicht nur in den verkannten Tätigkeiten der Frauen, sondern, so die These von Horst Kurnitzky (1980), im Geld selbst. Die Entwicklung der Münze, als materialisierte Form des ursprünglichen kultischen Opfers, begann in den Tempeln der Muttergöttinnen.

„Moneta ist der Beiname der Göttin Juno, bei deren Tempel die römische Münze geschlagen wurde und die darum den Namen ‚Moneta' erhielt, wie er heute noch in europäischen Sprachen fortlebt: moneta, moneda, monnaie, money und auch Münze" (Kurnitzky 1980:24). Wobei nach Kurnitzky ethymologisch ‚moneta' wahrscheinlich von ‚die Raterin' käme.

Es ließe sich vermuten, daß die Formen des heute zirkulierenden Geldes in einer langen Kette von Ahnen auf Menschenopfer zurückgehen.

„Das Wort Geld stammt aus dem Kult und ist zunächst ausschließlich in der sakralen Sphäre angewendet worden. Das Opfer an die Götter heißt im Mhd. und Ahd. ‚gelt', im Ags. ‚g(i)eld' und Got. ‚gild'. Angewendet wird das Wort ebenso auf Vergeltung, Vergütung, Opfer, Zahlung und Steuern wie auf Opfergemeinde, die Gilde" (Kurnitzky 1980:30).

Mit der Verdrängung des wiedergekehrten Verdrängten (Urmuttermord – ersetzt durch Mythos vom Urvatermord? Anm. B.K.) „geht alle spätere Angst vor der Materie einher, die als Stoff für die Verdrängung des weiblichen Geschlechts steht" (Kurnitzky 1980:58). Auf dieser Verdrängung, verkörpert in der Materie, bauen die kulturellen Produktionen auf. „Das verdrängte weibliche Geschlecht, wie es in seinen Substituten, dem Heiratsgeld einerseits und der Materie andererseits, verkörpert wird, bildet so die Basis einer primären Ökonomie" (Kurnitzky 1980:81). Der Brautpreis als Urahne des Tauschwerts, als Opfer in der Deutung des Verzichts auf den Inzest, sublimiert die Regellosigkeit der Sexualität. Im Kern einer jeden Gesellschaft, so Kurnitzky, befindet sich der Grundkomplex des Opfers des weiblichen Geschlechts als kulturell vermitteltes Naturverhältnis.

„Das Eigentum wird zunächst durch die Frau verkörpert, die, infolge des allen Gesellschaften gemeinsamen Inzestverbots, das primäre Triebziel ersetzt, wie später alle Eigentumsformen Ersatzbildungen für ein primäres, aber verwehrtes Liebesobjekt sind. (...) Das Opfer (...) der im weiblichen Geschlecht verkörperten Sexualität führt zum Frauenkauf und damit zu Sachverhältnissen, die eine

Wiederkehr der einstmals verdrängten Triebwünsche darstellen" (Kurnitzky 1980:130).

Geld vergegenständlicht so gesehen „die scheinbare Aufhebung der Verdrängung" (Kurnitzky 1980:159), die den endlosen Waren- und Geldfluß provoziert. Der Wunsch (des Autors) nach einer ‚verdrängungsfreien Sublimierung' ist angesichts der ‚freiflottierenden' aber scheints unauflöslichen Ökonomie der Geschlechterverhältnisse nicht nur frag-würdig, sondern eine ‚ille-lotion' (meine semantische Spielerei zwischen ‚Illusion' und ‚kranker bzw. gekränkter Lösung').

„Zwar ist die symbolische Ordnung des ‚abendländischen Denkens' (...) transparent geworden. Doch, daß die materielle Gewalt dieser symbolischen Ordnung damit aufgehoben sei, davon kann keine Rede sein" (Treusch-Dieter 1994:286f.).

Eine sehr kritische Stellungnahme vertritt Irmgard Schultz (1994:84–109) gegenüber Kurnitzkys Position: Diese würde auf das bio-evolutionistische Entwicklungsmodell des 19. Jahrhunderts aufbauen (vgl. ihren Beitrag in diesem Band): Zwischen dem Affen, der Natur und dem Menschen steht als Mittlerin das verdrängte weibliche Geschlecht. Diese Gattungsgeschichte des Unbewußten basiere auf einem universalisierenden Symbolmodell, das den Ausschluß von Frauen hermetisch konstruiere und als androzentrische Geschichtsperspektive eine wiederkehrende Topologie beinhalte:

„Frauen werden als weibliches Geschlecht in einem universalistischen Entwicklungsmodell verortet, in dem sie von der Teilhabe an und der Gestaltung von Geschichte enteignet sind. Frauen werden als kulturpsychologisches Konstrukt ‚Weiblichkeit' begriffen. Damit werden sie auch von ihren triebökonomischen, sexuellen Potenzen enteignet. (...) Den Frauen wird die Möglichkeit einer individuell unterschiedlichen Entwicklungsdynamik abgesprochen (...). (Es) hat zwar das Geld eine Triebstruktur und auch das menschliche Gattungswesen, nicht aber die einzelnen Frauen" (Schultz 1994:86f.).

Aber hatten denn Frauen in bezug auf die Bedeutung fürs Allgemeine etwas anderes als entindividualisierte Geschichten? Ist es nicht vielmehr so, daß sie als das zweite Geschlecht definiert ist in bezug auf ihn, er aber nicht auf sie? Selbstverständlich gilt das auch für die historische Hermeneutik, die ebenfalls durch ihre jeweilige Re-Perspektive diese Positionierung (noch einmal) fixieren kann. Und wenn heute einige Individuen ihre Differenz als Geschlechtswesen – unter dem post-titulierten Diktum der Gleichheit und Freiheit und dem neuerdings erhobenen Ton der Konstruiertheit – abgeben wollen, was nehmen sie dann an? Vielleicht etwa jene Gabe der Rache?

„Doch nichts garantiert dafür, daß Ausgebeutete nicht mit gleicher Münze heimzahlen; heute gibt es zum Beispiel viele jener Edelweibchen, deren Feminismus genau bis zur Bank, aber kein Stück weiter reicht" (Brennan 1997:158).

Gottding und Kindding

Banken, Börsen, Märkte – die Opferungen sind nicht nur immaterialisiert eingelagert in das Medium, das – sich reimend auf – die Welt regiert, nein sie finden ihre materialisierten Opfer – getötete Menschen – täglich: „Der Markt potenziert die bestehenden Ungleichheiten. Er nimmt keine Rücksicht auf den Unterschied zwischen Starken und Schwachen. (...) Auf diese Weise wird der Markt zu einem Produktionsapparat, der ständig Opfer erzeugt. (...) Wenn etwa Soja auf der Londoner oder New Yorker Börse um zwei Punkte fällt, bedeutet das für die brasilianische Stadt Sao Paulo eine Zunahme der Kindersterblichkeit um 2 Prozent. Die Regierung kürzt die Subventionierung der Milch für die Kinder, die an den Weltmarkt für Soja gekoppelt ist" (Boff 1992:195–197).

Gleichzeitig charakterisiert die Marktgesellschaft die Gleichheit aller. Und so reguliert dieser Weltgeist auch die Freiheit des Zugangs zu diesem Terrain. Alle zahlen den gleichen Preis – mit und ohne Fleiß. Keine Gnade vor diesem Recht. Auch vor (dem christlichen) Gott sind alle Menschen gleich. Im Geld rekapitulieren sich haufenweise religiöse Motive. Es „setzt Himmel und Erde in Bewegung", den Markt lenken „unsichtbare Hände", die Werbung übernimmt die „Verkündigung der Frohen Botschaft", die Bankhäuser sind die Tempel, deren „Pracht und Baukunst die Gemeinschaft der Sterblichen" ehrfurchtgebietend beeindrukken und die Priester sind die Bank- und Finanzleute, die ebenso wie die Wirtschaftstheoretiker eine Ethik bzw. Theologie des Eigeninteresses verkünden (Boff 1992:195–197).

Ob dieser Ebenbildlichkeit ließe sich noch viel spekulieren. Noch ein wenig Weiteres jetzt. Das transzendentale, überindividuelle, nicht-empirische Subjekt, das die Welt zum Drehen bringt, das ist der große Andere und ist der Tauschwert, der als gemeinsames Drittes zwei Unterschiedliche vergleichbar macht. So als ob ‚Gott' – unter dem alle gleich sind – ebenso das hervorgebrachte Dritte – das ‚Kind' – ist, als ‚Synthesis' der verschiedenen. Diese Aufhebung der Widersprüche, die ja täglich und nächtlich funktioniert, hat als Versöhnung eine immer überhörte Legierung. ‚Gottes Sohn' also mal anders gedacht: die Sohnemannpotenz – das Geld – als Vermittler zwischen Transzendenz und Immanenz, sie sozusagen *das* menschliche Vermögen. „Das christliche Abendland ehrt nicht die Frauen, sondern sein eigenes Reproduktionsvermögen, das im Schoß der Jungfrau angelegt ist und im Bauch der Mutter ausgebeutet wird. (...) Mit dem Kapital verwirklicht sich ... das Ideal der Männer, sich selbst zu vermehren: MADAME LA TERRE verschwindet, MESSIEURS LE PÈRE-CAPITAL und LE FILS-TRAVAIL glauben, sie genügen, damit sich der Corpus sociandum reproduzieren kann, sozusagen ohne fremdes Zutun. Im männlichen Zyklus verschwinden die Frauen, sie sind als Arbeiterinnen in die Warenproduktion integriert, als Mütter in die Reproduktion der Ware Arbeitskraft, unmittelbar als Waren (Cover-girls, Prostituierte der Massenmedien, Human-Relations-Hostessen), oder schließlich als Managerinnen des Kapitals“ (Lyotard 1977:60f.). Frauen werden *homo*logisiert, dem Geist der allgemeinen Äquivalenz gleichgemacht.

Der adäquate Ausdruck dieser Sozialform findet sich im christlichen Trinitäts-Dogma. „Die Heilige Dreifaltigkeit besteht aus einem allmächtigen Vater, einem Sohne, und das Prinzip der Kirche als der Gemeinschaft der Erlösten ist der Heilige Geist. Er wird definiert als die Liebe zwischen Vater und Sohn. D.h.: Die Liebe zwischen (zwei) Männern ist organisationskonstitutiv...“ (Pesendorfer 1993:199).

Es könnte der blasphemische Gedanke aufkommen, wer da von was oder wem eigentlich erlöst ist. Das umgekehrt gleiche Motiv bewegt die Frage, was die Welt im Innersten zusammenhält. Eine ewige Preisfrage. Weil die grenzenlose Vermehrung des Geldes alles simuliert: Enteignung, Hervorbringung, Binde- und Gleitmittel. Geld macht stinkreich, aber stinkt nicht. Auf dieses Paradox – daß das Gebrauchswertloseste zum Wertvollsten wird – hat schon Freud aufmerksam gemacht, indem er auf die Identifikation von Gold und Kot hingewiesen hat. ‚Schöne Scheiße‘ – sagen wir, wenn etwas nicht funktioniert.

Diese analerotische Tiefgründigkeit des Geldes läßt sich in Verbindung mit der homosozialen Ordnung um eine psycho-sexuelle Dimension erweitern. Männer erledigen untereinander Geschäfte, haben einen Haufen Geld und halten sich gegenseitig bei der Stange. Geld, so gesehen, wäre der „dinglich gewordene logos spermaticos“ (Hörisch 1996:116). Er, es vermehrt sich (zinstragend) quasi homosexuell, da es des/der anderen (dazu) nicht bedarf.

Jedenfalls könnte gesagt sein, daß das Erzeugnis der Liebe zwischen Männern das Kind namens Geld ist, das sich wundersam frauenlos vermehrt. „Kinder machen, Geld machen: Die sexuellen und spezifischen phallischen Konnotationen der fiskalischen Begrifflichkeit sind unüberhörbar. Wer ein Stange Geld hat, ist potent und liquide und kann sich also Finanzspritzen erlauben. Wer einen prall gefüllten Beutel hat, kann sich, nachdem das Unternehmen eingeknickt ist, wieder aufrichten und seine Gläubiger befriedigen. Wenn es steil bergauf geht, steht er gut da: seine Geschäfte laufen wie geschmiert. Der Börsenbulle ist mit ihm und mit seiner Knete“ (Hörisch 1996:114).

Frauen, die sich von dem leidigen Problem ‚Kids oder Cash‘ erlöst haben und in der Geldwelt Geschäfte machen, entsprechen homoerotischen Idealen: „Anorektisch von allen potentiellen Mutterattributen befreit und in Bodystyling-Studios gestählt, machen heute auch Knabenfrauen Geld statt Kinder. Wenn sie sich mit Männern zusammentun, die gleiches begehren, nennt man diese universal emanzipierten, postmodern erneuerten (...) Paare ‚Dinkies‘: double income no kids“ (Hörisch 1996:114). Die kollektiven Phantasien über die Omnipotenz des Geldes verweisen auf die Amalgamierung von Phallus und Geld/Gold. In der mater(ie)fernen Universaläquivalenz, die allen anderen Werten überlegen ist, zeigt sich das phallokratische Prinzip abstrakter Vaterschaft, die in überlegener medialer Geltung auch noch an sich selbst/aus sich selbst Mehrwert schafft. Das phallische Medium erschafft und verschafft und der Phallus selbst ist in der Geschlechtermetaphysik als Zeugungstatkräftiger der Schätzung wert. Das können Frauen (sich) nicht leisten. (Auch nicht in der post-koitalen Fassung von Dildo statt Goldi). „Das Tertium comparationis von weiblichem Schoß und Mammon läßt sich unschwer bestimmen. Beide sind Höhlen der Vermehrung, der Prokreation bzw. der Verzinsung. Wer als Mann (...) beides: das Geld und den weiblichen Schoß erringt, darf sich deshalb glücklich schätzen. Er wird Herr über das Wunder des Reichtums und der Vermehrung" (Hörisch 1996:124).

Wenn hier schon von ‚Göttern' die Rede ist: Wie manifest oder latent auch immer, die Theologie hat wohl diese heimlichen Zusammenhänge geahnt, wenn sie beides zur Perversion, sprich wider die Natur deklarierte: die Homosexualität und die Geldvermehrung über Zinsen; sozusagen einmal als Nullsummenspiel und einmal als creatio ex nihilo. Und das war *dem* Schöpfer vorbehalten.

Was es ja nicht mehr ist. Die Schöpfung aus dem Nichts – geschlechtslose Maximierung, wenn auch männlich markiert – ist nicht nur entgöttlicht, sie ist auch ‚entmenschlicht': „Die Wertschöpfung aus nichts ist zum anerkannten Maßstab jeglicher Bewertung aufgestiegen: An den Plätzen des Handels mit Erwartungen, den spekulativen Märkten, werden in Tagen und Stunden Vermögen verdoppelt oder halbiert, ohne daß eine menschliche Leistung als Ursache für Vermehrung und Schrumpfung anzugeben wäre" (Kitzmüller 1992:32).

Und bezogen auf die irre-realen Größenverhältnisse, läßt sich beispielsweise nachrechnen, daß für existierende Börsengewinne eines Individuums von 500 Milliarden in einer Woche eine durchschnittlich erwerbstätige Frau ca. 20.000 vor Christus hätte zu arbeiten beginnen müssen (vgl. Madörin 1997).

Und: Geld stirbt nicht; es gibt die Inkarnation einer phantasierten Unsterblichkeit im virtuellen Raum unendlicher Zirkulationen und Kreditnahmen auf die Zukunft ab.[3] Immer schneller – immer mehr vom Gleichen, was für ein Verkehr.[4] In dem Maß in dem die virtuelle Welt mit ‚Virtus' (Duden: männliche Tüchtigkeit, Tapferkeit, Tugend) anverwandt ist, in dem Unmaß ist das Geld jene narzißtische Mimesis, die diese und die Gesamtheit der Welt der Objekte

3 Daß die lineare Zeit – als meßbare Zeit, im Maßstab des technischen Mittels eines ‚männlichen' Bedürfnisses zur Überwindung ‚weiblich' zirkulärer Zeitvorstellungen – sich dislozierend in unendlich ineinander fließende Geldströme transformiert, mag hier nur als Phänomen angemerkt sein.

4 Die systemtheoretische Auffassung der Ausdifferenzierung der modernen Gesellschaften ist eigentlich eine Entdifferenzierung. Die Konsumsubjektivität einer bombastischen Auswahl von Angeboten (5.000 Sorten von T-Shirts) ergibt eine Scheinindividualisierung, erzeugt eine transformierte Welt, eine Entwirklichung. Jede Differenz, die noch nicht in diesem unseren ökonomischen System ist, soll als Restwirklichkeit vernichtet werden (vgl. die Beiträge von C. Gerschlager und L.N. Trallori in diesem Band).

repräsentiert, die er mit seiner Hilfe erwerben kann. „Allein der Spiegel reflektiert das Analogon der Welt, weil er völlig passiv ist. Ein Spiegel schafft keinen Wert, er reflektiert ihn so, wie im monetären Zeichen alle äquivalenten Werte reflektiert werden, ohne daß es auch nur einen einzigen erzeugen könnte. Nur die Seele erzeugt Werte“ (Viderman 1996:85).

So läßt sich wirklich verstehen, inwiefern (mit Marx und all den anderen) zu sagen ist, daß die Verkehrsregeln der Tauschwertbeziehungen alle Individuen gleich-gültig gegeneinander macht und sie sich nur im Markt indirekt vermitteln. Und das wiederum ist, wie hoffentlich hinreichend hier spekuliert, der Effekt einer bestimmten Ökonomie und der „großen Interessenprovinzen der Innerlichkeit“ (Simmel 1991:719). Die schicksalsartige (monetäre) Abfindung mit dem System findet sich ab mit der „radikalen Beseitigung aller der Imponderabilien gemütvollerer Beziehungen“ (Simmel 1991:720). „In dieser reinen Sachlichkeit der geldmäßigen Beziehung zeigt sich bei aller gegenseitigen Abhängigkeit doch die Persönlichkeit ihrer Träger als völlig gleichgültig; und hierdurch wird offenbar das Fürsichsein, die individuelle Unabhängigkeit eines jeden, zu ihrem höchsten Gefühlswert gebracht. (...) er gewann Freiheit von etwas, aber nicht Freiheit zu etwas. (...) so kommt es von vornherein nicht zu jener innerlichen Bindung, Verschmelzung, Hingabe, die der Persönlichkeit zwar eindeutig determinierende Grenzen, aber zugleich Halt und Inhalt gibt. So erklärt es sich, daß unsere Zeit (...) sicher mehr Freiheit besitzt als irgend eine frühere, dieser Freiheit doch so wenig froh wird“ (Simmel 1991:722f.).

Signifikant (für den westlichen weißen männlichen Obolus) ist diese Freiheit von persönlichen Abhängigkeiten geworden – eine Ent-bindung von der Mater(ie)? Austauschfähigkeit funktioniert bloß über die Abstraktion vom Besonderen, vom Einzigartigen. Diese Uniformierung könnte effizientes Ergebnis einer Inversion sein, die, in dieser Hinwendung zum (ständig und überall kopierbaren) Gleichen, einem Vollständigkeitssimulacrum frönt, dadurch, daß wir alle kompatibel werden.

„Es ist eine seltsame Eigenart des Geldes, daß es völlig immateriell ist und gerade wegen dieser Immaterialität das universelle Konversionsmittel aller materiellen Werte sein kann“ (Viderman 1996:78). Zu sagen, wir sind zu materiell, wäre so benannt, eigentlich obszön (off-scene). Geld, der Meister der Entmaterialisierung und Nivellierung stellt die Entsprechung der (männlichen) Existenz da und dort in Scheinen und plastischer Glaubensknete dar. Letztere, die rechteckigen Plastikkärtchen, versetzen die ‚Ungläubigen‘ gänzlich ins A-Soziale, ins ausgeschlossene Dasein, wenn die Bargeldlosigkeit jedes Flehen um kleine Münzen obsolet macht. Auch das ist ein weiteres Indiz für die zunehmende Immaterialität der basalsten Kommunikationsformen – hier der Gabe – und für die horrible Dialektik von Überfluß hier und Überflüssigsein dort. „Einzelne Subjekte mögen sich inhaltlich denken und vorstellen, was immer sie wollen –

im Tausch (und nicht etwa im Dialog) sind sie zu der schlechthin verbindlichen Form von Intersubjektivität verhalten. Der geldvermittelte Tausch von Äquivalenten ist somit die Abstraktionsleistung, die sowohl vereinzelte Subjekte zu einer Gesellschaft als auch (...) die Erkenntnisvermögen, nämlich Sinnlichkeit und Verstand, erst zu einer Einheit synthetisiert und sie dadurch zu homogener Dingkonstitution befähigt. Konstitutiv für die kategoriale Verfassung verbindlichen Bewußtseins ist deshalb die Sphäre der Distribution und nicht etwa die Erfahrung gemeinschaftlicher Produktion oder Kommunikation" (Hörisch 1990:9).

Das Existieren in der Verteilung entwirklichter Güter, in einer homosozialen Ökonomiekultur, in der Homogenisierung aller Besonderen, in einer Teilwirklichkeit, die suggestiv und sukzessiv alle anderen Wirklichkeiten sich einverleibt – was bleibt da übrig auf das wir als die ,Unter'schiedenen (ohne restlos verzehrt zu werden) in-sistieren könnten? Was wäre – hat Irigaray (1979:203) einmal gnomisch gefragt – wenn die Waren sich weigerten auf den Markt zu gehen? Wie würde was Bedeutung erlangen, wenn auf dieser Ungleichheit beharrt würde, um als weibliche Restidentität nicht völlig zu verschwinden?

In abendländischer Tradition geht es weniger um Differenz und Gleichheit, als um Differenz und Identität, da „jede Differenz zwischen zwei Dingen, um überhaupt denkbar zu sein, das Denken von etwas Drittem erfordert, so daß die beiden mit Bezug auf das Dritte miteinander verglichen werden können. Es gibt aber kein Drittes bei der Differenz zwischen dem Frausein und dem Mannsein..." (Muraro 1999:178).

Das vorhandene geltende Dritte, diese Aufhebung der Differenz, wäre so besehen ein ungültiges Gut, ein ,Falschgeld', ein Schein eben. Denn selbige Gleichheit ergattern, schreibt uns als ungenügend am all-gemeinen Parameter ein, bzw. als komplementär Unterschiedene, wobei das eine um sein anderes ergänzt wird. Hin-gegen: „Unabhängigkeit ist die Bedingung für ein Zwei-Sein, ein nicht Eins-Sein, das die Einheit des Seins nicht aufhebt. Symbolische Unabhängigkeit heißt, daß Vermittlung notwendig ist. Symbolische Unabhängigkeit ist auch die wesentliche Voraussetzung dafür, daß Differenz sich nicht ,in Ungleichheit' verwandelt, sondern den Sinn für materielle gegenseitige Abhängigkeit aufrechterhält, von der wir wissen, daß sie für das Leben und auch für das Zusammenleben unverzichtbar ist" (Muraro 1999:184). Vermittlung zu verstehen als das Maßvolle einer immer und immer wieder zu erringenden (leeren) Mitte, die nicht gestopft werden muß, sich nicht in maßlosen und sich ständig wiederholenden Schein-lösungen über die Welt ergießt.

„Sie müßte es wagen zu sagen, was sie zu sagen hat über die Gabe, über eine gewisse Möglichkeit zu geben, die keine Gabe wäre, die nimmt, sondern eine Gabe, die gibt" (Cixous 1990:114).

Wenn im politischen Handeln, im gestaltenden Gespräch (mit Hannah Arendt) unverwechselbare Einzigartigkeit reklamiert und vorausgesetzt, also nicht vom ökonomischen Handel, der jeden unaustauschbaren Rest ißt und verdaut, ausgegangen wird, ist das konkrete Lebendige selbst Sinn. Während der Mehrwert dieses verwertet und dadurch eine entwirklichte Wirklichkeit produziert. Statt Besitzende sein zu wollen/müssen, könnten wir Besessene von Wirklichkeitsresten sein, die einer Mehr-werdung in anderer Bedeutung eine Würdigung verleihen. Welche nichts zu gewinnen haben, können auch nichts verlieren. Was früher Närrinnenfreiheit hieß, wäre heute als eine Ethik zur Differenz/en benennbar: Freiheit von und Freiheit zu.

„Also wird diese Ökonomie organisiert durch den Preis: es gibt einen Preis zu bezahlen, das Leben kostet, man muß den Preis des Lebens bezahlen, daher rührt ein schwieriger Bezug zu dem, was zur Ordnung der Liebe gehört, in dem Maße, wie Liebe im Genuß auf jeden Fall beginnt, sich dem System der Äquivalenz zu entziehen. Es ist sehr schwierig, etwas zurückzugeben, von dem man nicht genau weiß, was es ist" (Cixous 1990:110).

Und damit diese dissidente Tugend nicht bloß vereinzeltes und trübliches Privatvergnügen bleibe: Eintreten in den Raum der Kritik der Gespräche und in die Zeit der Gespräche der Kritik – außerhalb der Sphäre tauschender Ver(sch)wendung, d.h. nicht im Namen s/einer narzißtischen Ökonomie. Verausgabung – rückhaltlos und innehaltend. Nicht jenen Wahn-Sinn (des) eins zu eins diesseitig; dennoch die vielen Frauen jenseits von ... im Diesseits zu...

LITERATUR

Arendt, Hannah (1981), Vita activa oder Vom tätigen Leben, München.

Boff, Leonardo (1992), Der Markt und die Religion der Ware, in: Concilium. Internationale Zeitschrift für Theologie, Nijmegen.

Bowie, Malcom (1994), Lacan, Göttingen.

Brennan, Teresa (1997), Jenseits der Hybris. Bausteine einer neuen Ökonomie, Frankfurt/M.

Cixous, Hélène (1990),Geschlecht oder Kopf?, in: Aisthesis. Wahrnehmung heute oder Perspektiven einer anderen Ästhetik. Leipzig.

Fraisse, Geneviéve (1996), Geschlechter Differenz, Tübingen.

Günter, Andrea (1998), Politische Theorie und sexuelle Differenz, Königstein.

Hegel, G.W.F. (1986), Werke in zwanzig Bänden, Register, Frankfurt/M.

Heintel, Peter (1988), Die Dialektik des Geldes, Manuskript, Klagenfurt.

Hörisch, Jochen (1990), Die beiden Seiten einer Münze. Sohn-Rethels Theorie von Geld und Geltung, Vorwort zu: Alfred Sohn-Rethel, Das Geld, die bare Münze des Apriori, Berlin.

Hörisch, Jochen (1996), Kopf oder Zahl. Die Poesie des Geldes, Frankfurt/M.

Irigaray, Luce (1979), Das Geschlecht das nicht eins ist, Berlin.

Irigaray, Luce (1989), Die Frauen, Das Heilige, Das Geld, in: dies., Genealogie der Geschlechter, Freiburg i. B.
Kitzmüller, Erich (1992), Magische Geldwirtschaft: Die ruinöse Jagd nach Sicherheit, in: Die Rolle des Geldes, Kurswechsel, Nr. 4, Wien.
Kurnitzky, Horst (1980), Triebstruktur des Geldes. Ein Beitrag zur Theorie der Weiblichkeit, Berlin.
Lyotard, Jean-François (1977), Das Patchwork der Minderheiten, Berlin.
Madörin, Mascha (1991), Männliche Ökonomie – Ökonomie der Männlichkeit. Wirtschaft, Wirtschaftstheorie und phallokratische Ordnung, in: Emanzipation, Nr. 1.
Muraro, Luisa (1999), Jenseits der Gleichheit, in: DIOTOMA, Die Welt zur Welt bringen, Geschlechterdifferenz und die Arbeit am Symbolischen, Königstein.
Nölleke, Brigitte (1985), In alle Richtungen zugleich. Denkstrukturen von Frauen, München.
Pesendorfer, Bernhard (1993), Organisationsdynamik, in: Schwarz, Gerhard u.a. [Hg.], Gruppendynamik. Geschichte und Zukunft, Wien.
Pircher, Wolfgang (1999), Sozialmaschine Geld. Kultur. Geschichte, Frankfurt/M.
Rainer, Wolfram (1992), Geschichte des Geldes. Frankfurt/M., Leipzig.
Schultz, Irmgard (1994), Der erregende Mythos vom Geld. Die neue Verbindung von Zeit, Geld und Geschlecht im Ökologiezeitalter, Frankfurt/M., New York.
Simmel, Georg (1991/1900), Philosophie des Geldes, Frankfurt/M.
Treusch-Dieter, Gerburg (1994), Frei vom Körper, jenseits der Geschlechterdifferenz – den Knoten des Sozialen lösen, in: Maresch, R. [Hg.], Am Ende vorbei, München.
Viderman, Serge (1996), Die Psychoanalyse und das Geld, Frankfurt/M., New York.
Weber, Samuel (1978), Rückkehr zu Freud – Jacques Lacans Ent-Stellung der Psychoanalyse, Frankfurt/M.

Gabriele Michalitsch

Jenseits des homo oeconomicus?

Geschlechtergrenzen der neoklassischen Ökonomik

1. Konturen feministischer Kritik

Die Beiträge von Frauen zur Entwicklung ökonomischen Denkens wurden – und werden – unterschlagen, entwertet oder unter männlichem Etikett vereinnahmt,[1] ihr Platz scheint festgelegt: „Seltener im Text, häufiger in Fußnoten werden ihre Leistungen als Mütter, Ehefrauen, Schülerinnen erwähnt“ (Rudolph 1990:130). Nach wie vor stellen Frauen in der scientific community eine verschwindende Minderheit dar, der Anteil der Universitätsprofessorinnen im Fach Volkswirtschaftslehre liegt international bei etwa 3% (Maier 1993:552f.).

So bestimmt der sich reproduzierende „männliche Blick“ die Volkswirtschaftslehre von der Problemstellung bis zur Begriffsbildung, vom Forschungsdesign bis zur Schlußfolgerung. Der neoklassische Mainstream der Disziplin negiert Geschlechterdifferenzen weitgehend und blendet damit soziale Erfahrungen von Frauen aus. Die Konstruktion des ökonomischen Gegenstandsbereichs, die Wahrnehmung und Auswahl von Problemen, deren Erklärung und Interpretation erfolgen einzig aus „männlicher“ Perspektive, denn die androzentrische Struktur ökonomischen Denkens bringt Modelle hervor, die „männlich“ mit „menschlich“ gleichsetzen (vgl. Ferber/Nelson 1993b:4ff.). Von der Vorstellung des losgelösten, unparteiischen Selbst getragen, die körperliche und gesellschaftliche Gebundenheit zu transzendieren vorgibt, verschwindet deren Selektivität hinter dem Anspruch von (Geschlechts-)Neutralität, Objektivität und Universalität (vgl. England 1993).

1 Verwiesen sei hier nur auf zwei Beispiele: Harriet Taylor und Mary Paley Marshall. Beide „verschwinden“ gleichsam hinter ihren berühmten Ehemännern, obgleich John Stuart Mill selbst in seiner Autobiographie über Harriet Taylor unter anderem festhält: „(N)ot only during the years of our married life, but during many of the years of confidential friendship which preceded, all my published writings were as much her work as mine“ (Mill 1935/1873:205). Zu Harriet Taylors Anteil an Mills Schriften siehe auch Tulloch 1989:72, Henshaw 1987. Mary Paley Marshall blieb eine ähnliche Anerkennung von seiten ihres Ehemannes Alfred Marshall, mit dem sie den als sein erstes Buch in Erinnerung gebliebenen Band „The Economics of Industry“ (1879) geschrieben hatte, hingegen versagt. Alfred Marshall, sonst wenig in Universitätsbelangen engagiert, wandte sich 1896/97 massiv gegen die Forderung nach Zuerkennung von Cambridge-Abschlüssen an Absolventinnen der women's colleges, obwohl seine Frau dort lehrte: „(H)e vehemently opposed to the assimilation of women into an educational system designed for men“ (Whitacker 1987:351). Zu Alfred und Mary Paley Marshall vgl. Whitaker 1987:351. Daß Mark Blaugs „Who is Who in Economics?“ (1986) unter tausend ökonomischen Theoretikern bloß einunddreißig Frauen verzeichnet, spiegelt den Ausschluß von Frauen in der Geschichte ökonomischen Denkens ebenso wie deren aktuellen Standort innerhalb der Disziplin.

Sofern ökonomische Theorien Geschlechterdifferenzen thematisieren, manifestiert sich deren Sexismus meist offen. Geschlecht wird nicht als soziale, sondern essentialistisch als biologische Kategorie – und damit als natürliche Konstante – gefaßt (vgl. Maier 1993). Verwiesen sei hier einmal mehr auf die vor allem mit dem Namen Gary S. Becker, Nobelpreisträger 1992, verbundene Humankapitaltheorie und New Home Economics. Beckers Modelle bestätigen geschlechtsspezifische Arbeitsteilung ebenso wie Lohnunterschiede als ökonomisch effizient und rational (vgl. Becker 1971, 1976).

Der Maskulinismus der Ökonomik[2] findet sich jedoch nicht nur in einzelnen Theorieansätzen, er ist, mit der Entwicklung des neuzeitlichen Wissenschaftsparadigmas und der Grundlegung der modernen Ökonomik verknüpft, in das ökonomische Denksystem und seine Begriffswelt verwoben. Die diskursiven Praktiken, die der Wissensproduktion immanenten Regeln und die Schaffung von Bedeutungen, die Produktion und Verwendung des Wissens, die unbewußten Regeln der Formationen bestimmen den *Einen* zur Norm, die *Andere* zur Devianz.[3] Anti-Feminismus durchzieht die Geschichte der Disziplin seit Adam Smith, dessen Synthese zeitgenössischen ökonomischen Denkens im „Wohlstand der Nationen" (1776) gemeinhin als Geburtsstunde[4] der modernen Wirtschaftswissenschaften gilt, sedimentierte sich in ihren Fundamenten, in Gegenstandsbereich und Denkweise, Begriffen und Kategorien (vgl. Pujol 1992, Groeningen 1994). Die männliche Disziplin entwickelte damit jenes „geheime Glossar"[5] (Krei-

2 Um Volkswirtschaftslehre und Wirtschaft (Ökonomie) begrifflich zu unterscheiden, steht in diesem Text entgegen der gebräuchlichen Bezeichnung Ökonomie der Terminus Ökonomik für Volkswirtschaftslehre.

3 Die epistemologische Herausforderung der Postmoderne führte zu einer Neuinspektion akademischer Disziplinen, fand in der Ökonomik jedoch wenig Gehör. Als grundlegende Auseinandersetzung mit dem ökonomischen Diskurs sei hier vor allem auf Donald McCloskeys „The Rhetoric of Economics" (1985) verwiesen.

4 An Adam Smith zeigt sich einmal mehr die Problematik solcher Setzungen, denn ebenso könnte man manche seiner Vorfahren oder Zeitgenossen wie François Quesnay, Richard Cantillon, Anne Robert Jacques Turgot oder David Hume als Gründungsväter der modernen Ökonomik feiern. Schumpeter etwa schreibt über Adam Smith: „Es ist eine Tatsache, daß der „Wealth of Nations" keine einzige *analytische* Idee oder Methode und kein *analytisches* Prinzip enthält, die im Jahre 1776 völlig neu gewesen wäre." (Schumpeter 1965:245, Schumpeters Hervorhebungen). Auch hier sind es offensichtlich weniger wissenschaftsimmanente Kriterien als politökonomische Interessen, die Smith zum „Vater" der Disziplin stilisierten.

5 Das Geheime markiert das nur einem kleinen Kreis von Eingeweihten bestimmte, von diesen gehütete Wissen, das weithin Unbekannte, das Unerforschte, das sich der Erfassung zu entziehen scheint, es deutet auf das Ungesagte, die Blindstellen der Disziplin, aber auch deren Verleugnung, auf verborgene begriffliche Bedeutungsinhalte, auf systematische Auslassungen in Begriffsdeutungen oder auf unbewußte oder implizite Verwendungen von Konzepten. Das Geheimnis bezieht sich gleichermaßen auf in- wie exkludierende Beziehungen des wissenschaftlichen Netzwerks (Kreisky/Sauer 1997b:10ff.).
Glossare, Wörterbücher, Lexika dienen der Selbstverständigung der Disziplin, sie schreiben mit Begriffen, Kategorien und Theorien gleichermaßen tradierend wie normierend fest, was das Wis-

sky/Sauer 1997a) der Ausgrenzung und Verdrängung, das die meist impliziten Geschlechtergrenzen der Ökonomik markiert, jene Maßstäbe setzt, die den Markt vermessen und die Grenzen des ökonomischen Diskurses festlegen.[6]

Ein wesentlicher Ansatzpunkt feministischer Ökonomik besteht folglich in der Vergeschlechtlichung der ökonomischen Begriffswelt als Schritt zur Dekonstruktion ökonomischer Theoriegebäude ebenso wie zu deren Rekonstruktion. Feministischer Wissenschaft kommt damit die Aufgabe zu, wirtschaftswissenschaftliche „Geheimnisse“ zu lüften, auf das Verborgene zu deuten, eingeschlechtliche Selbstverständlichkeiten zu verfremden und solcherart sichtbar zu machen. Vergeschlechtlichung, *engendering*, gängiger, sich geschlechtslos gebärdender Begriffe und Konzepte bedeutet, implizite Geschlechtlichkeit explizit zu machen. Methodisch erfordert engendering volkswirtschaftlicher Begriffe, Kategorien und Konzepte, deren historische, soziale, politische und kulturell-diskursive Entstehungs- und Verwendungskontexte als geschlechtliche Kontexte zu entschlüsseln, um inhärente Geschlechterannahmen offenzulegen (Kreisky/Sauer 1997b:31).

Die geschlechtliche Codierung ökonomischer Begriffs- und Konzeptbildung steht somit im Zentrum dieses Beitrags. Die Entschlüsselung dieser Codierung am Beispiel des neoklassischen Entwurfs des homo oeconomicus führt letztlich zum Maskulinismus der klassischen Fundamente ökonomischen Denkens. Die Kritik an der von der Begriffs- bis zur Theoriebildung wider den universellen Schein geschlechtlich strukturierten ökonomischen Disziplin mündet in einem Plädoyer für die Überschreitung ökonomischer Denkgrenzen.

2. Das Geschlecht des homo oeconomicus

Mit der „marginalistischen Revolution“ der siebziger Jahre des 19. Jahrhunderts, als William Stanley Jevons, Carl Menger und Léon Walras unabhängig voneinander die Grundlagen der subjektiven Wertlehre entwickelten, der zufolge nicht

sen ist. Die Grenzen von Ein- und Ausschluß werden so gezogen und machen die Disziplin erst zu jenem abgesteckten, eingezäunten Feld, das festlegt, was Ökonomie ist, um so auch Gegenstands-, Frage- und Denkbereich der Ökonomik zu markieren.

6 Der im „Dispositiv des Wissens schwirrende“ Diskurs aber ist Teil der Macht, er „ist dasjenige, worum und womit man kämpft; er ist die Macht, deren man sich zu bemächtigen sucht“ (Foucault 1996:11), denn um das Monopol der legitimen Benennung, um die Durchsetzung der legitimen Wahrnehmungsweise wird im „Kampf um die Macht zum Erhalt oder zur Veränderung der herrschenden sozialen Welt durch Erhalt oder Veränderung der herrschenden Kategorien“ (Bourdieu 1985:18f.) gerungen. Definition und Kanonisierung sind Prozesse der Benennungsmacht, die, Struktur und Strukturierung implizierend, wie Kategorisierung, Explizierung und Klassifizierung, Schöpfung und Vernichtung ermöglichen: Sie lassen entstehen oder verschwinden, indem sie benennen oder verschweigen.

die Produktionskosten den Wert eines Gutes bestimmen, sondern dessen Grenznutzen, verschob die Neoklassik die Perspektive der Ökonomik von der Angebots- auf die Nachfrageseite und von der Makro- auf die Mikroebene. Makroökonomische Zusammenhänge von Beschäftigung, Arbeitslosigkeit, Verteilung, Preisentwicklung oder Entlohnung wurden nun über die Mikroanalyse erschlossen. Methodologischer Individualismus kam über die Disziplin, das individuelle Nutzenkalkül stieg zum Maß aller Wirtschaft empor: Aus der *politischen* wurde die *reine* Ökonomie.

Die neoklassische Sicht der Wirtschaft entwickelte sich zum herrschenden Paradigma, das sich in den letzten Jahren mit der Hegemonie des Neoliberalismus verfestigte und gegenwärtig nicht nur den wissenschaftlichen Diskurs, sondern auch das Alltagsverständnis von Ökonomie dominiert. „Das Elend mit der Neoklassik" (Maier 1993), vor allem deren methodischer Rigorismus und theoretische Axiome, wurden vielerorts beklagt (Knapp 1986, Rudolph 1990, Grisold 1991, Maier 1993, Filli et al. 1994), im Zentrum feministischer Kritik steht deren impliziter Maskulinismus.

Die mit der neoklassischen Theorie verbundene Formalisierung der Ökonomik, die einseitige Dominanz mathematischer Modelle, suggeriert nicht nur Exaktheit und Objektivität, die methodische Anknüpfung an die Naturwissenschaften distanziert die Volkswirtschaftslehre auch von den Sozialwissenschaften und verschiebt den Gegenstand der Forschung ins gleichsam „Natürliche", hebt ökonomische „Gesetze" in den Rang von „Naturgesetzen" und verleiht dem herrschenden Ökonomiemodell den Schein universeller, zeitloser Gültigkeit: Die gesellschaftliche Ordnung wird zur „zweiten Natur" (Lukács 1923:97).[7] Damit werden letztlich auch sozial konstruierte Differenzen wie die der Geschlechter zu natürlichen Unterschieden erklärt und patriarchale Machtverhältnisse naturalisiert: *Gender* wird zu *sex*. Als „unökonomisch" verpönt, scheiden alternative methodische Zugänge weitgehend aus. Methoden verhalten sich jedoch keineswegs „neutral", sie wirken auf die Problemformulierung ebenso wie auf Untersuchungsergebnisse. Die Beschränkung der zulässigen Methode impliziert inhaltliche Reduktion: Fragen, die sich der Formalisierung entziehen, werden nicht gestellt. Formalisierung aber zwingt zu Quantifizierung und drängt so nicht-monetäre oder als nicht-monetarisierbar ausgegebene Bereiche jenseits des Marktes weitgehend aus dem wirtschaftswissenschaftlichen Blickfeld (vgl. Folbre 1995). Gerade die mathematische Modellierung der Geschlechterverhältnisse scheitert vielfach auch an fehlenden Daten. Darüber hinaus aber werden nicht selten auf Basis geschlechtsspezifisch selektiven Datenmaterials Hypothesen erstellt, die zu weiteren Verzerrungen in der Modellentwicklung führen. Methoden-

7 Bereits das *loi naturelle* der Physiokraten und die *invisible hand* Adam Smiths deuten auf den „natürlichen" Charakter der ökonomischen Ordnung (vgl. Sweezy 1970:52).

pluralismus und Interdisziplinarität, wie sie von feministischen Ökonominnen eingefordert werden, stoßen weitgehend auf Ablehnung, denn „the economic paradigm does have a certain ‚unifying power‘ because it is highly general and highly abstract. This power however has been purchased at the price of obliterating most of the trees from the forest“ (Sawhill 1980:130).

Der Maskulinismus des scheinbar geschlechtslosen homo oeconomicus, höchst umstrittenes Menschenmodell der neoklassischen Theorie, steht im Mittelpunkt feministischer Kritik, die neben ideologiekritischen vor allem empiristische und postmodernistische Einwände vorbringt. Dieses auf sich selbst reduzierte, autonome Wirtschaftssubjekt, geschichts-, traditions- und kulturlos, kommt ohne soziale Verortung aus. Es gehört keiner sozialen Gruppe, Klasse oder Ethnie an. Als rational entscheidendes, Kosten und Nutzen kalkulierendes, Individuum kennt es nur ein Ziel: seinen exogen gegebenen Präferenzen entsprechend, seiner gleichsam „natürlichen Gier“ folgend, seinen individuellen Nutzen zu maximieren. Auf dem – im gesellschaftlichen Vakuum angesiedelten – Markt treten diese homines oeconomici als gleichberechtigte Vertragspartner ohne Unterschied an Macht und Einfluß, Vermögen und Einkommen, Handlungsoptionen und -potentialen in Konkurrenz um jene knappen Ressourcen, die ihren nie gestillten Bedürfnissen gegenüberstehen.

Feministische Ideologiekritik betont die Legitimation bestehender patriarchaler Gesellschaftsstrukturen durch das Homo-oeconomicus-Konzept. Über die postulierte Exogenität der Präferenzen finden gesellschaftliche (Geschlechter-)Stereotype Eingang in die Theorie. Rationales Wahlverhalten unter dem Dogma der Nutzenmaximierung als zentrales Axiom der Ökonomik entzieht Macht, Normen, Werte, Interessen oder Interdependenzen der Reflexion und legitimiert bestehende Herrschaftsverhältnisse, nicht zuletzt die Hierarchie der Geschlechter. So werden Handlungen der gesellschaftlichen Zwängen ausgesetzten Akteure als freiwillige, ihrer jeweiligen subjektiven Nutzenfunktion entsprechende gedeutet. Arbeitslosigkeit etwa wird solcherart letztlich ebenso Freiwilligkeit unterstellt wie dem Verzicht von Frauen auf Erwerbstätigkeit zugunsten unbezahlter Reproduktionsarbeit. Allein die Postulate von Nutzenmaximierung und Exogenität der Präferenzen vermögen *jedes* Verhalten zu legitimieren, sie bergen die Gefahr, die Volkswirtschaftslehre zur Rechtfertigungslehre werden zu lassen, denn Theorien werden „eingesetzt, um menschliches Verhalten zu steuern im Hinblick auf Lösungen, die die bestehende soziale und ökonomische Ordnung bestätigen. Wenn die Annahme zutrifft, daß das Verhalten auf einem ökonomischen Gesetz fußt, dann ist das Bestehende rational und dient als mächtiges Argument zur Rechtfertigung des status quo“ (Rudolph 1990:140).

Auf der Konfrontation des homo oeconomicus mit menschlicher Identitätsbildung und gesellschaftlich definierten Geschlechterverhältnissen beruht ein weiterer Strang feministischer Kritik an dessen Konzeptualisierung, der letztlich auf die von vielen Seiten kritisierte Realitätsferne neoklassischer Annahmen zielt. Die Autonomie des Individuums und dessen Reduktion auf sich selbst steht in Widerspruch zur Konstituierung individueller Identität im gesellschaftlichen Kontext, die stets auch geschlechtliche Identität impliziert. Die von gesellschaftlichen Zuweisungen geprägten Lebensverhältnisse von Frauen entsprechen weniger noch als jene von Männern den neoklassischen Postulaten. Frauen werden im Gegensatz zu Männern primär jenseits des Marktes im Privatbereich verortet, sie erbringen weltweit den größten Teil unbezahlter Reproduktionsarbeit. Diese „Arbeit für andere" ist entsprechend weniger mit Selbstinteresse und individueller Nutzenmaximierung als mit „Sorge um andere" und Empathie verbunden, sie erfordert eher Kooperation denn Konkurrenz.

Die aus der Ordnung konstanter[8] exogener Präferenzen abgeleitete individuelle Nutzenfunktion gilt als unabhängig von der anderer. Interdependenzen werden ausgeschlossen, die Wohlfahrt des einzelnen hängt damit ausschließlich von dessen Konsum an Gütern und Leistungen ab, nicht aber von dem anderer Menschen. Dies widerspricht besonders der familiären Lebensrealität von Frauen. Darüber hinaus gilt, daß individuell rationales Verhalten zum bestmöglichen Ergebnis für das Kollektiv führt, individuelle und kollektive Rationalität also zusammenfallen, die allgemeine Wohlfahrt mit dem jeweils individuellen Nutzen maximiert wird. Divergierende Interessen sozialer Gruppen bleiben hierbei ausgeblendet. So mag etwa die geschlechtsspezifische Arbeitsteilung die Wohlfahrt von Männern steigern, die von Frauen hingegen verringern, interpersonale Nutzenvergleiche aber werden per definitionem ausgeschlossen, denn Nutzen ist ein höchst subjektives Maß (vgl. Maier 1993:560; England 1993:42). Die soziale Konstruktion der Geschlechterdifferenz und entsprechend strukturierte Lebensverhältnisse stellen nicht nur das Postulat rationaler Wahl in Frage, die bestehende patriarchale Struktur der Gesellschaft, die sich in massiven geschlechtsspezifischen Ungleichheiten an Macht, Einkommen und Handlungschancen manifestiert, widerspricht auch der Konzeption gleicher Vertragspartner.

In den seit den sechziger Jahren entwickelten neoklassischen Bevölkerungs-, Haushalts- und Arbeitsmarkttheorien, die ihren Blick zunehmend auch auf die Geschlechterdifferenz richteten, tritt die „Männlichkeit" des homo oeconomicus deutlich hervor. Männer werden in diesen Theorien mit dem homo oeconomicus identifiziert, Frauen jedoch als lediglich bis zur Heirat erwerbstätig, dann als vom (Ehe-)Mann ökonomisch abhängig und altruistisch gefaßt. Ihr Telos wird damit als biologische Prädestination zur Mutterschaft „jenseits des homo oeconomicus" festgeschrieben, geringe Produktivität und geringe Entlohnung am Arbeitsmarkt sind die logische Folge (z.B. Becker 1971, 1976; kritisch vgl. Amsden 1990, Maier 1993).

8 Konstanz der Präferenzen bedeutet, daß diese trotz Marktinteraktion unverändert bleiben. Kritisch hierzu siehe England 1993.

Die den homo oeconomicus konstituierenden Charakteristika stehen aber auch in krassem Widerspruch zu all jenen, die Frauen in der Moderne zugeschrieben werden und deren Hervorbringung die Erziehungsprogramme seit dem 17. Jahrhundert zum Ziel hatten (vgl. Hausen 1977). Der Blick auf die Theoriegeschichte der Nationalökonomik macht die bipolare Geschlechtermatrix, der sich die Konzeption des homo oeconomicus fügt, deutlich, zeigt aber auch, daß diese auf Ideen der klassischen Ökonomie zurückgeht (vgl. Pujol 1992, Ferber/Nelson 1993b, England 1993, Groenewegen 1994).

Die Frau wird in der Moderne nicht als Individuum betrachtet, denn dieses bestimmt sich über seinen Besitz (vgl. Macpherson 1973). Die Abhängigkeit der Frau vom Ehemann, Vater oder nächsten männlichen Verwandten steht dem Entwurf des autonomen Subjekts gegenüber. „Alles Frauenzimmer, und überhaupt jedermann, der nicht nach eigenem Betriebe, sondern nach der Verfügung anderer genötigt ist, seine Existenz zu erhalten, entbehrt der bürgerlichen Persönlichkeit, und seine Existenz ist gleichsam nur Inhärenz“ (Kant 1990/1797:171). Mit dem Fehlen bürgerlicher Rechte bleibt Frauen – wie die Rechtsordnungen des 19. Jahrhunderts vom Code civil bis zum Allgemeinen Landrecht bestätigen – die Anerkennung als gleichberechtigte Vertragspartner versagt. Pateman (1988) zeigte, daß die Kontrakttheoretiker[9] den Gesellschaftsvertrag, den Urvertrag, als Vertrag von Vätern und Brüdern entwerfen. Frauen schließen nur den Ehe-, nicht aber den Gesellschaftsvertrag. Aus der politischen Philosophie der Kontrakttheorie des 17. und 18. Jahrhunderts jedoch geht die moderne Ökonomik hervor. Die Idee des Marktes als Ort der Vertragsschlüsse, wie er im ökonomischen Denken entwickelt wird, ersetzt den Gesellschaftsvertrag durch Einzelverträge und impliziert Pateman folgend deren Männlichkeit. Auf der Vertragsidee, deren Entwicklung mit dem Wandel von der feudalen zur bürgerlichen Ordnung, zur „egalitären“ Marktgesellschaft einhergeht, beruht ebenso die mit Idealen *natürlicher* Freiheit und gleicher Rechte aller verbundene demokratische Philosophie. Eng mit den ökonomischen Veränderungen verknüpft, legitimiert sie nicht zuletzt die aus der neuen kapitalistischen Marktorganisation hervorgehende Macht-, Einkommens- und Vermögensverteilung, denn nun wird der freie, gleiche einzelne für sein Geschick verantwortlich, jeder zu „seines Glückes Schmied“. Von den an die Idee des Individuums gekoppelten Entwürfen von Freiheit und Gleichheit *aller* bleiben Frauen ausgeschlossen. Die Inkonsistenz dieser Beschränkung „erzwingt“ geradezu die Verankerung der Differenz in der Natur (vgl. Honegger

9 Die Vertragstheorie, die vor allem mit Thomas Hobbes, John Locke, David Hume, Jean-Jacques Rousseau und Samuel von Pufendorf verbunden ist, konstruiert gesellschaftliche Ordnung auf Basis eines fiktiven Vertrages aller, der aus dem Naturzustand in die (bürgerliche) Gesellschaft führt. John Rawls griff das Konzept des Gesellschaftsvertrages in „A Theory of Justice“ (1971) auf und trug damit wesentlich zu einer neuen Welle zeitgenössischer Rezeption der Kontrakttheorie bei.

1991)[10]. Die „natürliche Andersartigkeit der Frau" und ihre „natürliche Bestimmung zur Mutterschaft" werden zur argumentativen Basis der Exklusion, ihre „natürlichen familiären Pflichten" zum Ausdruck weiblicher Ungleichheit und Unfreiheit. Dieses narrative Muster findet sich schon in der klassischen Ökonomik und steht mit dem Übergang zur Neoklassik in voller Blüte. William Stanley Jevons etwa argumentiert, die Freiheit der Frau sei ihrer „natürlichen Bestimmung" untergeordnet, denn „the first duty of a mother is to give that sustenance to her infant which she alone can give in perfection" (Jevons 1968/1882:74). Solcherart zu familiärer Gebundenheit *prädestiniert*, wählen Frauen im Gegensatz zum homo oeconomicus ihren Ort nicht, sie erfüllen lediglich ihre „Natur" (vgl. Elshtain 1993, Pateman 1994).

Hier manifestiert sich eine weitere Komponente der modernen Geschlechtermatrix: „Die Frau" wird nicht getrennt vom Körper, sie *ist* vielmehr der – gebärende und nährende – Körper, sie *ist* Natur, während „der Mann" die Natur seines Körpers überwindet. Er wird Träger der Kultur, deren Teil die Wirtschaft ist (vgl. Pateman 1994). Körperlos tritt ebenso der homo oeconomicus auf, in seiner mechanistischen Konzeption gleicht er einer Maschine, die kalkulierend – und somit kalkulierbar – im Gegensatz zur letztlich unkontrollierbaren und folglich bedrohlichen Natur steht und ihn zumindest metaphorisch in der Kultur verortet.

Von der „weiblichen Natur" aber werden mit der „Erfindung der Mutterliebe" (Badinter 1984) im 17. und 18. Jahrhundert nicht Selbstinteresse, sondern Altruismus, nicht rationales Nutzenkalkül, sondern hinter die Vernunft zurücktretendes Gefühl gefordert. Fehlende Rationalität begründet letztlich auch die Unfähigkeit „der Frau", ihre eigenen Interessen zu erkennen. „Women are less able to take care of themselves than men" (Jevons 1968/1882:71) stellt den verbreiteten Konsens des 19. Jahrhunderts dar. Konstruktionen von Schwäche und Schutzbedürftigkeit legitimieren in weiterer Folge ihre Unterordnung unter den „fähigeren und stärkeren Teil" (Locke 1992/1690:250), unter männliche Herrschaft.

Schwäche, familiäre Gebundenheit, Altruismus, mangelnde Rationalität – all diese Zuweisungen machen Frauen letztlich für Konkurrenz ungeeignet:

„Die Frau scheint vom Manne in Bezug auf geistige Anlagen hauptsächlich in ihrer größeren Zartheit und der geringeren Selbstsucht verschieden zu sein. (...) In Folge ihrer mütterlichen Instincte entfaltet die Frau diese Eigenschaften gegen ihre Kinder in einem außerordentlichen Grade. Es ist daher wahrscheinlich, daß sie dieselben häufig auch auf ihre Mitgeschöpfe ausdehnen wird. Der

10 In der Losung der Französischen Revolution von Freiheit, Gleichheit und Brüderlichkeit, der bis heute gültigen politischen Formel der Moderne, ist fraternité folglich nicht leichthin durch „Geschwisterlichkeit" zu ersetzen, sondern als bewußter und integraler Bestandteil der Moderne zu verstehen.

Mann ist der Nebenbuhler anderer Männer; er freut sich der Concurrenz und diese führt zu Ehrgeiz, welcher nur zu leicht in Selbstsucht übergeht. Die letzteren Eigenschaften scheinen sein natürliches und unglückliches angeborenes Recht zu sein“[11] (Darwin, 1986/1871:637).

Die Konkurrenz, der Krieg mit anderen Mitteln, die friedliche Form des Hobbesschen Kampfes aller gegen alle[12], wird als ausschließlich männliche Domäne zum Paradigma des Marktes. Kooperation am Markt verschwindet hinter der Konkurrenzmetapher und bleibt allein dem Privatbereich vorbehalten. Hier schließt sich nun die zirkuläre Argumentation: Der Platz der Frau ist im Haus, im Privaten, der des Mannes am Markt, in der Öffentlichkeit. Die Separierung und Polarisierung von Privatbereich und Öffentlichkeit geht mit dem Liberalismus einher,[13] der Frauen ihrer „Natur“ entsprechend ins Private verbannt (vgl. Pateman 1988, Elshtain 1993): „Immer liegen diesseits und jenseits dieser Schwelle [des Hauses] zwei wesentlich verschiedene Ordnungen des Daseins, zwei Seiten desselben Bildes, die sich ewig berühren und ersetzen und doch niemals vermengen. (...) An der Schwelle dieses Hauses aber steht die Frau“ (von Stein 1978/1886:320).[14] Das Private, das *Andere* des Öffentlichen, die Sphäre von Gefühl, Liebe und Intimität, stellt dessen unsichtbare, verdrängte Seite dar. „(W)as ein Weib auch tun und lassen möge, man fühlt, daß es in der Öffentlichkeit nicht an seinem Platz ist“ (Rousseau 1762, zit. in: Honegger 1991:50). Eben diese Trennung von Privatem und Öffentlichem, von Haus- und Marktbereich charakterisiert die Ökonomik: Was als Ökonomie gilt, ist an den Markt gebunden.

Der homo oeconomicus als autonomes Individuum, das rational seinen Nutzen maximiert, das am Markt auf gleichberechtigte Vertragspartner trifft, um mit

11 An der Minderwertigkeit der Frau läßt Darwin keinen Zweifel: „Es wird meist zugegeben, daß beim Weibe die Vermögen der Anschauung, der schnellen Auffassung und vielleicht der Nachahmung stärker ausgesprochen sind als beim Mann. Aber mindestens einige dieser Fähigkeiten sind für die niederen Rassen charakteristisch und daher auch für einen vergangenen und niederen Zustand der Civilisation“ (Darwin 1986/1871:637).

12 Zur feministischen Kritik an Hobbes siehe etwa di Stefano 1994.

13 Getragen von der Vorstellung eines homogenen politischen Gemeinwillens, dem heterogene individuelle Interessen gegenüberstehen, verortete die Tradition des Liberalismus die Ökonomie zunächst im Privaten. Die Trennung von Politik und Ökonomie wird jedoch hinfällig, wenn, wie Bernard Mandeville es erstmals in seiner „Bienenfabel“ (1980/1705) formulierte, „private Laster“ durch das ökonomische System in „öffentliche Tugenden“ transformiert werden oder – wie im neoklassischen Modell – individuelle und kollektive Nutzenmaximierung zusammenfallen: Die Ökonomie verliert ihren privaten Charakter, sie wird Teil des Öffentlichen. Ebenso wandelt sich die Bedeutung des Privaten. Privatheit bezeichnet dann den Bereich bürgerlich-intimer Abgeschiedenheit und umfaßt, verbunden mit Freizeit und spezifischen Orten, die Beziehungen von Freundschaft, Familie und Verwandtschaft.

14 Daß sich seit Lorenz von Steins Abhandlung „Die Frau auf dem Gebiete der Nationalökonomie“ (1978/1886) keine grundlegende Neubewertung der Geschlechterverhältnisse in der Ökonomie durchsetzte, zeigt sich etwa an Hans Ch. Binswangers „dogmenhistorisch relevanter Damenrede“ zu von Steins Argumentation (vgl. Binswanger 1990).

diesen in Konkurrenz um knappe Ressourcen zu treten, entpuppt sich bei seiner Vergeschlechtlichung als männliches Konstrukt, das den modernen Entwurf „der Frau“ ausschließt. Männlicher Autonomie und Individualität stehen weibliche Unterordnung und Gebundenheit, rationaler, egoistischer Nutzenmaximierung emotionale, altruistische Sorge um andere, männlicher Konkurrenz um knappe Ressourcen Kooperation bei gegebenen Beständen[15] gegenüber. Die so folgerichtige Verortung der Frau im Privaten, des Mannes im Öffentlichen, ihre Bindung an die Natur, seine an die Kultur verankern den homo oeconomicus auf der *einen* Seite der dichotomen Geschlechtermatrix der Moderne. Mit dem homo oeconomicus macht die Neoklassik die femina oeconomica zum Widerspruch in sich, „das Weibliche“ wird unökonomisch, die (Markt-)Ökonomie „männlich“, die Konstruktion des Männlichen zur Norm, des Weiblichen zur Devianz.[16] So fügt sich die Codierung des homo oeconomicus in den (ökonomischen) Diskurs, der das Geschlecht hervorbringt, während er es zu negieren scheint.

3. Feministische Grenzüberschreitungen

Engendering des neoklassischen Homo-oeconomicus-Entwurfs, der den „Kern der herrschenden Theorie“ (Maier 1993:558) markiert, decodiert dessen impliziten Maskulinismus und führt zu den klassischen Fundamenten ökonomischen Denkens. Dessen Geschlechtergrenzen bilden die Grundlagen der Auseinandersetzung um Frauenarbeit, die seit Mitte des 19. Jahrhunderts im Zentrum des feministischen Diskurses über die Ökonomie steht. Oft implizit versuchen feministische Ansätze die geschlechtlichen Dichotomien der Moderne zu unterlaufen, vor allem die in der Ökonomik bestimmenden geschlechtlichen Verankerungen von Privatem und Öffentlichem, Natur und Kultur zu überwinden, denn nicht nur ökonomische Theorien des 20. Jahrhunderts, auch die sozialen Realitäten der Geschlechter zeigen die zeitgenössische Gültigkeit der sich reproduzierenden Geschlechterordnung der Moderne.

Der Androzentrismus des ökonomischen Begriffs- und Denksystems macht deutlich, daß feministische Ökonomik nicht nur den Geschlechteressentialismus

15 *Haushalten* bedeutet, mit Gegebenem das Auslangen zu finden, während die ökonomische Konzeption der Knappheit die Unbegrenztheit der Bedürfnisse in sich trägt und der Wirtschaft damit letztlich ihre Dynamik verleiht. Auch hier zeigen sich Verbindungen von Männlichkeit mit Aktivität (Dynamik) und Weiblichkeit mit Passivität (Statik). Zur feministischen Kritik des Konzepts der Knappheit siehe auch Nelson 1993, 1995.

16 Daß „class and race biases“ der Konzeption des homo oeconomicus auch Gruppen von Männern ausschließen, ändert nichts an der maskulinen Codierung des Entwurfs (vgl. Jennings 1993). Grundlegend zur Geschlechtsidentität als nicht a priori bestimmten Körpern zuordenbares Artefakt siehe Butler 1991.

der herrschenden Ökonomik zurückweisen, gender als analytische Kategorie ökonomischen Denkens etablieren und den Konstruktionscharakter von Männlichkeit und Weiblichkeit deutlich machen, sondern den Begriff der Ökonomie und zentrale ökonomische Kategorien wie Arbeit oder Markt in ihrer geschlechtlichen Struktur erfassen muß. Die Überwindung der dichotomen (Geschlechter-)Struktur der Moderne bedarf der De- und Rekonstruktion, will feministische Ökonomik nicht patriarchale Entwürfe reifizieren. Engendering bildet die Basis weiterführender feministischer Reflexion der Ökonomie, die letztlich zu neuen Fragestellungen etwa nach der Definition der Ökonomie als Markt, dem Stellenwert von Kooperation in der Konkurrenzwirtschaft, dem Erklärungswert von Rationalitätsannahmen oder der Bedeutung von Emotionen in der Ökonomie führt. Der Arbeitsbegriff bildet hierbei einen wesentlichen Ansatzpunkt, denn gerade an Arbeit, deren Bewertung und Verteilung, manifestiert sich die Ungleichheit der Geschlechter. Die bloße Erweiterung des Arbeitsbegriffs richtet den Blick jenseits des Marktes und läßt so ein umfassenderes Verständnis von Wirtschaft gewinnen.

Aber auch Interdependenzen des Handelns, Macht, Abhängigkeit, Normen, Tradition oder Interessen stellen mögliche Ausgangspunkte für Grenzüberschreitungen der ökonomischen Disziplin dar. Eine feministische Theorie der Ökonomie findet wohl Anknüpfungsmöglichkeiten an Institutionalismus oder Marxismus (vgl. Folbre 1993, Jennings 1993), impliziert jedoch einen „radikalen Bruch mit der herrschenden Theorie“ (Maier 1993:558). Sie hat dort anzusetzen, wo die herrschende Neoklassik längst keine Fragen mehr stellt, denn nur eine ökonomische Analyse, die sich letztlich als Gesellschaftsanalyse versteht, kann Geschlechterverhältnisse in ihrer wirtschaftlichen Bedeutung sichtbar machen und letztlich zu einer neuen *politischen* Ökonomik führen, die Ökonomie *weiter*denkt.

LITERATUR

Amsden, Alice [ed.] (1980), The Economics of Women and Work, Ontario.

Amsden, Alice H. (1990), Nationalökonomie. Frauenarbeit und die tautologische Struktur nationalökonomischer Theoriemodelle, in: Schaeffer-Hegel/Watson-Franke, 141–164.

Badinter, Elisabeth (1984), Die Mutterliebe. Geschichte eines Gefühls vom 17. Jahrhundert bis heute, München.

Becker, Gary S. (1971), The Economics of Discrimination, London, Chicago.

Becker, Gary S. (1976), The Economic Approach to Human Behaviour, Chicago.

Bendl, Regine/Buber, Renate/Grisold, Andrea [Hg.in] (1991), Wenn zwei das gleiche tun, ist das noch lange nicht dasselbe, Wien.

Binswanger, Hans Ch. (1990), „Die Frau auf dem Gebiete der Nationalökonomie" von Lorenz von Stein. Eine dogmenhistorisch relevante Damenrede, in: Schriften des Vereins für Socialpolitik, Studien zur Entwicklung der ökonomischen Theorie X, 197–202.

Blaug, Mark (1986), Who is Who in Economics? A biographical dictionary of major economists 1700–1986, New York.

Bourdieu, Pierre (1985), Sozialer Raum und „Klassen". Leçon sur la Leçon. Zwei Vorlesungen, Frankfurt/M.

Butler, Judith (1991), Das Unbehagen der Geschlechter, Frankfurt/M.

Conze, Werner [Hg.] (1977), Sozialgeschichte der Familie in der Neuzeit Europas, Stuttgart.

Cunningham Wood, J. [ed.] (1987), John Stuart Mill: Critical Assessments, Beckenham.

Darwin, Charles (1986/1871), Die Abstammung des Menschen, Wiesbaden.

Eatwell, John/Milgate, Murray/Newman, Peter [eds.] (1987), The New Palgrave. A Dictionary of Economics, Volume 3, London, Tokyo, New York.

Elshtain, Jean Bethke (1993), Public Man, Private Woman: Women in Social and Political Thought, Princeton.

England, Paula (1993), The Separative Self: Androcentric Bias in Neoclassical Assumptions, in: Ferber/Nelson (1993a), 37–53.

Ferber, Marianne A./Nelson, Julie A. [eds.] (1993a), Beyond Economic Man. Feminist Theory and Economics, Chicago, London.

Ferber, Marianne A./Nelson, Julie A. (1993b), Introduction: The Social Construction of Gender, in: Ferber/Nelson, 1–22.

Filli, Heidi Bernhard u.a. (1994), Weiberwirtschaft. Frauen – Ökonomie – Ethik, Luzern.

Folbre, Nancy (1993), Socialism, Feminist and Scientific, in: Ferber/Nelson, 94–110.

Folbre, Nancy (1995), The Unproductive Housewife: Her Evolution in Nineteenth-Century Economic Thought, in: Humphries, 77–98.

Foucault, Michel (1996), Die Ordnung des Diskurses, Frankfurt/M.

Gerhard, Ute (1978), Verhältnisse und Verhinderungen. Frauenarbeit, Familie und Rechte der Frauen im 19. Jahrhundert, Frankfurt/M.

Grisold, Andrea (1991), Feministische Ansätze – in der Ökonomie?, in: Bendl/Buber/Grisold, 171–193.

Groenewegen, Peter [ed.] (1994), Feminism and Political Economy in Victorian England, Aldershot.

Hausen, Karin (1977), Die Polarisierung der „Geschlechtscharaktere". Eine Spiegelung der Dissoziation von Erwerbs- und Familienleben, in: Conze, 363–393.

Hausen, Karin/Nowotny, Helga [Hg.in] (1990), Wie männlich ist die Wissenschaft?, Frankfurt/M.

Henshaw, S. E. (1987), John Stuart Mill and Mrs. Taylor, in: Cunningham Wood, 3–12.

Hobbes, Thomas (1992/1651), Leviathan oder Stoff, Form und Gewalt eines kirchlichen und bürgerlichen Staates, Frankfurt/M.

Honegger, Claudia (1991), Die Ordnung der Geschlechter. Die Wissenschaften vom Menschen und das Weib 1750–1850, Frankfurt/M., New York.

Humphries, Jane [ed.] (1995), Gender and Economics, Aldershot.

Jennings, Ann L. (1993), Public or Private? Institutional Economics and Feminism, in: Ferber/Nelson, 111–129.

Jevons, William Stanley (1965/1883), Married Women in Factories, in: ders., Methods of Social Reform, New York, 156–179.

Jevons, William Stanley (1968/1882), The State in Relation to Labour, New York.

Kant, Immanuel (1990/1797), Metaphysik der Sitten, Stuttgart.

Knapp, Ulla (1986), Homo Oeconomicus – oder: warum Frauen in der Wirtschaftswissenschaft nicht vorkommen, in: Schlüter/Kuhn, 180–195.

Kreisky, Eva/Sauer, Birgit [Hg.in] (1997a), Das geheime Glossar der Politikwissenschaft. Geschlechtskritische Inspektion der Kategorien einer Disziplin, Frankfurt/M., New York.

Kreisky, Eva/Sauer, Birgit (1997b), Heimlichkeit und Kanonisierung. Einführende Bemerkungen zur Begriffsbildung in der Politikwissenschaft, in: Kreisky/Sauer, 7–45.

Lukács, Georg (1923), Geschichte und Klassenbewußtsein, Berlin.

Macpherson, G. B. (1973), Die politische Idee des Besitzindividualismus, Frankfurt/M.

Maier, Friederike (1993), Homo Oeconomicus. Zur geschlechtsspezifischen Konstruktion der Wirtschaftswissenschaften, in: Prokla 93, Zeitschrift für kritische Sozialwissenschaft 4, 551–571.

Mandeville, Bernard (1980/1705), Die Bienenfabel oder Private Laster, öffentliche Vorteile, Frankfurt/M.

McCloskey, Donald N. (1985), The Rhetoric of Economics, Madison.

Mill, John Stuart (1935/1873), Autobiography, Oxford.

Mill, John Stuart/Taylor Mill, Harriet/Taylor, Helen (1991/1869), Die Hörigkeit der Frau, Frankfurt/M.

Nelson, Julie A. (1993), The Study of Choice or the Study of Provisioning? Gender and the Definition of Economics, in: Ferber/Nelson, 23–36.

Nelson, Julie A. (1995): Gender, Metaphor, and the Definition of Economics, in: Humphries, 19–41.

Okin, Susan Moller/Mansbridge, Jane [eds.] (1994), Feminism, Volume I, Aldershot.

Pateman, Carole (1988), The Sexual Contract, Stanford.

Pateman, Carole (1994), Feminist Critiques of the Public/Private Dichotomy, in: Okin/Mansbridge, 327–349.

Pujol, Michèle A. (1992), Feminism and Anti-Feminism in Early Economic Thought, Aldershot.

Rudolph, Hedwig (1990), Der männliche Blick in der Nationalökonomie, in: Hausen/Nowotny, 129–144.

Sawhill, I. (1980), Economic Perspectives on the Family, in: Amsden, 125–139.

Schaeffer-Hegel, Barbara/Watson-Franke, Barbara [Hg.in] (1990), Männer Mythos Wissenschaft. Grundlagentexte zur feministischen Wissenschaftskritik, Pfaffenweiler.

Schlüter, Anne/Kuhn, Annette [Hg.in] (1986), Lila Schwarzbuch. Zur Diskriminierung von Frauen in der Wissenschaft, Düsseldorf.

Schumpeter, Joseph A. (1965), Geschichte der ökonomischen Analyse, Göttingen.

Smith, Adam (1990/1776), Der Wohlstand der Nationen. Eine Untersuchung seiner Natur und seiner Ursachen, München.

di Stefano, Christine (1994), Masculinity as Ideology in Political Theory: Hobbesian Man Considered, in: Okin/Mansbridge, 30–41.
von Stein, Lorenz (1978/1886), Die Frau auf dem Gebiete der Nationalökonomie, 6. Auflage, in: Gerhard, 311–324.
Sweezy, Paul M. (1970), Theorie der kapitalistischen Entwicklung, Frankfurt/M.
Tulloch, Gail (1989), Mill and Sexual Equality, Hemel Hempstead.
Whitaker, J. K. (1987), Marshall, Alfred, in: Eatwell/Milgate/Newman, 350–363.

Lisbeth N. Trallori

Hoch lebe das neoliberale Selbst

Eine Skizzierung

Die postmoderne Welt ist der Preis,
den wir für das Leben in der Moderne bezahlen.
Johan Galtung

Nicht erst am Beginn des neuen Jahrtausends, bereits seit der zweiten Hälfte des 20. Jahrhunderts wurde der Abschied angekündigt – als Finalitätsfloskel bei Michel Foucault, als Ende von den „großen Erzählungen" bei Jean-François Lyotard und anderen postmodernen Theoretikern oder konkreter als Abschied von einer ganz bestimmten Gruppe, nämlich vom Proletariat bei André Gorz. Was sich noch einigermaßen schemenhaft andeutete – daß biomächtige Technologien die Regentschaft übernähmen und das kybernetische Wissen jegliche anderen Wissensstrukturen verdränge –, hat sich allmählich konturiert bei der Benennung dessen, worum es geht: nämlich um die menschliche Spezies selbst.

Konfrontiert mit den Folgen der sogenannten *dritten industriellen Revolution* stellt sich die Frage, ob ein Teil dieser Spezies noch von Bedeutung ist – nach ihrer Ersetzung durch kybernetische Maschinen, Automaten und Roboter. Bei einer naiven Betrachtung der Dinge könnte man auch das Glas erheben und auf den Abschied von der Plackerei körperlicher Arbeit, von Mühen und Lasten sowie auf den Anbeginn des seit dem 19. Jahrhundert versprochenen Paradieses anstoßen, wonach Menschen aus der Entfremdung und Ausbeutung freigesetzt werden. Doch zu dieser Betrachtungsweise tendieren nicht einmal mehr die Gewerkschaften, die über Jahre hinweg die Rolle von Einpeitschern in die kybernetischen Arbeitstechnologien übernommen haben. Angesichts des Dilemmas, das mit einer *„ordentlichen"* Substituierungspolitik von Menschen einhergeht, stellt sich die grundsätzliche Frage nach deren Vernutzung: Welche/wer oder was wird noch gebraucht? Und zu welchem Preis? Könnte es nicht sein, daß zunehmend nur mehr eine kleine Truppe von hochdotierten Spezialisten nachgefragt wird, der Rest sind als überflüssig deklarierte Massen. Denn der Vorteil von Automaten und Maschinen ist, daß sie *schneller* denken, planen, rechnen und wesentlich *billiger* als Menschen sind, zudem agieren sie emotionsfrei und haben keine psychischen Probleme, wenn sie auf dem Müll landen. Im Zuge der weltweiten Implementierung der Informations- und Kommunikationstechnologien schwand – bis auf wenige Ausnahmen im Bereich der „Hochwertproduktion" (Narr/Schubert 1994) – die Entlohnung für die menschlichen Arbeit dahin, was blieb, sind kaum oder unterbezahlte Jobs, Teilzeitarbeit, saisonale Tätigkeiten etc. In den Industrieländern waren, trotz steigender Produktivität, immer mehr Branchen von der Wegrationalisierung betroffen. Deutlich kommt hierbei die Tendenz zum Ausdruck, daß immer weniger Menschen hochproduktive Tätigkeiten ausüben. Mehr als ein Zehntel der Weltbevölkerung ist unterbeschäftigt oder ohne Lohnarbeit – mit steigender Tendenz; dieser Zahl korrespondiert in etwa der numerische Stand an Computern. Menschliche Arbeit als Grundlage unseres Seins habe ausgedient, stellte Jeremy Rifkin (1997) nüchtern fest. Niemals in der Geschichte zuvor gingen Modernisierung und sozialer Wandel dermaßen rapide, tiefgreifend und unkalkulierbar über die Gesellschaftsbühne, rissen soviele Existenzen und Schicksale in ihren Bann, vergeudeten Talente und Ambitionen und schleuderten sie einer Zukunft entgegen, die bloß rabiate Gegenwart ist. Anstelle eines verheißungsvollen Aufschwungs und Stabilität nichts anderes als wirtschaftliche Talsohle und Krisenerscheinungen; anstelle von Sicherheit bloß ein Mehr von Risiken; anstelle Wohlhabenheit eine zunehmende „Clochardisierung".

Neben den Effekten einer globalen Maschinisierung und Automatisierung interessieren jene auf das Individuum ausgerichteten Verhaltensnormierungen, die mit diesen grandiosen Umwälzungen einhergehen. Durch die marktwirtschaftliche Dynamik verlieren gewachsene soziale Zusammenhänge an Relevanz; Isolierung und Vereinzelung resultieren daraus. Zwar sind wir im Zuge der globalen Vernetzung näher zusammengerückt, dennoch entfernen sich die Leute voneinander durch den Druck des permanenten Wettbewerbs. Den Tüchtigsten gehört die Welt; nur ihnen ist eine erfolgreiche Teilnahme an der Ellenbogengesellschaft gewiß. Globalisierung und Individualisierung generieren zu einem scheinbar paradoxen, vielfach macht- und gewaltförmig agierenden Geschwisterpaar. Zweifellos ist ein innovatives Ich *up do date*, eine weitere Stufe auf der Vordertreppe abendländischer „Egologie" (Emmanuel Lévinas) wird erklommen. Erwünscht ist das neoliberale, idiopathische Selbst; Menschsein wird zunehmend damit verquickt. Mit anderen Worten: Von Belang erscheinen postmoderne Varianten des Sozialdarwinismus. Das neoliberale Selbst konstituiert sich im Prozeß des Aushebelns von Solidarität: *Jeder ist seines Glückes Schmied* lautet die Wunderformel, zugunsten von: *Jedem das Seine*. Am Prüfstand steht das *organische Kapital*, seine Qualität. So ist das neoliberale Selbst angehalten, von Beginn an (von der zellulären Materialisierung) ein sparsames und kostengünstiges Leben zu führen. Kein Elternpaar solle in Zukunft diese Welt mit behinderten Kindern belasten, hieß es schon Anfang der 70er Jahre. Beim rasanten Konkurrenz- und Überlebenskampf ist die biotechnologische Durchgestaltung menschlicher Existenz von der „Zelle" bis zur „Kryo-Bahre" angesagt. Drei neue große Erzählungen formieren sich hierbei, die als mikropolitische Zivilisationsschienen wirken und gewissermaßen technologisch auf den neuesten Stand gebracht wurden: das Versprechen von Rationalität, Auslese und Vermarktung.

Diese seit Ende des 19. Jahrhunderts längst vorformulierten Versprechen erhalten nunmehr eine Chance auf Umsetzung und zwar, ohne daß sie mit Brachialmethoden politischer Eugenik bzw. Rassenhygiene in Verbindung gebracht werden, mit den modernsten Mitteln, wie sie ein Set an Biotechnologien (vorwiegend Erkennungs- und Testverfahren) anbieten. Die Produktion und Existenz von Menschen werden einem Kosten-Nutzen-Kalkül unterzogen, und diese Vorgangsweise erfolgt nach streng volkswirtschaftlichen Überlegungen. Evident ist das Primat der Gesundheit; nur *gesunde* Körper, Körperteile, Zellen und Gene sind für dieses Kalkül relevant. Dabei geht es um die Erzeugung und den Erhalt eines vorbildlich-produktiven und „hochwertigen" Menschenmaterials. Das erinnert fatal an das Konzept der „*Menschenökonomie*", das der Feder von Rudolf Goldscheid, Mitbegründer und Vorsitzender der Soziologischen Gesellschaft in Wien, entstammt (Lehner 1989). Goldscheid gehörte zu jenem Kreis von sozialdemokratischen Intellektuellen, die in den 20er Jahren die Offensive zur Schaffung des *Neuen Menschen* vorantrieben. Vielen der damals wirkenden Denker und Politiker erschien es nicht nur widersinnig, daß die proletarischen Massen der Armut, Wohnungsnot oder dem Hunger, kurz: der sozialen Ausgliederung, preisgegeben wurden, sondern daß es diesen Unglücklichen noch gelänge, ihr Elend an die nächste Generation weiterzugeben, indem sie sich fortpflanzten. Im Theoriegebäude des darwinistisch inspirierten Evolutionismus bedeutete dies nichts anderes als ein Versagen der „natürlichen Selektion". Anders ausgedrückt: Menschen gelangten zur Fortpflanzung, noch bevor sie an ihrem Elend physisch zugrunde gingen. Deshalb sei es vorrangige Aufgabe des Staates bzw. seiner Institutionen der Selektion nachzuhelfen. Menschenökonomie und Sozialgesetzgebung fungierten als Eckpfeiler dieser Theorie. Im Zuge der Kosten-Nutzen-Debatte wurde erkannt, daß es billiger sei, wenn man das „*defekte*" *organische Kapital* ausschalte, d.h. wenn solche Menschen, die keinesfalls als genuiner Kapitalwert und gesamtgesellschaftlicher Produktionsfaktor rangierten, gar nicht erst geboren werden.

In der Historie hat dies bekanntermaßen zur Politik der Auslese, zu Zwangssterilisierungen und schließlich zur Ausmerze geführt. Lange vor Etablierung des NS-Regimes verzeichnete die Eugenikbewegung in den verschiedenen europäischen Ländern, im anglosächischen Raum und vor allem in den USA einen enormen Zulauf. Aufbauend auf den Tugenden rationalen Handelns und der Optimierung von Gesundheit konnte Adolf Hitler bereits in „Mein Kampf" bündig formulieren: „Die Forderung, daß defekten Menschen die Zeugung anderer ebenso defekter Nachkommen unmöglich gemacht wird, ist eine Forderung klarster Vernunft und bedeutet in ihrer planmäßigen Durchführung die humanste Tat der Menschheit. Sie wird Millionen von Unglücklichen unverdiente Leiden ersparen, in der Folge aber zu einer steigenden Gesundung überhaupt führen."

Mit den biotechnologischen Angeboten (Gentechnik, -therapie, Biomedizin) entfällt die sichtbare Opferung und damit verblassen tradierte moralisch-ethische Kategorien. Die „tödliche Ethik“, der Selektionsvorgang bzw. Tötungsakt selbst weicht einem nunmehr biotechnologisch fundierten Humanismus, der sich als genetischer Zellen-Check-up präsentiert. Im Gegensatz zu den 20er und frühen 30er Jahren, wo die Gesellschaft von „Ballastexistenzen“ oder von „Minusvarianten“ (Julius Tandler), später von den „Unwerten“ im Namen des Staates und der Volksgemeinschaft gesäubert wurde, finden nun die Säuberungen selbstbestimmt und zumeist präventiv im Namen der Individuen, die sich selbst sowie deren Kinder auf dem Markt bewähren müssen, statt. Zu einem durch-rationalisierten Lebensstil gehört heutzutage der Konsum von (Human)Genetik und Reproduktionstechniken, weil diese einwandfreie Zellen und Gene, faktisch laborgenormten Nachwuchs in Aussicht stellen. Embryonale Zellen, die unter die Definition des Ungesunden fallen und sich nicht in Höchstform befinden, können bereits über die *Präimplantationsanalyse* herausgefiltert werden. Mit diesem derzeit modernsten Selektionsverfahren entfallen ihre Chancen auf Einpflanzung in utero; solche Zellen können sich auch nicht weiterentwickeln oder teilen, sondern man kippt sie in die Abflußrohre des Labors. *Chloe* heißt das erste Baby, an dem das Genchecking *vor* Implantierung und *vor* Einnistung in den Uterus durchgeführt wurde; 1992 ist es in London auf die Welt gekommen. Vorausplanende Eltern, wie etwa jene von Chloe, wollten dadurch vermutlich ihrem Nachwuchs ein hartes und vielleicht ungerechtes Leben *ersparen.* Aus allgemein nachvollziehbaren *guten Gründen*, über die Schiene des Funktions- und Verbesserungsrationalismus lassen sich Individuen in eine Fülle von Wissens- und Machttechniken einbinden, die sie zu einer produktiven Selbstverwaltung und selbstregulierenden *Qualitätssteigerung* befähigen. Wie empirische Umfragen zeigen, würde nahezu die Hälfte der amerikanischen Bevölkerung „dem Einsatz der Gentherapie zur Verbesserung der körperlichen Merkmale ihres Kindes zustimmen“ (zit. nach Rifkin 1998:217). Auch die Diagnose Fettleibigkeit würde nach einer Befragung von schwangeren Frauen in Deutschland dahin führen, daß sie ihr Baby zu 19 % nicht austragen würden; ähnlich gelagert sind Aussagen in Österreich, wenn es sich um eine genetische Veranlagung zur Homosexualität handelt.

Das neoliberale Selbst ist speziell auf Selbstfürsorge und -vorsorge als vernunftmäßige Handlungsbasis auf dem Gesundheitssektor verwiesen. Durch die Kostenexplosion in diesem Bereich entstand eine enorme Nachfrage nach Remedien zur Vermeidung von Leid und Pein, denn in zunehmendem Maße entzogen sich der neoliberale Staat und seine Institutionen der Maxime ihrer allgemeinen Verantwortung und bürdeten schrittweise den BürgerInnen die anfallenden Gesundheitsrisiken und -kosten als Individualkosten auf. Mit der individuellen Aufrechnung für eine Beschädigung oder Behinderung von Leibern und

Leben verkehrte sich das Verhältnis. Nicht mehr der Staat oder seine Organe, sondern die potentiellen Eltern selbst setzten Normalisierungswissen in ihrer Alltagspraxis gemäß des *Prinzips eigennütziger Selbstauslese* durch. In Zukunft mutiert die überprüfte Gen-Ausstattung zu einem Markenzeichen. Eine den Gesundheitsnormen nicht entsprechende Lebensführung könnte daher zu drastischen sozialen und versicherungstechnischen Konsequenzen führen, so zu einer maßlosen Überhöhung der Versicherungssumme oder gar zu einer Ablehnung des Versicherungsschutzes. Niemand, der eine genetische Verantwortung aufweist, wird dann das Recht auf Krankheit besitzen. Da liegt es gar nicht mehr fern, die prächtigsten Exemplare der *bereinigten* Spezies zu klonen oder von denen, die es sich leisten können, ein genetisches Ersatzteillager kryokonserviert anzulegen. Dieser Einsicht wird man sich künftig, wenn dementsprechende Techniken das experimentelle Stadium überwunden haben, kaum verschließen können, figuriert doch das Ensemble von Normalisierungstechniken als Teil einer Vernunftstrategie zur Optimierung des Lebens.

Gerade Optimierungstheoreme sind mit dem Industrie-Macht-Komplex verwoben; der Öffentlichkeit wird suggeriert, daß stetige Aufwärtsentwicklung und Verbesserung untrennbar mit den „Segnungen" der Bioindustrie konnotiert sind, so beispielsweise Abschaffung des Hungers und Elends, der Armut und (männlicher) Unfruchtbarkeit, letztere speziell in den Regionen der „ersten Welt". Tatsächlich jedoch geht es um Steigerung von Gewinnmargen durch die rechtskräftige Möglichkeit einer Patentierung. Seit der „Uruguay-Runde" 1994 steht nämlich fest, daß nicht nur technische Erfindungen patentierbar sind, sondern – neben Mikroorganismen, Pflanzen und Tieren – auch menschliche Zellinien und Gene. Seitdem herrscht ein Patentierungsfieber, vergleichbar mit dem Goldrausch im 19. Jahrhundert, denn auf keinem anderen High-Tech-Sektor spielt der Patentschutz eine so herausragende Rolle wie in der Biotechnologie. Der Run auf Gene ist eröffnet: Mehr als Hunderte von menschlichen Erbsubstanzen sind bereits als Patent angemeldet, davon Genabschnitte bzw. Genschnipsel, wo man einfach „blind" gefischt hatte. Gemäß der erteilten Patentberechtigungen deklarieren Biokonzerne ihr Eigentum an Menschengenen mit dem Ziel, deren kommerzielle Verwertung über Einnahmen aus Lizenzen ein für allemal abzusichern. Faktisch steht einer globalen Biokolonisation nichts mehr im Wege (vgl. Mies 1996); der „Sachzwang Weltmarkt" und die Interessen der Bioindustrie flankieren ihrerseits die Herausbildung des neoliberalen Selbst.

Nagende Ungewißheit über Zukunft, Arbeit und Einkommen verstärkt den Trend zur Selbstanpassung und -technologisierung, um mit dem Vorteil von besseren Marktchancen zu punkten. Allzu deprimierend bis abstoßend gestaltet sich in der sozialen Realität die Exklusion derjenigen, die an den Trauerrand der Gesellschaft gedrängt werden: Langzeitarbeitslose, alleinerziehende Frauen, Erkrankte und Behinderte, RentnerInnen. Die immer breiter werdende Gruppe von

Marginalisierten bzw. die „Modernisierungsverlierer" sehen sich mit der Preisgabe an Lächerlichkeit und Verachtung konfrontiert; welche/wer ihre/seine Lohnarbeit verlöre oder keine fände, sei selbst schuld, wird ihnen eingeflüstert. Im Zusammenhang mit einer neoliberalen diskursiven Wende hat sich der Begriff des „Opfers" gewandelt; ein entheroisierter Begriff, der mit Schimpf, Scham und Schande verbunden ist. Nicht nur, daß die Opfer „entweiht" wurden, die Vielzahl der Opferungen an die Götzen des Neoliberalismus – *Umstrukturierung, Abwicklung, radikale Verschlankung, ersatzlose Entlassungen oder Auflassungen* – war allerdings umsonst, denn andere, wie etwa im griechischen Mythos, konnten dadurch nicht errettet werden. Vor dem Altar der Logik kybernetischer Maschinen und Technologien sind praktisch alle gleich.

Schließlich versinken die Exkludierten keineswegs im Zartgefühl der Mitmenschen, sondern verstecken sich vor dem Wind aus Hohn und Zynismen, der ihnen entgegenweht. Das, was mit den Vergewaltigungsopfern passiert, schlägt nun auf die gesamte Gesellschaft über: die doppelte Ausbeute der Opfer – einmal durch das, was ihnen geschehen ist, und zum anderen, wie damit gesellschaftlich umgegangen wird. Aus dem „häßlichen Staat" werden „häßliche Bürger" (Ulrich Beck); weder Ästhetik, Sensibilität oder Würde, sondern Manifestationen des Häßlich-Aggressiven geraten zum Siegel von hemdsärmligen Tugenden.

Auffallend die Erosion politischer Landschaften und Kategorien, nachdem verschiedene Techniken zur selbstorganisierten Transformation für die einzelnen verfügbar sind. Gemeinsames Handeln beschränkt sich in der Gesellschaft des entfalteten Neoliberalismus zum überwiegenden Teil auf *gemeinsame Fluchtbewegungen* vor sozialen Widrigkeiten, Unglück und Tod (man denke nur an das Aufflammen der Sterbehilfe- ebenso wie der Organbeschaffungs-Debatten). Die Dimension der Freiheit reduziert sich immer mehr auf ein Auswahlverfahren, und die Freiheitsgrade des Individuums, das seine Zellen, Gene und Körperteile buchstäblich zu Markte trägt, verschleißen sich in der Wahl zwischen den diversen Variationen des biotechnologischen Designs und in der Anschaffung der optimalsten Mittel, sprich: in der Tendenz zur Selbstvermarktung. Nicht mehr staatsrassistische Durchsetzungspolitik, bloß die *Sorge um sich selbst* bahnt de facto die modernisierte Qualifizierung des Humankapitals an. Dermaßen mikro- und biopolitisch fit gemacht für den Kampf *Jeder/Jede gegen jeden*, bleibt sicher nur *der/die/das Beste* auf dem Weltmarkt bestehen.

LITERATUR

Galtung, Johan (1997), Der Preis der Modernisierung. Struktur und Kultur im Weltsystem, Wien.

Lehner, Karin (1989), Verpönte Eingriffe. Sozialdemokratische Reformbestrebungen zu den Abtreibungsbestimmungen in der Zwischenkriegszeit, Wien.

Mies, Maria (1996), Patente auf Leben. Darf alles gemacht werden, was machbar ist?, in: Trallori, Lisbeth N. [Hg.in], Die Eroberung des Lebens. Technik und Gesellschaft an der Wende zum 21. Jahrhundert, Wien.

Narr, Wolf-Dieter/Schubert, Alexander (1997), Weltökonomie. Die Misere der Politik, Frankfurt/M.

Rifkin, Jeremy (1997), Das Ende der Arbeit und ihre Zukunft, Frankfurt/M.

Rifkin, Jeremy (1998), Das Biotechnische Zeitalter. Die Geschäfte mit der Genetik, München.

Elisabeth Eckhart

Auswirkungen auf Frauenpolitik und Frauenarbeit(slosigkeit) in Österreich

Unsere Praxis ist die der Frauenberatungsarbeit. In dieser Arbeit haben wir es zum einen mit Frauen zu tun, die mit den Folgen von Deregulierung und Liberalisierung in verschiedener Hinsicht zu kämpfen haben, zum anderen sind wir selbst Arbeitnehmerinnen in unsicheren Verhältnissen, da die Existenz von Frauenprojekten bis dato unter jeglichen realpolitischen Verhältnissen von Jahr zu Jahr gefährdet war und ist.

Der Rückzug des Staates aus der Kontrolle und Regulierung der sozialen Auswirkungen von sogenannter freier Marktwirtschaft hat eine verstärkte Kontrolle und Regulierung auf der individuellen Ebene zur Folge. Individualisiert wird, unter dem Titel der Freiheit für das Individuum, einmal das Problem der Arbeitslosigkeit: jede/r ist seines/ihres Glückes Schmied, wer also arbeitslos ist, gilt als selbst schuld und muß durch staatliche Programme dazu gebracht werden, an seiner/ihrer Persönlichkeit so zu feilen, daß er/sie sich besser „verkaufen" kann, am sogenannten „freien" Arbeitsmarkt. Eine Kollegin aus einem Frauenprojekt nannte Verkaufstrainings dieser Art einmal sarkastisch „survival of the fittest".

Wenn Frauenprojekte im Auftrag des Arbeitsmarktservice Kurse für Frauen anbieten, sind die Kriterien an denen sie gemessen werden, sprich nach denen weitere Aufträge vergeben werden, die Kontroll- und Disziplinierungsoptionen des Arbeitsmarktservice (AMS). Eine Orientierung der (Berufs)Bildungskonzepte an den Bedürfnissen oder auch nur an den realen Lebensverhältnissen der Frauen ist damit nicht mehr erwünscht. Da der reale Finanzierungsanteil des AMS an vielen Frauenprojekten mittlerweile sehr hoch ist, heißt das für viele, die da nicht mitmachen, Kürzungen oder auch Schließungen.

Interessant in diesem Zusammenhang sind die strukturellen Veränderungen in der Förderpolitik: Wurden früher Frauenprojekte mit ihren Konzepten subventioniert, werden sie jetzt unter dem bezeichnenden Titel der Leistungsfinanzierung am freien Bildungsmarkt verortet und mit einem sogenannten unternehmerischen Risiko belastet. Projekte der Gegenwart werden nicht mehr „gestrichen", sondern schleichend nach angeblich objektiven Kriterien ausgehungert – mit dem Argument, andere Anbieter seien billiger und arbeiteten mehr im Interesse des Auftraggebers, werden Aufträge immer weniger. Andere Ministerien, die bis jetzt in der Finanzierungsfrage noch ansprechbar waren, ziehen mit: Die Anonymität von Frauen, die unsere Beratungsstellen aufsuchen, ist unter dem Vorwand der Effizienzevaluierung (nach Zahlen und Daten) zunehmend in Gefahr. Evaluierung aber ist *das* Zauberwort für positive Finanzierungszusagen.

Das Funktionieren des sogenannten freien Marktes basiert auf konkurrenzierendem Verhalten. Anders geht es nicht. Wenn also Frauenprojekte zunehmend unter diese Bedingungen fallen, dann bedeutet das auf lange Sicht eine für feministische Politik völlig absurde Situation: ohne Entsolidarisierung keine Existenzmittel, kollektiver Widerstand, so könnte man meinen, schwächt das einzelne Projekt.

Eine Frauenberatungsstelle ist eine Anlaufstelle für Frauen mit den unterschiedlichsten Bedürfnissen und Problemen. An einem solchen Ort werden auch die Verzahnungen der Schwierigkeiten in den Lebenssituationen von Frauen deutlich: Nicht nur die Arbeitslosigkeit, sondern auch Kinder und pflegebedürftige Familienangehörige werden zur Privatsache erklärt. Schaffen Frauen nicht, die Situation individuell zu regeln, liegt es an ihrem Unvermögen und daran kann via Selbstbewußtseinstraining gearbeitet werden.

Wie Mascha Madörin (1996:30) zeigt, wird zunehmend die Frage der Erpreßbarkeit von Menschen, insbesondere von Frauen, am Problem überlebensnotwendiger Arbeit und der zeitweiligen Abhängigkeit aller Personen von der Fürsorge anderer ausgeklammert.

Dies entspricht durchaus der Logik neoliberaler Globalisierung. Diese Logik geht von der Marktökonomie und Produktion aus, „nicht von der Haushaltsökonomie und Reproduktion, die immer noch der Lebensmittelpunkt der meisten Frauen sind. Sie skizziert die ‚globalisierte Frau‘ in einem Magnetfeld zwischen der Attraktivität der übersättigten Konsummärkte und der Zerstörung sozialer Sicherheiten, zwischen der Hoffnung auf neue Erwerbschancen und der Vernutzung als allzeit verfügbare, arbeitsame Ressource, zwischen der Suche nach neuen kulturellen Identitäten, zivilgesellschaftlicher Vernetzung und konkurrenter Individualisierung – die *femme mondiale*“ (Wichterich 1998:14).

Frauenpolitik 2000

Diese Situation, die uns nun schon lange vertraut ist, hat sich in den letzten Monaten noch zugespitzt. Mittlerweile befinden wir uns im Jahr 2000 und haben es in Österreich mit einer neokonservativen Regierung zu tun, welche mit Hilfe nationalistischer Ideologie liberale Konzepte zügig vorantreibt.

Unsere Erkenntnisse von 1998 erweisen sich zwar als richtig, die damals aufgezeigten negativen Zukunftsszenarien sind allerdings mittlerweile dabei, in einem atemberaubenden Tempo Wirklichkeit zu werden.

Mit dem neuen Regierungsprogramm wird die Umverteilung von unten nach oben begünstigt, Liberalisierungen in vielen Bereichen (Privatisierungen im großen Stil, Umwandlung von staatlichen Steuerungsinstitutionen wie z.B. dem AMS in Dienstleistungsbetriebe, Einschränkung gewerkschaftlicher Rechte, Schwächung des arbeitsrechtlichen Schutzes...) trifft in überwiegendem Ausmaß Frauen.

Einige Beispiele für geplante Einschränkungen[1]

1. Frauenpolitik

Eine eigenständige Frauenpolitik ist im Koalitionsabkommen de facto abgeschafft. Unter Frauenpolitik werden innerhalb des neuen Ministeriums für soziale Sicherheit und Generationen vor allem familienpolitische Maßnahmen verstanden. Von der geplanten Einführung des Kinderbetreuungs-/Karenzgeldes für alle, werden in erster Linie Selbständige, Bäuerinnen und Nicht-Erwerbstätige profitieren. Als Existenzgrundlage zu wenig, wird damit die Versorgungsehe als Scheinsicherheit für Frauen zementiert. Das Armutsgefährdungsrisiko durch den Ausfall eines Verdieners/einer Verdienerin im Haushalt steigt beträchtlich. Wiedereinstiegsprogramme und Qualifizierungsmaßnahmen als Ausgleich sind jedoch von drastischen Kürzungen bedroht. Die geschlechtsspezifische Rollen- und Arbeitsteilung wird gefestigt. Die Wahlfreiheit für Frauen berufstätig zu sein und Kinder zu haben wird nicht unterstützt, Frauen werden zurück an den Herd gedrängt.

2. Weibliche Armut

Das Vorhaben der neuen Regierung, das Pensionsantrittsalter anzuheben, wird massive Verschlechterungen für Frauen bringen, die Altersarmut wird vermehrt bei Frauen steigen. Vor allem ältere Arbeitnehmerinnen sind in Österreich derzeit von Arbeitslosigkeit betroffen. Zu alt für die Arbeit und zu jung für die Pension, würden Frauen zu den massiven Verliererinnen gehören. Der Lebenslauf von Frauen weist in der Regel keine durchgehende Erwerbstätigkeit auf, sondern Unterbrechungen für Kinderbetreuung und Pflege von Angehörigen. Frauen, die diese gesellschaftlich notwendigen Arbeiten unbezahlt leisten, müssen dafür spätestens im Alter bezahlen: Die vorgesehenen einschneidenden Abschläge bewirken drastische finanzielle Einbußen für nicht durchgängig erwerbstätige Menschen.

1 Entnommen aus: Presseunterlagen für den 8. März 2000 zum Thema: Das neue Regierungsprogramm und seine Auswirkungen auf Frauen, sowie dem Memorandum der *Plattform Arbeit* an die Abgeordneten des Nationalrats betreffend das „Bundesministerium für Wirtschaft und Arbeit".

3. Frauen und Arbeitsrecht

Wenn es tatsächlich, wie angekündigt, zu einer Verlagerung der Gestaltung von Arbeitsbedingungen (Lohnverhandlungen, Arbeitszeit und andere arbeitsrechtliche Regelungsbereiche) von der gewerkschaftlich/kollektivvertraglichen auf die betriebliche Ebene kommen soll, so sind Frauen besonders betroffen, da sie häufiger in Betrieben ohne Betriebsrat beschäftigt sind.

Die Folgen sind: einerseits unterschiedliche Löhne und Arbeitszeitregelungen innerhalb einer Branche und andrerseits Wettbewerbsverzerrungen zwischen den Unternehmen (Arbeitsplatzverluste, Nicht-mithalten-Können der Klein- und Mittelbetriebe)

Das weitere Szenario ist damit ziemlich klar: Die Entwicklung tendiert in Richtung Lohndumping, Verschlechterung des ArbeitnehmerInnenrechts und letztlich Entsolidarisierung der ArbeitnehmerInnen.

4. Weibliche Existenzsicherung

Gleicher Lohn für gleichwertige Arbeit? Eine Uraltforderung der Frauenpolitik, von deren Realisierung wir weiter weg sind denn je.

Nichtsdestotrotz wird vorgeschlagen, Langzeitarbeitslosen (heißt ein Jahr arbeitslos), die zu gemeinnütziger Arbeit verpflichtet werden sollen, ein von der Höhe der Notstandshilfe abhängiges Bürgergeld zu bezahlen. Daß Frauen im Schnitt viel weniger Notstandshilfe beziehen als Männer, ist bekannt – somit würden sie auf diese Weise ganz offiziell und gesetzlich abgesichert bei gleicher Arbeit sehr viel weniger verdienen als ihre männlichen Kollegen.

Zusätzlich ist abzusehen, daß durch diesen verstärkten Druck auf arbeitslose Frauen – also Zwang zu gemeinnützigen Tätigkeiten einerseits, Erschwerung der Vereinbarkeit Familie/Beruf andrerseits[2] – diese in die versteckte Arbeitslosigkeit gedrängt werden. Frauen werden also dazu gebracht, überhaupt auf die Leistungen aus der Arbeitslosenversicherung zu verzichten und sind in der Folge für diese Zeit nicht pensions- und krankenversichert.

Aber dafür haben sie ja dann das Kindergeld bekommen

Wie Wichterich aufzeigt, sind die Auswirkungen des Neoliberalismus bzw. der Globalisierung keineswegs von Land zu Land so verschieden, wie man vermuten würde. Vielmehr lassen sich im Zuge dieser Entwicklungen zunehmend Angleichungen der Lebens- und Arbeitswelten in unterschiedlichen Ländern und Kulturen feststellen: „ ...mehr Beschäftigung, aber überwiegend in niedrigentlohnten, ungesicherten Arbeitsverhältnissen, Zuwachs sozialer Aufgaben,

2 Unter anderem wegen geplanter Einschränkung des Berufsschutzes, Liberalisierung der Ladenschlußzeiten und Arbeitszeiten etc.

Zunahme von Konkurrenz und sexistischer Gewalt, ein konservatives Roll-back, als neue Kultur eine überbordende Konsumwelt, die Suche nach neuen Identitäten bei wachsender sozialer Ungleichheit“ (Wichterich 1998:11). „Die Globalisierung ist nicht das versprochene Win-win-Spiel, sondern schafft eine Zukunft der Ungleichheit, weltweit“ (Wichterich 1998:253).

Zusammenfassend läßt sich also sagen, daß die neoliberale Entwicklung der Marktwirtschaft für die Mehrzahl der Frauen ein Weniger an sozialer Gerechtigkeit, ein Weniger an Rechtssicherheit und ein Weniger an Entscheidungs- und Gestaltungsmacht bedeutet.

(in Zusammenarbeit mit Susa Pichler)

LITERATUR

Madörin, Mascha (1996), Der kleine Unterschied – in Milliarden Franken, in: Widerspruch 31.

Wichterich, Christa (1998), Die globalisierte Frau. Berichte aus der Zukunft der Ungleichheit, Hamburg.

Mascha Madörin

Der Finanzsektor und die Macht, Sachzwänge zu schaffen

1972, zur Halbzeit meines Lebens, lebte ich einige Zeit in Afrika. Die Erlebnisse dort, vor allem die Massaker in Burundi, waren für mich und meine Erkenntnisinteressen von großer Wichtigkeit. Es wurde mir deutlich, daß Sachzwänge eine Logik produzieren können, die schwer zu stoppen ist, und daß Ausbruch von Gewalt im großen Umfang Ausdruck hochgradig prekärer Lebensverhältnisse ist. Seither haben wir weitere Beispiele gesehen, so zum Beispiel in jüngster Zeit in Rwanda oder auch in Ex-Jugoslawien.

Die kritischen Auseinandersetzungen, von Feministinnen aber auch von alternativer Seite, mit Armut, sogenannter dritter Welt und Weltwirtschaft, haben den Begriff der Nachhaltigkeit geprägt. Während es in der 68er Bewegung um revolutionär oder reformistisch – sprich Reproduktion oder Zementierung des Systems – ging, gibt es heute ein Wissen um die bottomline von Grundbedingungen und Grundbedürfnissen. Soziale Nachhaltigkeit ist das Wissen um die Zerstörbarkeit nicht nur von Individuen, sondern von ganzen Gesellschaften. Nachhaltigkeit heißt aber vor allem nachhaltige Schäden verhindern.

Mein Erkenntnisinteresse gilt hier der Frage, wie können schlimme und gefährliche Entwicklungen verhindert, Spielräume für neue Lebensformen und Arbeitszusammenhänge erhalten und neu geschaffen werden? Ich frage jedoch nicht danach, wie Spielräume gefüllt oder genutzt werden sollten.

Sachzwänge und Macht

Sachzwänge, das heißt fehlende Spielräume, beinhalten immer eine große Dosis von Macht. Industrielle Standardisierung, Kolonialismus, Verschuldungsproblematik seit den 80er Jahren und die laufende weltweite Durchsetzung *eines* Wirtschaftsmodells sind Beispiele für Ursachen von Sachzwängen. Wenn wir nach Spielräumen fragen, fragen wir also nach Macht – und zwar in zweierlei Hinsicht: Wer hat die Macht, gewisse Entwicklungen zu ermöglichen bzw. zu verhindern, und worauf beruht diese Macht?

Ausübung von Herrschaft hat immer zwei Seiten: die Macht Positives zu schaffen bzw. gewisse Dinge zu ermöglichen und die Macht der Zerstörung durch gewisse Formen der Gewaltanwendung. Hierzu gehören auch gesetzlich festgelegte oder soziale Sanktionen. Die Bedrohung elementarer Lebensbedingungen ist derzeit allgegenwärtig. Die Frage nach den Bedingungen für ökonomische

Existenzsicherung wird in den westlichen Ländern an der Demarkationslinie (Erwerbs-)Arbeit für alle versus Grundeinkommen diskutiert. Neu im Neoliberalismus ist, daß zunehmend an die Stelle von Gesetzen und Verboten buchhalterische Kriterien und ökonomische Prinzipien treten. Während im fordistischen Zeitalter zwischen staatlichem Bereich, Marktbereich und Privatem unterschieden wurde, sollen nun das Nutzen-Kosten-Kalkül und finanzielle Kriterien, welche dem Mechanismus der kapitalistischen Marktwirtschaft zugrunde liegen, in allen gesellschaftlichen Bereichen angewendet werden, auch auf die sozialen Aufgaben, welche der Staat übernommen hat. Transparenz von Regierungsausgaben heißt in diesem Fall nicht in erster Linie Transparenz darüber, wie sich Regierungsmaßnahmen auf bestimmte Menschen positiv und auf andere negativ auswirken, sondern es wird sozusagen eine Jahresendbilanz wie in einem Unternehmen gezogen, eine fiktive Effizienz in bezug auf ein fiktives Gesamtes berechnet. Neoliberale Wirtschaftspolitik bedeutet, daß diese Sichtweise, dieses ständige Abchecken sogenannter ökonomischer Rationalität institutionell verankert wird. Michel Foucault prägte für diese neue Regierungsweise einen sehr prägnanten Begriff, nämlich ‚ökonomisches Tribunal' (vgl. dazu Lemke 1997: 239ff.).

Feministische Wissenschaftlerinnen setzen diesem das Wissen um Erpreßbarkeit und Verletzlichkeit von Menschen, zeitweilige Abhängigkeit von und Verantwortlichkeit für andere entgegen. Verhungerte werden nicht mehr lebendig, auch wenn es ökonomisch wieder aufwärts geht. Damit sind zentrale Ausgangshypothesen für kritisches sozialwissenschaftliches und vor allem ökonomisches Denken angesprochen. Das Wissen um Notwendigkeiten, um Grundbedürfnisse, um die Verletzlichkeit und Erpreßbarkeit von Menschen zeigt sich an sich bereits in den Menschenrechten, welche Freiheit von Not und Furcht postulieren. Ebenso geht es um die Freiheit, an Entscheidungsprozessen teilzuhaben. Das Recht auf Teilhabe am Schöpferischen und das Recht zwischen mehreren Möglichkeiten zu wählen, gehören also zur Menschenwürde. Der Freiheitsbegriff des homo oeconomicus kennt jedoch nur den zweiten Aspekt. Der erste Aspekt wurde sozusagen in den privaten Zuständigkeitsbereich der Frauen, in ihre Rolle als „Muttersklavin" externalisiert (Meier-Seethaler 1988:320ff.).

Meine These ist nun, daß das Finanzsystem eine zunehmend strategische Rolle bei der Ausübung beider Formen von Macht spielt.

Capability for Control

Produktivität, Effizienz, Profitabilität und vieles andere sind Begriffe, die oft und häufig für die Analyse von Wirtschaft verwendet werden. Ein Begriff, den ich als zentral erachte, fällt unter den Tisch: die Kontrolle.

Alle sozialen Systeme haben unterschiedliche Formen von Kontrolle. Wir kennen die soziale Kontrolle im persönlichen Netz oder im Dorf; im Haushalt gibt es eine Mischung zwischen ökonomischer und sozialer Kontrolle, die meist von Männern gegenüber Frauen ausgeübt wird. Es gibt die bürokratische Kontrolle, aber auch der Markt verursacht Formen von Kontrolle und schafft Möglichkeiten von Kontrolle. Ich werde die Bedeutung der neuen Formen von Kontrolle, die im Zusammenhang mit der Expansion und Globalisierung des Finanzsystems entstanden sind, darstellen und stütze mich dabei auf zwei Begriffe, die meines Erachtens zentral für die Analyse der heutigen Geschehnisse sind. Die Global-City-Analytikerin Saskia Sassen (1995) benennt die Kategorien Kontrollpraxis und Kontrollfähigkeit (capability for control). Letztere ist besonders hilfreich, um die Globalisierungen beschreiben zu können, als auch um die Formen der Kontrolle und der Möglichkeiten zu reagieren, zu benennen.

Aus der Staatspatriarchatsdebatte kennen wir eine bestimmte Form der Kontrolle, gegen welche sich in den letzten dreißig Jahren bestimmte Widerstandsformen entwickelt haben. Die Frage ist, ob diese für die heutigen Formen der Kontrolle via Finanzflüsse noch passend sind.

Produktivitätsfortschritte als Investitionen in Kontrolle

Produktivität in unserem Wirtschaftssystem heißt, daß aus Geld mehr Geld wird. Das Verhältnis dieses Mehr-Geldes zu dem Geld, das ausgegeben wurde, wird als Produktivität gerechnet. Man kann in diesem Sinne verschiedene Arten von Produktivitätsfortschritten erreichen – zum Beispiel, indem die Leute bei gleichem Einkommen einfach mehr arbeiten müssen, indem Märkte kontrolliert werden oder durch einen technischen Vorsprung, der es erlaubt, billiger zu produzieren. Das Wirtschaftswunder in den USA ist vordergründig gesehen durch technologische und organisatorische Erneuerungen zu erklären. Aber ist das wirklich die richtige Sichtweise? In der Praxis arbeiten US-AmerikanerInnen jährlich zwei Wochen länger als noch vor 15 Jahren und trotzdem hat die Mehrheit der Bevölkerung an Realeinkommen verloren oder es ist stagniert. Es handelt sich also vor allem um einen Produktivitätsfortschritt durch einen Ausbeutungsfortschritt und nur zum Teil um einen Produktivitätsfortschritt im technisch-organisatorischen Sinn. Auch transnationale Konzerne und das Finanzsystem können scheinbar Produktivitätsfortschritte machen, indem sie laufend dafür sorgen, daß sie immer mehr Zugang zu dem tatsächlich besonders profitablen Sektor bekommen, also fusionieren und nicht ertragreiche Teile wieder verkaufen. Dazu braucht es das Finanzsystem.

Neben Ausbeutungsfortschritt und Profitabilitätserhöhung durch Kaufen und Verkaufen werden auch Techniken und institutionelle Bedingungen entwickelt, die sowohl die Kontrolle über die Menschen erweitern als auch die Marktkontrolle organisieren. Zu den Kontrolltechniken, welche die Preisstruktur der Arbeitsmärkte prägen, gehört, daß Menschen nicht ihr Überleben organisieren können, ohne Geld zu verdienen. Eine ganze Reihe sogenannter technischer Fortschritte müssen zu den Kontrolltechniken gezählt werden. Zu diesen gehören sogenannte „lock-in-technologies", zu denen es schon eine längere Debatte gibt. Wie der Begriff vermittelt, wird da etwas eingesperrt. Möglichkeiten werden versperrt, beispielsweise aus einer bestimmten Technik wieder auszusteigen oder sie zu modifizieren, ohne daß sehr hohe ökonomische Kosten entstehen. Ein klassisches Beispiel dafür sind die ersten Generationen von Xerox-Kopiergeräten gewesen, die im Vergleich zu Konkurrenzprodukten sehr billig waren, aber für die nur sehr teures Papier – von Xerox – verwendet werden konnte. Meiner Ansicht nach handelt es sich bei der Gentechnologie um eine sehr teure Form der „lock-in-technology", die weitreichende Konsequenzen auf unsere Lebenszusammenhänge haben wird.

Im folgenden werde ich über die Frage der Verknüpfung von Kontrolltechnik und Finanzsektor ein Beispiel bringen und anschließend über die Kontrolltechniken im Finanzsystem selbst. Danach werde ich kurz erörtern, welche zentrale Rolle dabei das Anrufen und die Neuschaffung einer symbolischen Ordnung spielen.

Ein Beispiel für Capability for Control: Die Grameen-Bank

Die Grameen-Bank ist eine äußerst erfolgreiche Armenbank – eigentlich zu 80% eine Frauenbank – in Bangladesch. Diese Bank war in Verhandlung mit Monsanto, einem der größten und sehr aggressiven Biotechnologiekonzernen der Welt. Dieser Konzern wollte hunderttausend Dollar in die Bank investieren und damit ein Projekt für Landwirtschaftsberatung, gekoppelt mit einem Projekt der Kleinkredite für Kleinstbäuerinnen in Bangladesch mitfinanzieren. Als dies bekannt wurde, kam es zu heftigen Protesten in internationalen Umweltorganisationen. Die Grameen-Bank hat darauf reagiert, sich aus dem Vertrag zurückgezogen und wird in Zukunft in Umweltfragen versierte NGO's vor Abschluß solcher Verträge konsultieren.

Interessant an dieser Geschichte ist, daß die Grameen-Bank auf einem System der Kleingruppenintegration aufbaut, das äußerst wirksam ist. Üblicherweise gibt es zwei Formen der Kreditvergabe. Im konventionellen Bankensystem bekomme ich nur einen Kredit, wenn ich mit Eigentum, das einen entsprechenden Wert hat, garantiere oder wenn andere mit ihrem Eigentum für mich bürgen. Im informellen Bereich, wenn ich persönlich einen Kredit gebe, Geld ausleihe an eine Freundin oder an Verwandte, dann ist gesetzlich festgelegt, daß kein Zins bezahlt wird, es sei denn, es wird schriftlich anders festgehalten. Dahinter steckt die Vorstellung, daß durch die Langfristigkeit von Verwandtschafts- und Freundschaftsbeziehungen, ein Recht auf Gegenseitigkeit, Tauschmöglichkeiten auf Zeit, besteht. Hier werden jene Fragen sichtbar, die mich als Ökonomin besonders interessieren: die Ökonomie als System tragender Verpflichtungen auf Zeit. Um beim Kredit unter Verwandten oder FreundInnen zu bleiben: Wenn also die Freundin, welche von mir einen zinslosen Kredit erhalten hat, nach zehn Jahren mir, wenn ich es brauche, einen zinslosen Kredit verweigert, so scheint die gesamte Freundschaft in Frage gestellt. Es gibt also ungeschriebene Gesetzmäßigkeiten im informellen Bereich.

Im konventionellen Kreditsystem gibt die Bank Geld und bekommt dieses Geld in Zukunft zurückbezahlt. Für die begrenzte Vertragsdauer werden Zinsen berechnet. Hier werden die Vergangenheit und die Zukunft immer auf die Gegenwart umgerechnet. Jede Verbindlichkeit gegenüber der Bank wird mit der Rückzahlung des Kredits und der Zahlung der Zinsen aufgelöst. Die Verbindlichkeit wird durch Eigentum, respektive durch eine Eigentumsgarantie, gesichert sein.

Wenn ich kein Einkommen habe und nichts besitze, dann bekomme ich keinen regulären Bankkredit. Deshalb müssen Verbindlichkeiten anders hergestellt werden als ökonomisch und juristisch durch Eigentum: wie im Fall der Grameen-Bank durch Beziehungen, welche eine informelle soziale Kontrolle ermöglichen, oder, was auch oft vorkommt, durch drohende Gewalt im Fall mafioser Geschäfte oder im Fall von Ehen und Familien durch drohende Männergewalt. Drohende Gewalt und sporadische Gewaltanwendung dienen der Durchsetzung eines Vertrags, der sonst nicht eingehalten würde.

In der Grameen-Bank funktioniert ein hochmodernes System von sozialer Kontrolle. Die Frauen bekommen einen Kredit mit normalen Bankzinsen, welche aber weit tiefer sind als der für Arme sonst übliche Wucherzins. Die Frauen sind verpflichtet, sich regelmäßig mit vier anderen Frauen zu treffen und über die Geschäftserfolge zu berichten. In dieser fünfköpfigen Gruppe hält immer nur eine einen Kredit. Die nächste hat dann das Recht auf einen Kredit, wenn die letzte alles zurückgezahlt hat. Es wird also soziale Kontrolle organisiert – alle Entwicklungshilfeorganisationen reden mit fast Tränenrührung über dieses System, sehen aber nicht die Parallelen zu hiesigen Formen von Teamarbeit in Profitcenters, deren potentielle Repressivität von Gewerkschaften zu Recht problematisiert wird. Die Rückzahlungsquote in der Grameen-Bank ist sehr viel höher als in einer konventionellen Bank in Bangladesch. Und sie ist höher bei Frauen als bei Männern. Bei der Grameen-Bank bekommen Personen und Gruppen nur Kredite, wenn sie sich gewissen allgemeinen entwicklungspolitischen Zielen verpflichten – zum Beispiel Trinkwasser abkochen, Kinder in die Schule schikken. Das macht sehr viel Sinn und entspricht einer wirtschaftspolitischen Steuerungstechnik, welche die Weltbank und der Internationale Währungsfonds mit ihren Strukturanpassungsprogrammen auch verfolgen. Jede Investition ist immer eine Investition in die Zukunft (vgl. dazu Marco d'Eramo 1998) und wer meint, man könne Projekte finanzieren, ohne auch eine bestimmte Entwicklung der Zukunft, also Entwicklungsideen zu fördern, täuscht sich. Die Stärke der Grameen-Bank ist, daß sie einen Teil des regulären Zins, den die Frauen bezahlen, beispielsweise in Bildungsprojekte für Frauen investiert.

Beide Beispiele von Krediten, welche nicht übers reguläre Bankensystem gewährt werden, zeigen, daß das Finanzsystem über das Bankensystem (auch von Alternativbanken) den Zugang zu Geld mit einer bestimmten Form von Disziplinierung oder auch, im positiven oder negativen Sinn, mit einer bestimmten Form von Verpflichtung, Verhaltensverpflichtung, verbindet.

Hätte die Grameen-Bank also den Vertrag mit dem Monsanto-Konzern nicht gelöst, wäre dem Biotechnologiekonzern zum einen ein großer Absatzmarkt, aber zum anderen auch ein riesiges Labor zur Verfügung gestanden, er hätte über die sozialen Kontrollmechanismen des Kleinkreditsystems verfügt und Frauen beispielsweise für die Verwendung bestimmter Saatgüter anhalten und damit landwirtschaftliche Experimente durchführen können – zum lächerlichen Preis von hunderttausend Dollar. Eine Firma, die dieser Konzern aufgekauft hat, hat zudem ein, wie Kritiker sagen, Gen-Terminator entwickelt. Diese Firma nennt dieses Gen explizit „technology protection gen". Es handelt sich dabei nicht um eine „Verbesserung" der Fruchtbarkeit eines Saatgutes, sondern es ist ein Gen, das bewirkt, daß sich die Pflanze innerhalb von ein, zwei Jahren nicht mehr selbst reproduzieren kann. Das heißt also, daß die Bauern und Bäuerinnen nicht mehr ihre eigenen Saatgüter generieren können und absolut sichere Kundinnen und Kunden für immer sind. Man muß sich auf der Zunge zergehen lassen, daß dieses Gen „technology protection gen" bezeichnet wird. In den USA wird heute von Firmen, die Saatgüter produzieren, Polizei auf große Farmen geschickt, um zu prüfen, ob Bauern aus den gekauften Saatgütern neues Saatgut fürs nächste Jahr ziehen und verwenden, was ihnen das Patentrecht verbietet. Der Aufwand, KleinstbäuerInnen so zu kontrollieren, würde ein riesiges Polizeiaufgebot brauchen und ist schier unmöglich, aber verbunden mit der sozialen Kontrolle eines alternativen Bankensystems wäre es denkbar und praktisch kostenlos. Noch effizienter könnten diese mit der Einführung des „technology protection gen" kontrolliert werden. Es wäre die fast perfekte „lock-in-technology".

Unter ökonomischen Gesichtspunkten ist die Gentechnologie extrem teuer, wobei am Markt bisher nur wenige Produkte effektiv verkauft werden können. Ebenso kann nur beschränkt von Technologiefortschritt im konventionellen Sinn geredet werden. Aber sie bringt einen Kontrollfortschritt, in der Landwirtschaft und auch in der Ernährung. Um die Entwicklung dieser Technik zu garantieren, braucht es das Finanzsystem. Die konventionelle Produktivitätsfinanzierung – ein Produkt wird entwickelt, am Markt verkauft und mit den Gewinnen weiterentwickelt – kann in diesem Bereich nicht funktionieren. Mit der Ankündigung anerkannter Wissenschaftsinstitute steigen die Aktien und Geld fließt über Jahrzehnte in die Idee, daß sich daraus etwas weiterentwickeln könnte.

Eine erste Verknüpfung von Konzernen und Finanzsystem ist also die oben geschilderte Finanzierung der Produktentwicklung. Ein zweiter Schritt ist die Finanzierung von Fusionen, welche zum Beispiel oben genanntem Biotechnologiekonzern ermöglichte jene Firma mit dem „technology protection gen" zu kaufen. Die dritte Verknüpfung liegt in der Möglichkeit über Kredite Menschen zu zwingen, solche Technologie gegen ihre eigenen Interessen anzuwenden – um sie dann nicht mehr loswerden zu können. Das Finanzsystem sozialisiert also jede KreditnehmerIn in einer bestimmten Art und Weise. Eine vierte Verknüpfung besteht darin, daß sich die Konzerne im Finanzsystem die Finanzen organisieren, um sich die ersten drei Verknüpfungen zu erhalten. Konzerne operieren heute selbst im Finanzsystem und beziehen bis zu einem Drittel ihrer Gewinne aus dem Finanzsystem.

Dieses Beispiel sollte zeigen, auf wie vielen verschiedenen Ebenen Kontrolle funktionieren kann. Das Beispiel der Grameen-Bank zeigt aber auch deutlich, welche Gegenbewegungen es braucht. Als Alternativbank ist die Grameen-Bank transparent, d.h. es ist öffentlich, welche Verträge abgeschlossen werden, wofür das Geld verwendet wird – also öffentliche Kontrolle. Des weiteren ist sie bereit, Organisationen bei Entscheidungen beizuziehen. Der dritte Punkt ist, daran zu arbeiten, daß in Zukunft das Finanzsystem haftbar gemacht wird für seine Investitionen in die Zukunft: für die Förderung von Menschenrechtsverletzungen, wenn Diktatoren finanziert werden oder eben auch für schädliche technische Entwicklungen.

Vertrauen – eine zentrale ökonomische Kategorie

Als nächstes interessiert die Frage: Wie funktioniert eigentlich das Finanzsystem, ohne daß Börsenmakler ständig Pleite machen?

In der Auseinandersetzung mit dieser Frage habe ich bis zum jetzigen Zeitpunkt drei Komponenten identifiziert. Eine ist das, was oft, nicht sehr intelligent, als Herdenteam oder Herdenverhalten der Börsenmakler bezeichnet wird. Das größte Problem der Börsenmakler ist, daß sie mit einer ungewissen Zukunft handeln, aber täglich entscheiden müssen, zu welchem Preis. Eine Option ist eine Vorstufe der sogenannten Derivative, d.h. ich kaufe ein Wertpapier zu einem kleinen Preis, das ein Kaufrecht beinhaltet, z.B. daß ich in einem Jahr ein Kilo Brot zu einem bestimmten Preis kaufen kann. Das Problem ist, daß die Börsenhändler jetzt ausrechnen müssen, wie ist der Einstandspreis für dieses Recht und wie soll der potentielle Kaufpreis fixiert sein. Sie kennen den zukünftigen Brotpreis nicht, auch nicht die Zins- und Währungsentwicklung, die ihnen vielleicht bessere Geschäfte als dasjenige mit der Brotoption ermöglichen würden. Alle diese möglichen Veränderungen schaffen Unsicherheit. Hierbei hilft die sogenannte Black-Scholes-Funktion. Scholes, ein Physiker, der 1997 den sogenannten Wirtschaftsnobelpreis erhielt, hat schon 1973 auf Grund von thermophysikalischen Überlegungen eine Formel gefunden, welche darstellt, wie der Optionspreis der Gegenwart aussehen muß. Die Formel an sich hatte mit dem Börsengeschehen nichts zu tun. Das geniale an dieser Formel war, daß gleichzeitig die Kleincomputer aufkamen. So konnten die Börsenmakler die Daten von heute in die Black-Scholes-Funktion im Computer eingeben und das Ergebnis war der „objektive Optionspreis". Da nach und nach alle Börsenmakler – auch auf Grund der psychischen Entlastung, „sicherer" zu sein – diese Formel verwendet haben, haben sich die Optionspreise tatsächlich der Black-Scholes-Funktion angepaßt. Im Gegensatz zu unserem alltäglichen Leben ist die self-fullfilling prophecy im Finanzsektor eine materielle Macht (vgl. das Interview von Caroline Gerschlager mit Philip Mirowski 1997).

Eine zweite materielle Macht kann an der Diskussion um die Europäische Währungsunion veranschaulicht werden. Seit Jahren beschreibt die *Financial Times* in sehr guten Marktszenarien, welche Folgen es haben könnte, sollte ein Land die 3% Budgetdefizit-Grenze überschreiten, die für alle Staaten gilt, welche zur Währungsunion gehören. Als Ökonomin weiß ich, daß erstens von Land zu Land verschieden ist, wie diese 3% berechnet werden. Es können 3,5% oder 2,5% sein. (Dafür, daß das richtige Resultat herauskommt, ist nun auch Eurostat zuständig – man kann das auch kreative Statistik nennen.) Zweitens können die 3% ökonomisch sehr unterschiedliche Dinge bedeuten. Eindeutig ist es auf jeden Fall ein Unsinn zu sagen, es muß 3% sein. Dies wird jedoch ständig inszeniert. Der ehemalige deutsche Finanzminister Theo Waigel und der Bundesbankpräsident Hans Tietmeyer, haben ständig davon geredet, daß es nicht nur 3%, sondern 3,0% sein muß. Dies ist wirtschaftswissenschaftlich gesehen eine völlig unseriöse Ansicht, aber politisch die absolute Seriositätsinszenierung. So werden laufend Zusammenhänge politisch und durch die Medien öffentlich produziert, damit diese Zusammenhänge dann auch so funktionieren und die Börsenhändler so makeln, daß der Euro dann tatsächlich entwertet wird, wenn ein Land die 3%-Marke überschreitet.

Ein weiteres Beispiel: Der Hedge-Fonds LTCM. Bei schwerwiegenden Verschuldungssituationen müssen sehr oft Regierungen Banken mit dem Einsatz von Steuergeldern retten. Dies war seit vielen Jahren das erste Mal, daß nicht Regierungen, sondern Banken ein Unternehmen auf Intervention der US-amerikanischen Reserve Bank gerettet haben. Der Hedge-Fonds wurde unter anderem auf Grund der Angst vor einem Finanzkrach gerettet. Diese Angst ist ein wichtiger Teil des Börsensystems. Die Rettung durch die Banken ist eine Ausnahme gewesen – noch heute wird darüber gestritten, ob dies berechtigt war oder nicht. Folgende Zahlen, die von der OECD (Reisen 1998) in einem Dokument herausgegeben wurden, zeigen, welche ökonomischen Dimensionen Bankenkräche und Spekulationskrisen haben. Die Bankenkrise in Argentinien von 1980 bis 1982 hat die öffentliche Hand, den Staat, 55% des BIP gekostet. Das wären 350 Jahre Mutterschaftsversicherungen in der Schweiz gewesen. Chiles Bankenkrise 1981 bis 1983 hat 41% des BIP verbraucht, dies wären 280 Jahre Mutterschaftsversicherungen gewesen. Um als Ökonomin den Blick auf die Lebensrealitäten nicht zu verlieren, habe ich begonnen, Summen, die weder im Finanzsystem noch in der öffentlichen Darstellung besondere Reaktionen hervorrufen, in Lebens-, Arbeits- und Kaufverhältnisse umzurechnen. Eine Erkenntnis ist, daß das, was in Form von Arbeit, bezahlte oder unbezahlte Tätigkeit für Dritte, direkt verdient und ausgebeutet werden kann oder könnte, in keinem Verhältnis mehr zu dem steht, was in Form von Spekulationen und dank Zugehörigkeit zur Weltmarktelite an Macht und Vermögen erworben werden kann. Diese Situation stellt eine Schwierigkeit für eine Ökonomiedebatte unter Frauen dar, da sich hinterrücks ein Gefühl der Bedeutungslosigkeit und Ohnmacht einstellt, das zwar verständlich ist, aber nichts daran ändert, daß diese finanziellen Verhältnisse absurd real sind. Wäre ich der Meinung, daß die Situation hoffnungslos schlimm ist, würde ich nichts mehr schreiben. Meine Auseinandersetzung betrifft daher die Frage, in welcher Richtung wir wirksam handlungsfähig werden können.

Eine dritte Form, Realität zu schaffen sind Prognosen. Die OECD hat diese 1993 genauer untersucht. Hier wurde die Prognosefähigkeit von führenden Instituten der Welt, die sehr komplizierte Wirtschaftsmodelle haben und Inflation und Wachstum, also wichtige Indikatoren, die auch die Regierungspolitik beeinflussen, prognostizieren, mit einem Nicht-Prognose-Modell verglichen. Bei letzterem galt die Annahme, daß es keine Prognosen gibt, und die ökonomischen Indikatoren dieselben wie im Vorjahr sind. Das Ergebnis zeigte, daß das Nicht-Prognose-Modell genauso leistungsfähig war wie die Prognose-Modelle (Omerod 1994:104ff.).

Neoliberale Wirtschaftstheorien als „Wahrheitsmaschinen"

In meiner Studienzeit Ende der 60er, Anfang der 70er Jahre waren wir überzeugt, daß die Theorie der Neoklassik verschwinden wird. Das Gegenteil ist jedoch eingetreten. Meine These ist, da es die Funktion dieser Theorie ist, auf einfache, eindeutige Art Zukunftsvisionen zu produzieren, ist sie zum neuen Paradigma geworden. Erstens beeinflussen Prognosen, auch wenn sie falsch sind, unablässig die Regierungspolitik und schaffen Vertrauen in den Weltmarkt. Zweitens sind solche Prognosen im Finanzsektor als Ort, wo Visionen produziert und Überzeugungen geschaffen werden und wo vor allem in sie investiert wird, Teil des Produktionsprozesses der Börsenmakler. So werden „Wahrheiten" nicht nur zementiert, sondern auch in Zukunft umgesetzt. Der Finanzsektor spielt also heute auf der ideologischen, symbolischen Ebene, auf der kulturellen Ebene, eine sehr zentrale Rolle. Sichtbar wird dies zum Beispiel in der (Finanz-)Werbung, die eigentlich ein simples, machistisches Weltbild repräsentiert und die makelnden Männer überzeugt, indem sie sie in ihrer Männlichkeit bestätigt. Überzeugungen sind immer auch körperliche Überzeugungen. Neben Krieg und Risiko kommt der weibliche Körper als Unberechenbarkeit stark vor.

Da mit Geld, Franken oder Schilling, gut gerechnet werden kann, erscheint der Handel mit Geld als sehr berechenbar. Tatsächlich ist dieser fiktive Handel mit Zukunft einer der unberechenbarsten. Diese Schnittstellen zwischen behaupteten Wahrheiten und Unberechenbarkeit – das ist etwas ganz anderes als im industriellen Sektor, wo es immer noch so etwas wie handfeste Produktionsprozesse gibt.

Die Produktion von Wahrheit hat nicht nur symbolische, sondern auch handfeste Unterstützung. Im Zuge der Durchsetzung systematischer neoliberaler Regierungspolitik wurde zum Beispiel in der öffentlichen Verwaltung von Britannien das Personal ganzer Prognoseabteilungen so lange ausgewechselt, bis die passenden Prognosen gemacht wurden. Parallel dazu wurden auch traditionell keynesianische Forschungsinstitute ausgehungert – das heißt eine ganze Forschungstradition eliminiert. In meiner derzeitigen Forschung zur Politik der neuen Regierung in Südafrika fasziniert es mich, festzustellen, wieviel Macht und beeinflussende Strukturen es – dieses Phänomen gilt überall – gibt, die entscheiden, was auf dem Markt dann tatsächlich geschieht. Es ist wichtig, sich klar zu machen, daß Neoliberalismus nicht einfach durch „die Entwicklung" zur Norm geworden ist. Es sind Wissenschaftler und Politiker, die zum einen Wahrheiten inszenieren und produzieren, und zum anderen in internationalen Gremien entschieden haben, daß die Ökonomie dieser Theorie folgt. Die Verknüpfungen zwischen Politik, Ökonomie und ökonomischen Sachzwängen muß meines Erachtens sehr genau analysiert werden. Die politische Argumentation mit ökonomischen Sachzwängen zeigt, daß die Politik nicht die Verantwortung für jene Konstrukte übernimmt, die sie selbst erzeugt hat. Die Politik hat eine sehr große Rolle dabei gespielt, daß das, was wir heute Neoliberalismus nennen, sich durchgesetzt hat. Mir ist es wichtig, deutlich zu machen, daß eine ökonomische Analyse im traditionellen Sinn dem gesamten Komplex nicht gerecht wird.

Der wirtschaftstheoretische Fundamentalismus, wie er gegenwärtig in der Mainstream-Makroökonomie zum Ausdruck kommt, hat also etwas mit Zukunftsbewältigung in dem Sinne zu tun, als mit ihm eindeutige Gewißheiten produziert werden; es kann so leichter eine bestimmte Zukunft herbeigezwungen werden, für die schon sehr viel investiert wurde. Insofern ist diese Makroökonomie samt ihren Prognosen ein Machtfaktor, der Neues schafft. Und damit hat sie sehr viel mit den heutigen materiellen Bedingungen der „capability for control" zu tun. Definitionsmacht in den Wirtschaftswissenschaften ist heute zu einem wichtigen ökonomischen Machtfaktor geworden. Ich bin deshalb, was ein Ende des Neoliberalismus angeht, um einiges weniger optimistisch als andere kritische ZeitgenossInnen. Das Eingeständnis vieler Vertreter der Weltmarktelite, daß es gegenwärtig große Probleme und einen Regelungsbedarf gibt, bedeutet noch nicht viel. Denn ihre Kontrollfähigkeit bildet den Hintergrund dafür, daß ihre Allmachts- respektive Optimumsphantasien nicht nur Phantastereien bleiben, sondern mindestens zum Teil – für sie selbst erfolgreich und mit verheerenden Folgen für andere – in die Realität umgesetzt werden können. Das Wort „Deregulierung" ist irreführend, besser wäre „Umbau" oder „Umregulierung".

Geld als Handel mit der Zukunft

Börsenmakler müssen ständig eine eindeutige Vorstellung über die Zukunft haben. Es gibt nichts Utopischeres als die Börse. Dabei spielen eine hochgradig sexualisierte Sprache und machistische Phantasien als Überzeugungsmittel eine sehr große Rolle. Aber das haben sie immer gespielt. Geld war immer Verfügungsgewalt über Zukunft. Geld enthält einen juristisch und staatlich abgesicherten Vertrag, der mir potentiell ein Recht auf etwas gibt, was ich kaufen kann. Es ist immer ein Zugriff auf die Zukunft, der juristisch mit Bänden von Gesetzesbüchern und riesigen Staatsapparaten abgesichert ist. Es ist ein soziales Verhältnis, in dem Zeit eine große Rolle spielt.

Der Handel an der Börse ist immer auch Handel mit der Vergangenheit. Dies wurde auch von Feministinnen als Ausbeutungsfrage analysiert. Aber der Griff auf die Zukunft ist sowohl aus feministischer als auch aus linker Sicht sehr wenig analysiert. Für das Zukunft-Machen spielen Antizipation, Imagination, Phantasien, was erstrebenswert erscheint, eine ganz andere Rolle als bei der Ausbeutungsanalyse. Ebenso natürlich die Frage von Machismus, Sexismus und der Erotisierung von Techniken und Geld. Die Kulturgeschichte des ersten Weltgeldes des Kapitalismus, des Goldes, zeigt, daß Geld mehr ist, als platte Wirtschaftstheorien wahrhaben wollen: Es ist immer auch ein Versprechen darüber, wie es sein könnte, ein Medium für eine Utopie, welche die Verwirklichung unerfüllter Sehnsüchte und Wünsche verspricht. Es gab lange Zeit Diskussionen, ob Gold oder Silber als Weltgeld institutionalisiert werden sollte. Ich bin überzeugt, daß neben gewissen wirtschaftlichen, technischen Argumenten, die Symbolik von Gold bei der Entscheidung eine wichtige Rolle spielte. Geld, Gott,

Phallus, das Göttliche, das Königliche – die ewige Jugend des Mannes. Goldphantasien waren schon bei den Alchimisten mit dem Machbarkeitswahn verbunden (Schaffung von Gold aus dem Nichts) und sind es immer noch. Gold beinhaltet das Versprechen, ohne schlimme Konsequenzen plündern, Reichtum und Macht vermehren und den Zugang zum Paradies kaufen zu können. Man muß nur clever genug sein.

Heutzutage wirkt nebst anderen Symboliken, beginnend mit dem Bankengebäude, das den Eindruck von Objektivität vermittelt, vor allem die Organisation des Alltags, von der Standardisierung der Nahrungsmittel im Laden bis zur Standardisierung der Zeit in der U-Bahn, nachhaltig, um uns von der Zuverlässigkeit des Geldes und der damit verbundenen zukünftigen Sicherheit zu überzeugen. Ich weiß, daß ich mit meinem Geld auch einen Hamburger oder ein Birchermüsli in Hongkong kaufen kann. Geld ist – wie wir gelernt haben – etwas nicht Sinnliches, seine zukünftigen Verwendungsmöglichkeiten werden uns aber unablässig sinnlich vermittelt. Ein Teil der Macht des Geldes besteht nun aber gerade darin, daß wir meinen, Geld sei etwas Objektives und Abstraktes, losgelöst von sozialen Beziehungen, und der sogenannte freie Markt sei ein Gebilde, das abstrakten Zusammenhängen folgt, wie dies in der neoklassischen Theorie behauptet wird. Geld wird entweder zum Fetisch des Machbaren, der scheinbaren unverrückbaren Gesetzmäßigkeiten des Marktes und/oder zum Inbegriff des Bösen in der Wirtschaft. Beides macht uns machtlos, weil es scheinbar keine Möglichkeiten der Veränderungen gibt, ohne gleich das gesamte riesige, globale System, das heute die Weltwirtschaft darstellt, zu ändern. Kritische Ökonomie, wie sie Feministinnen betreiben, versucht nun gerade, diese Abstraktion aufzulösen und nach der gesellschaftlichen Konstruiertheit von Sachzwängen, den Regulierungen, nach den institutionellen Absicherungen und sozialen Beziehungen, nach den Machtverhältnissen zu fragen, welche die Durchsetzung der scheinbar abstrakten Macht des Geldes ermöglichen.

(Transkription und Bearbeitung von Claudia Helmreich und Carina Mostböck)

LITERATUR

D'Eramo, Marco (1998/1995), Das Schwein und der Wolkenkratzer. Chicago: Eine Geschichte unserer Zukunft, Reinbek bei Hamburg.

Gerschlager, Caroline (1997), „The lesson to be taken from this is not anything goes. Anything doesn't go in value.", Interview mit Philip Mirowski, in: Kurswechsel, Nr. 4, 30–39.

Lemke, Thomas (1997), Eine Kritik der politischen Vernunft. Foucaults Analyse der modernen Gouvernementalität, Berlin, Hamburg.

Meier-Seethaler, Carola (1988), Ursprünge und Befreiungen. Eine dissidente Kulturtheorie, Zürich.

Omerod, Paul (1994), The Death of Economics, London, Boston.

Sassen, Saskia (1995), Global City – Hierarchie, Maßstab, Zentrum, in: Hitz u.a. [Hg.], Capitales Fatales. Urbanisierung und Politik in den Finanzmetropolen Frankfurt und Zürich, Zürich.

Reisen, Helmut (1998), Sustainable und Excessive Current Account Deficits, OECD Development Centre, Technical Papers No. 132, Feb. (Internetversion).

Andrea Ellmeier

„... die Finanzminister in jedem Haushalt"[1]

Ein Kommentar zur Geschichte von „Frauen und Geld"

Ein Zimmer für sich allein und 500 Pfund im Jahr
Virginia Woolf

Wirtschaftsgeld ist heute ein Begriff, der kaum noch verwendet wird. Gleichwohl kann uns dieser Begriff etwas über das historisch prekäre, ambivalente und nach wie vor auch von der feministischen Forschung auffällig vernachlässigte Thema „Frauen und Geld" erzählen. Gehen wir zurück zur letzten Jahrhundertwende. Das Einkaufen von Waren gewann parallel zur Entwicklung der Massenproduktion an Bedeutung, aus selbst produzierenden, Waren herstellenden Frauen wurden sukzessive Konsumentinnen, die entsprechend ihrer Klassenlage eigenes Einkommen bzw. das Einkommen des Ehemannes nach „bestem Wissen und Gewissen" ein- und aufteilten. Mit dem Einkaufen kam eine völlig neue Qualität und Größe ins Spiel: Geld, Wirtschaftsgeld, Einkommen. Die „Familie als Konsumeinheit" wurde zu einer Referenzgröße für Wirtschaft und Politik. Die französische Historikerin Michelle Perrot (1989:239) sprach davon, daß „das Wirtschaften mit dem Haushaltsgeld der Dreh- und Angelpunkt dieses neuen Zweigs der politischen Ökonomie" gewesen sei. Die Haushaltsökonomie war der politischen Ökonomie dichotomisch gegenübergestellt worden. Die einkaufenden Frauen – ausschließlich als „Hausfrauen" adressiert – wurden mehr oder weniger umworbene Kundinnen und Ansprechpartnerinnen des Handels (Konsumgenossenschaften, Greißler und die damals neuen Warenhäuser).

Wie sich durch die aufkommende Geldwirtschaft die Kontraste zwischen „großer" und „kleiner" Wirtschaft verschärften und Ungleichheiten vergrößerten, registrierte Georg Simmel in seiner vor genau 100 Jahren erschienenen „Philosophie des Geldes": „Die Produktion für den Markt und die Hauswirtschaft beginnen ihre Gegensätze, durch das Geld ermöglicht, zu entfalten und damit die schärfere Arbeitsteilung zwischen den Geschlechtern einzuleiten. Aus sehr naheliegenden Ursachen fällt der Frau die nach innen, dem Manne die nach außen gewandte Tätigkeit zu, und die erstere wird mehr und mehr eine Verwaltung und Verwendung der Erträgnisse der letzteren. Damit verliert der wirtschaftliche Wert

1 Das Zitat im vollen Wortlaut: „Frauen sind die eigentlichen Trägerinnen der Konsumgenossenschaften: denn wir Frauen sind diejenigen, die die Finanzminister in jedem Haushalt darstellen. Unsere Männer bringen uns das Geld und wir verteilen es. Wie aber sollen die Frauen, die nicht Genossenschafterinnen sind, es verteilen, wie sollen sie das Geld in die Genossenschaft tragen, wenn die Genossinnen oft vielfach nicht einmal wissen, was die Genossenschaft bedeutet." Wortmeldung einer Innsbrucker Delegierten, in: Jahrbuch des Verbandes deutschösterreichischer Konsumvereine 1923–1924, Wien 1925, 92.

der Frau sozusagen seine Substanzialität und Sinngefälligkeit, sie erscheint jetzt als die Unterhaltene, die von der Arbeit des Mannes lebt" (Simmel 1989:512). Durch die steigende Bedeutung der Ökonomie des Geldes verliere die unentlohnte Hausarbeit von Frauen ihre „Substanzialität und Sinngefälligkeit". Damit war genau jener Aspekt des abstrakten Tauschmittels Geld angesprochen, der sich im Laufe des 20. Jahrhunderts weiter entfalten, verstärken und der die Organisation des Privaten nachhaltig beeinflussen und verändern sollte. Die neuen Geldverhältnisse verwiesen – nach Simmel – auf eine allgemeine kulturelle Differenzierung, in der „das Öffentliche (...) immer öffentlicher" und „das Private (...) immer privater" (Simmel 1989:528) werde.

Die Erste Frauenbewegung interessierte sich geradezu umfassend für hauswirtschaftliche Ökonomie und für Fragen des Wirtschaftsgeldes und es war der bürgerlichen wie auch der sozialdemokratischen Frauenbewegung ein großes Anliegen, zwischen „großer" (Nationalökonomie) und „kleiner" (Haushaltsökonomie) Wirtschaft zu vermitteln. Viele (Haus)Frauenvereine setzten in diesen ersten Jahren der nach langen Kämpfen erreichten politischen Partizipation (vgl. Bernold/Ellmeier 1997) auf die Anerkennung und Professionalisierung der Hausfrauenarbeit. Der „verantwortungsbewußte" Umgang wie auch die Probleme mit dem Wirtschaftsgeld waren häufiges Thema von Leserinnenbriefen bzw. redaktionellen Berichten. Clara Ebert-Stockinger, eine in den 20er Jahren sehr populäre Autorin von Hauswirtschaftsratgebern, verwendete in ihren vielgelesenen Schriften sogar den Genie-Begriff und sprach davon, daß „eine tüchtige Hausfrau ... ein kleines Finanzgenie" (Ebert-Stockinger 1929:33f.) sein müsse. In Frauenzeitschriften – egal ob bürgerlich oder sozialdemokratisch – und unzähligen Vorträgen wurde Frauen nahegelegt, genau und gründlich rechnen zu lernen: den einen im Sinne ihrer politischen Zugehörigkeit („rote" Konsumgenossenschaften), den anderen im Namen eines ‚weiblichen' Beitrags zur Volkswirtschaft. Die präzise Adaptierung von Buchhaltungspraktiken im Privaten spiegelt den Versuch der Äquivalent-Setzung von ‚großen' und ‚kleinen' Haushalten. Beliebt war die Integration von Fachbegriffen aus der Wirtschaft in das Vokabular des Mikrokosmos „Privathaushalt": „Das häusliche Rechnungswesen" (Ebert-Stockinger 1929:47–53), „Die Budgetfinanzierung bei Jedermann" (1930) oder „Buchführung und Geldgebarung im Haushalt" (1925) und auch die sozialdemokratische „Unzufriedene" informierte über „Buchführung im Haushalt" (1931). Diese Verwendung von Begriffen aus der Wirtschaft für eine Beschreibung des Privaten verweist auf eine sichtbar werdende Infiltrierung mit produktionstechnischen Prämissen,[2] wie dieser Prozeß auch als Ausdruck für die

2 Interessant ist in diesem Zusammenhang die offensichtliche Unterstützung der statistischen Untersuchungen durch Frauenzeitschriften; sozusagen eine Zusammenarbeit von Frauenzeitschriftenredaktionen und neuen volkswirtschaftlichen Erhebungsmethoden; die Zeitschriften als mediale Aufbereiter neuer Erfordernisse der Wissenschaften, als „Vermittler" zwischen Frauen und

spezifisch variable Einbindung von Frauen (als Hausfrauen und/oder Erwerbstätige) in die Modernisierung der kapitalistischen Produktionsweise gelesen werden kann.

Das Verhältnis von Frauen und Geld[3] und seine wechselvolle Beziehung enthält eine zu selten strukturell beachtete und für unsere Frage nach dem Wirtschaftsgeld wichtige Dynamik: Je weniger Geld in den Familien vorhanden war und ist, um so signifikanter wurde und wird Frauen deren gesamte Verteilung überlassen und überantwortet. Es ist von einem Zusammenhang zwischen Geldverwaltung und Klassenlage auszugehen: „Die Tatsache des relativ großen Einflusses der Arbeiterfrau auf das Haushaltsbudget ist im Zusammenhang mit den niedrigen Arbeiterlöhnen in der Vergangenheit zu sehen, als das Einkommen kaum ausreichte, um die Reproduktionskosten zu bestreiten, und die Frau, die für die Lebensmittelbeschaffung zuständig war, die Rolle der Geldverwalterin übernahm" (Schlösser 1978:354f.). Mit steigendem Wohlstand verschwindet interessanterweise die Verwaltungsmacht der Frauen über das gesamte (Familien)Einkommen bzw. Vermögen. Demnach obliegt die „Verwaltung des Mangels" den Frauen, steigen Einkommen, Standards und Wohlstand und kommt es zu einer „Verwaltung des Wohlstands", übernehmen Männer die anfallenden, lohnenderen Geldgeschäfte.[4]

Die Hausfrauenprofessionalisierungs-Debatte war in den 20er Jahren wie auch in den 50er Jahren eng mit der Konsumentinnenfrage verknüpft geführt worden: in den 20er Jahren getragen von der bürgerlichen Frauenbewegung, in den 50er Jahren eines der wenigen Themen, für das die Frauenorganisationen der Koalitionsparteien SPÖVP gewissermaßen ‚eigenverantwortlich'[5] zuständig waren. „Die Frauen sind die Einkäufer der Familie. Die Frauen entscheiden über die Verwendung des Wirtschaftsgeldes der Familie. Die Frauen können die Einkaufstasche zur Waffe im Kampf gegen die Teuerung machen. Frauen, erkennt eure Macht in der Wirtschaft!" (Resolution der Frauen-Zentralkonferenz) heißt es in einem der vielen sich wiederholenden Zitate, die diesen bis in die 1970er Jahre geführten spezifischen Hausfrauen-Konsumentinnen-Diskurs prägten. Allein schon der Akt

StatistikerInnen. Die Haushaltsstatistik der Arbeiterkammer wurde im Jahr 1924 eingeführt und bis zur Auflösung der Arbeiterkammer im Jahr 1934 durchgeführt. Auch das Warenhaus Gerngross gab 1929 ein Studie über „Einkommen – Auskommen" in Auftrag.

3 Vgl. zum Beispiel ein Ende der 1980er Jahre erschienenes Rowohlt-Taschenbuch von Marlene Kück (1988).

4 Männer der Mittel- und Oberschichten haben sich die Verwaltung der finanziellen Ressourcen, des Vermögens, meist vorbehalten, Frauen bekamen Wirtschaftsgeld. Die bis zur österreichischen Familienrechtsreform im Jahr 1975 bestehende juristische Benachteiligung von Ehefrauen gegenüber Ehemännern sei nur der Vollständigkeit halber hier noch erwähnt. Der Ehemann war juristisch „Vorgesetzter", sicher auch eine „Autorität", die sich über erworbenes, geerbtes oder verwaltetes Geld definierte.

5 Das ist ein anderer Ausdruck dafür, daß Konsumentenangelegenheiten zugleich auch immer als Frauenangelegenheiten definiert gewesen waren.

des Einkaufens selbst verleihe den Frauen jene Macht und Partizipation, die ihnen auf politischer Ebene vorenthalten wurde. Es war immer Frauenorganisationen überlassen gewesen, Frauen klar zu machen, daß sie gerade als Konsumentinnen große wirtschaftliche Macht besäßen.

Aus aktueller Perspektive bleibt es bemerkenswert, daß in allen Teilen der Ersten Frauenbewegung so selten die Frage nach eigenem und nicht-eigenem Geld von Frauen gestellt wurde. „Ein Zimmer für sich allein und 500 Pfund im Jahr" war nämlich interessanterweise keine Forderung von Frauenvereinen, die sich mit Hauswirtschaft und Wirtschaftsgeld beschäftigten. So schrieb die Anfang der 1930er Jahre aus der bürgerlichen Frauenbewegung kommende Forderung der Gründung einer Hauswirtschaftskammer vielmehr die grundlegende Abhängigkeit von Frauen in pekuniären Angelegenheiten weiter und fest.

Aber auch die Zweite Frauenbewegung hat zum Thema „Frauen und Geld" auffällig wenig zu sagen. Warum diese Berührungsängste und das Desinteresse? Ist von Geld die Rede, dann meist zugleich auch von Karrierefrauen und das meist in kritisch ablehnender Weise. Hier wird der strukturelle Zusammenhang zwischen Zweiter Frauenbewegung und anderen sozialen Bewegungen vielleicht aber auch besonders deutlich. Ziel war es, zu einer grundlegenden Veränderung von Welt und Ökonomie beizutragen. Das bedeutete, es wurde nach alternativen Wirtschaftskonzepten gesucht, die gerade ohne das omnipräsente und alles bestimmende Tauschmittel Geld auskommen sollten bzw. die zur Reduzierung der Bedeutung von Geld in Lebens- und Arbeitszusammenhängen beitragen sollten. In dieser Tradition stand zum Beispiel die Anfang der 1980er Jahre kontroversiell und hitzig geführte Debatte über Subsistenzwirtschaft als einer selbstbestimmten, gerade für Frauen besonders attraktiven Lebensform. Sei dies nun Sozialkritik oder Sozialromantik, fest steht, daß wir bislang über „Frauen und Geld" konkret noch recht wenig wissen, wenngleich wir aber schon wissen, daß die Einkommensschere zwischen den Geschlechtern sich bei ca. 25 % eingependelt hat und sich in den letzten Jahrzehnten nicht signifikant verändert hat. Es fehlen aber nach wie vor Untersuchungen über die Entwicklung des Privatkreditwesens, die geschlechtsspezifisch analysiert nach Antragsteller und -schuldner einiges zur Geschichte der Geschlechterbeziehungen beitragen könnten. Ungeschrieben ist auch die Geschichte des Privaterbes in geschlechterpolitischer Perspektive.

So allgemein bekannt und unbestritten ein positiver Zusammenhang zwischen Unabhängigkeit und Geld für Männer und Frauen vorausgesetzt werden kann, so auffällig zurückhaltend ist dieser Konnex in seinen vielfältigsten Ausprägungen von Gesellschaft und Forschung aufgegriffen, analysiert und weiterentwickelt worden. In Zeiten ungehemmter neoliberaler Politik sollte sich das im Interesse einer Politik für Frauen ändern. Zählte doch die gemeinsame Auflösung von Frauen- und Konsumentenministerium zu den ersten Schritten der neuen rechten Regierung Österreichs, womit ein weitreichendes strukturelles Signal gesetzt wurde: Frauen- wie auch Konsumentenfragen – historisch immer eng verbunden – werden zu einer politischen Marginalie erklärt, sind auf repräsentativer Politikebene nicht mehr relevant und verlieren damit auch jenes symbolische Kapital, das sich Frauenbewegung und Konsumentenschutzbewegung mühevoll erkämpft hatten.

LITERATUR

Bernold, Monika/Ellmeier, Andrea (1997), Konsum, Politik und Geschlecht. Zur „Feminisierung" von Öffentlichkeit als Strategie und Paradox, in: Siegrist, Hannes/ Kälble, Hartmut/Kocka, Jürgen [Hg.], Europäische Konsumgeschichte. Zur Gesellschafts- und Kulturgeschichte des Konsums (18. – 20. Jahrhundert), Frankfurt/M., New York.

Buchführung und Geldgebarung im Haushalt (1925), in: „Rohö"-Flugblatt, 5. Jg., Nr. 12, 1f.

Buchführung im Haushalt (1931), in: Die Unzufriedene, 9. Jg., Nr. 40, Romanbeilage 320.

Budgetbilanzierung bei Jedermann (1930), in: Der Haushalt, Juli, 9f.

Ebert-Stockinger, Clara (1929), Das Buch der Hausfrau. Eine neuzeitliche Haushaltungskunde. 2.verbesserte Auflage, Basel, Leipzig, Wien.

Jahrbuch des Verbandes deutschösterreichischer Konsumvereine 1923–1924 (1925), Wien.

Kück, Marlene [Hg.in] (1988), Der unwiderstehliche Charme des Geldes. Vom Umgang mit Geld aus der Sicht von Frauen, Reinbek bei Hamburg.

Perrot, Michèlle (1989), Die Frauen, die Macht und die Geschichte, in: Alain Corbin/ Arlette Farge/Michèlle Perrot u.a., Geschlecht und Geschichte. Ist eine weibliche Geschichtsschreibung möglich?, Frankfurt/M.

Resolution der Frauen-Zentralkonferenz (1951), in: Protokoll der Frauen-Zentralkonferenz 6.–7. November 1951, enthalten im Protokoll des 6. Parteitages der Sozialistischen Partei Österreichs 8.–9. November 1951, Wien, 377–379.

Simmel, Georg (1989/1900), Philosophie des Geldes, Frankfurt/M.

Schlösser, Manfred (1978), Die Familiensituation der Arbeiter, in: Seminar: Familie und Gesellschaftsstruktur. Materialien zu den sozioökonomischen Bedingungen von Familienformen, hrsg. von Heidi Rosenbaum, Frankfurt/M.

Katharina Pewny

Erzählen vom Zählen

Geld, die symbolische Ordnung und Autonome Feministische Projekte

Weißt du noch, als wir Geld empört zurückwiesen, es sollte nicht zirkulieren zwischen Frauen/Lesben, denn es trägt Unterdrückung in sich (1998); weißt du noch, als wir Subventionsansuchen mißtrauisch beäugten und um jedes Komma stritten (1995); weißt du noch, als wir sie fälschten, jede konnte alle Unterschriften (selbstverständlich nicht in einem Jahr vorgekommen, K.P.); weißt du noch, die Vereinsstatuten, Mitklit, keine Frage (1992).[1]

Als Praktikerin zu „Geld, die symbolische Ordnung und Autonome Feministische Projekte" zu schreiben, ist verheißungsvoll: Endlich ein Ende der Trivialisierung, die die Frauen von „Weiberwirtschaft"[2] so prägnant konstatieren als männerbündisch geforderte, weiblich sozialisierte Haltung zum eigenen Alltag. Endlich ein Beginnen mit „Weißt du noch ..." Endlich erzählen aus den Projekten und Gruppen, die seit 1992 mein Sein in der Autonomen FrauenLesbenbewegung ausmach(t)en.[3]

Jede Erzählung *ist* jedoch nicht einfach so, sondern ist eingebettet in und strukturiert von (nicht immer bewußten) konfligierenden Wahrnehmungs-, Selektions- und Interpretationsrastern. *Welche* dieser Raster in Autonomen Feministischen Projekten *wie* wirksam sind, und wie sie in Bezug zu der herrschenden symbolischen Ordnung stehen, sind Fragen, die die folgenden Zeilen begleiten.[4] Sie fungieren nicht nur als Dekonstruktion, sondern ihrerseits als Rekonstruktion ökonomischer Dynamiken in Autonomen Feministischen Projekten. Wie jede Verschriftlichung obliegen sie der identifizierenden Ordnung der Schrift, hervorgebracht durch individuelle Autorinnenschaft, die kollektiven Politiken strukturell entgegensteht. Die Herausforderung ist also, das je Besondere zu verallgemeinern – eine Logik, die der Logik des Geldes (Verallgemeinerung und Unterordnung unter abstrakte Werte) ähnelt – und gleichzeitig zu versuchen, gemeinschaftliche Realitäten zu repräsentieren.

1 Wort-Skizzen aus einigen feministischen Zusammenhängen. Für jene, die Körper nur am Bildschirm kennen: „Klit" ist bezogen auf Klitoris. Das lesbische Pendant zu Mitglied.

2 Publiziert unter den Titeln „Weiberwirtschaft" (Filli/Praetorius u.a. 1994) und „Weiberwirtschaft weiterdenken" (Günter/Praetorius/Wagener 1998).

3 Eine Aufzählung der erfahrenen Gruppen/Projekte ist nach der Literaturliste zu finden.

4 Autonomie – nicht zu verwechseln mit Autarkie – bezieht sich auf Selbstgesetzgebung.

Die bereits erwähnten Projekte und Gruppen, als deren (Mit)Trägerin ich mich verstehe, waren und sind im wesentlichen um politische Bildung zentriert. Sie umfassen Kollektive, die (scheinbar) ohne Geldflüsse funktionieren ebenso wie subventionierte, die Geld für die sogenannten Sachkosten aufwenden, Projekte, die Anstellungsverhältnisse beinhalten genauso wie Projekte, die auf Verkauf von Gütern und Spendenbasis funktionieren. Insofern ist jedem dieser (vergangenen und gegenwärtigen) Zusammenhänge ein spezifischer Umgang mit Geld inhärent, der in einem je eigenen Verhältnis zur herrschenden symbolischen Ordnung steht.

Politische Bildung meint hier Bildung von Verhältnissen von Frauen zu sich selbst und zur Welt, die Frauen als handelnde Subjekte setzen und Bezüge von Frauen zueinander zum Maßstab nehmen. Sie ist unterschieden von der Proliferation an Ausbildungsverhältnissen, die derzeit zur Dezimierung von Arbeitslosenzahlen staatlicherseits verordnet wird. Bildung wird zur Zeit zunehmend als Ware gehandelt und fungiert als Deckschirm für (nicht nur) misogyne Arbeitsmarktpolitik. Frauenbildung, die mittlerweile als Aus- und Weiterbildung sehr wohl Eingang findet in Arbeitsmarktsysteme, scheint feministische Bildung überflüssig zu machen.

Feministisch-politische Bildung, die sich eben auf keinen allgemeinen Nenner bringen läßt, wird mehr und mehr marginalisiert. Das heißt, es ist von Projekten die Rede, deren Politik Marktlogiken per se entgegensteht und die gesamtgesellschaftlich, aber auch in manchen frauenorientierten Umfeldern mehr und mehr marginalisiert wird.

„Wir befinden uns derzeit am Höhepunkt eines instrumentellen Rationalismus, der nicht einmal mehr der scheinbaren Unterordnung unter Werte und relevante Bedeutungen im Sinne des Gemeinwohls bedarf, um schamlos als Diktat des abstrakten Werts und pekuniärer Zählbarkeit von den Regierenden verordnet zu werden: er wird als Weg zum aber auch als Wesen des Gemeinwohls beschrieben, ohne daß sich weit hörbare Empörung über solche Hohlheit regen würde“ (Pechriggl 1997: 13).[5]

Wenn die symbolische Ordnung – immer vordergründiger – eine des instrumentellen Rationalismus ist, wo ist Geschlechterdifferenz hierin angesiedelt?

Wenn auch in Ländern der sogenannten ersten Welt einige Frauen an der gläsernen Decke angelangt sind und als einzelne Plätzchen in den Managementetagen gefunden haben,[6] so ist nach wie vor Luce Irigarays Befund zuzustimmen:

5 All dies geschieht in einer Zeit der Umstrukturierung und Neu-Konstituierung supranationaler Verbände, die oftmals als Verantwortungsträger für nationale Politiken dienen.

6 Wobei ungleich ungünstigere Situierung von Frauen in der sogenannten dritten Welt nicht zu vergessen ist. In Bezug zu Modeindustrie formuliert Bettina Musiolek (1997) treffend: „Du bist schick und ich muß schuften.“

„Die Tauschakte und Beziehungen – immer zwischen Männern – wären also durch das Gesetz zugleich gefordert und verboten. (...) Die Frau kommt nur vor als Möglichkeit der Vermittlung, der Transaktion, des Übergangs, der Übertragung (...) zwischen dem Mann und seinesgleichen und sogar zwischen dem Mann und sich selbst" (Irigaray 1979: 200).

Es ist demnach eine symbolische Ordnung, die sich vordergründig im Namen des instrumentellen Rationalismus herstellt und untergründig über Inzesttabu und Frauentausch funktioniert. Das heißt, eine ödipale Ordnung, die Frauen als Subjekte ausschließt beziehungsweise zu Tauschobjekten macht.

Wie positionieren sich feministische Kollektive in dieser Ordnung? Welche Umgänge mit Geld wurden entwickelt? Einige Varianten der pekuniären Entlohnung, die in Projekten praktiziert werden:

- Selbsteinschätzung entlang kollektiv vereinbarter Kategorien (Arbeitsausmaß, Lebensumstände, Mutter/Nichtmutter etc.)
- Orientierung an sogenannten allgemeinen Kategorien (Gehaltsschemata verschiedener Berufsgruppen)
- Gänzlich unbezahlte Arbeit aller
- Gänzlich unbezahlte Arbeit aller und Spesenersatz
- Paritätische Verteilung des Geldes

Diese Praktiken sind alle zu relativer Autonomie geeignet, insofern sie nicht nahtlos in die all-übergreifenden Entlohnungssysteme eingebunden sind. Sie haben spezifische Mechanismen ihrer Entstehung.[7] Nicht bloß die Fakten des Geldflusses, sondern ebenso psychostrukturelle Dynamiken in feministischen Kollektiven sind wirkungsmächtig und bedenkenswert.

Einige Thesen/Erfahrungen zu symbolischen Ordnungen in Projekten

1. Je näher ein Projekt einer traditionellen Institution (etwa Wissenschaft) steht, desto mehr zählen die ebendort anerkannten Werte (etwa akademische Titel).

Zu dieser Nähe erscheint kein Erklärungsbedarf gegeben. Ein Verweis auf die erhellende Dimension der Reflexion der gegebenen Maßstäbe mag genügen.

7 Im Gegensatz zu Positionen, die unbezahlte Arbeit von Frauen als Selbst-Ausbeutung sehen, sehe ich Politik in Anlehnung an Hannah Arendt als notwendigerweise unterschiedene zu Beruf. Die politische Zähmung (bis zum Zusperren) feministischer Projekte durch die Notwendigkeit ihrer Betreiberinnen, ihren Lebensunterhalt ebendort zu verdienen, ist deutlich sichtbar anhand der Frauenprojektegeschichte Österreichs und Deutschlands der letzten zehn Jahre.

2. Je weiter ein Projekt von traditionellen Werten entfernt ist, desto diskontinuierlicher und herausfordernder für die Akteurinnen ist seine Finanzgebarung.

Der Vorteil solcher Projekte ist es, entlastet zu sein von den endlosen Wochen an Abrechnungen, Tätigkeitsberichten etc. Sie sind manchmal (indirekt) getragen von anderen alternativen Strukturen. Eine spezifische Herausforderung ist es, kurzfristig und phantasievoll die allernotwendigste Finanzgebarung abzuwickeln. Das politische Begehren und die Bindungen untereinander müssen sehr tragfähig sein, wenn kein äußerer Rahmen als verpflichtender und somit verbindender gegeben ist.

3. Je größer das politische Konfliktpotential ist, desto schneller wird mit Geld und Sachzwang argumentiert.

Wenn eine politische Haltung der zentrale Signifikant ist, so werden dementsprechend klare Positionierungen zur Handhabung der (schon oder auch nicht vorhandenen) pekuniären Entlohnung praktiziert. Kollektives Wollen kann einen entspannten Umgang mit der finanziellen Situation bewirken, der scheinbar Unmögliches möglich macht.

Wenn hingegen politische Positionierungen innerhalb einer Gruppe/eines Projektes umkämpfte Felder sind, so können Sachzwänge als Argument zur Durchsetzung einer Position fungieren. Finanzielle Realitäten erlangen mittlerweile schnell den Status der normativen Macht des Faktischen. Ihre Hergestelltheit im Sinne bestimmter Interessen (via Berechnungssysteme, Politiken etc.) aufzuzeigen, ist ein Projekt feministischer Ökonomiekritiken. Trotz des Wissens um diese Dynamik kann der Grat an Unterwerfung unter die jeweils herrschenden Ordnungen und Wahrung eigener Entscheidungsmacht (der im übrigen auch Individuen durchzieht) in konfliktuösen Kollektiv-Momenten sehr schmal sein.

4. Je weniger traditionelle Werte zählen, desto mehr zählt die Identifikation mit den jeweils mächtigen Figuren und Geschichten (als da wären Gründungsmythen, Gruppenmächtigste, Verbündete in anderen Szenen, Liebesgeschichten etc.). Identifikationsprozesse sind vonnöten zur Subjektbildung.

In der Zweiten Frauenbewegung haben sich spezifische Werte herausgebildet, die als Repräsentationen von politischen Ereignissen und für die einzelnen Involvierten fungieren: Es sind Gründungsmythen, mächtige Frauen, unabgeschlossene Konfliktgeschichten und Liebesbeziehungen (mythische Paare), die als Signifikanten wirksam werden.[8] Sie funktionieren – anstelle von abstrakt geregelter Geschichtsschreibung – als Wiedererkennungseffekte und insofern verbindungsstiftend.

8 Mythos/mythisch verweist hier erstens auf orale Erzähltraditionen und zweitens auf Kulminationen von Bedeutungen, die erzählen und in der Erzählung Grundlegendes verschweigen (vgl. Treusch-Dieter 1999).

Wenn wenig Anerkennung – und somit Identitätsstiftung – über Eingebundenheit in pekuniäre Entlohnung und Versicherungssysteme passiert, so verleiht die (reale oder phantasierte Nähe) zu diesen Repräsentationen die Sicherheit, in dieser Welt vorhanden – anerkannt – zu sein. Anerkennung ist immer – so auch in den erwähnten Bezugnahmen – mit Erkenntnisproblematiken verwoben. Erkennen verweist auf die Notwendigkeit der Einfassung – Identifizierung – des Wahrgenommenen in bekannte Termini (vgl. Gomez 1998).[9] Sozialanthropologisch gesehen orientieren sich Anerkennungsrituale in Projekten an Initiation und Tod (Begrüßungen von „Neuen", Abschiedsfeiern, wenn welche gehen), an Geburt (die Feiern der Jahrestage des Projektes[10]).

Auf die Dauer sind nicht nur die Zuordnung zu Bedeutungsträgerinnen und das Zelebrieren von Wendepunkten, sondern auch die Selbstrepräsentation fundamental wichtig: Anfragen an bestimmte Frauen, Nennungen in Danksagungen, auf Programmen und eben auch in den erwähnten Mythen zählen im Binnenraum der Kollektive und im größeren Raum der Frauenbewegung als spezifischer Wert: als öffentliche Repräsentation eben. Umkämpft – weil bedeutungsträchtig – sind solche Nennungen bisweilen.[11] Genossen wie bekämpft ist die Funktion der Bedeutungsträgerin bisweilen von diesen selbst: denn sie macht zum Objekt von Projektionen und damit zur Erwartungsträgerin widersprüchlichster Vorstellungen. Die Anstrengung, die hinter sogenannten öffentlichen Auftritten steckt, die Vor- und Nachbereitungsarbeiten, die Nervosität, all dies ist meist ungleich weniger sichtbar als der Genuß der Anerkennung. Eingekeilt zwischen den Vorwürfen enttäuschter Mitstreiterinnen und Angriffen feministinnenfeindlicher Öffentlichkeiten zu sein, ist oftmals die Kehrseite der Annehmlichkeit, öffentlich „vorzukommen".

Elfriede Jelineks Formulierung „Ich zähle dazu, komme aber nicht vor"[12] benennt paradigmatisch weibliche Seinsweisen. Diese Ordnung homosozialer Repräsentationen konnten Feministische Projekte zumindest punktuell stören. Füreinander eben schon zu zählen – als Frauen, als Mitstreiterinnen, Freundinnen, als politische Komplizinnen – ist und bleibt eine Herausforderung nicht nur der Zweiten Frauenbewegung.

9 Anerkennungsproblematiken werden in feministischen Projekten seit Jahren diskutiert. Seit einigen Jahren wirkt sich die anglo-amerikanische Debatte um Anerkennung/Recognition, die sehr in Zusammenhang zu (sozial-)staatlicher Anerkennung sogenannter Minderheiten geführt wird, auf hiesige Theorienbildungen aus. Eine ihrer profiliertesten Vertreterinnen ist Nancy Fraser.

10 1999 wurden sowohl 25 Jahre AUF – eine Frauenzeitschrift gefeiert als auch 25 Jahre AEP (Arbeitskreis für Emanzipation und Partnerschaft). Beide Projekte stehen für die Anfänge der Zweiten Frauenbewegung (in Wien und Tirol).

11 Eine viel diskutierte Reflexionsebene der Tauschverhältnisse von Frauen bezieht sich auf Mutter-Tochter-Dynamiken. Ich finde diese schlüssig, wiederhole sie aus Platzgründen hier jedoch nicht. Verschriftlicht ist sie zu finden u.a. bei Koppert 1993.

12 In der Ausstellung „Maskeraden" dokumentiert, Literaturhaus Wien 1998.

Die anfängliche Frage nach Umgängen mit der symbolischen Ordnung hat diverse Antworten gefunden. Sie lassen sich nicht über einen Kamm scheren: Anhand der Thesen haben sich Varianten der Verwobenheit feministischer Politiken in Geldflüsse und in die Ordnung abstrakter Repräsentation gezeigt. Weiterhin werden die Summen gezählt, Geldflüsse nachgewiesen, die bis zum letzten Groschen sitzen müssen.[13]

Es hat sich gezeigt, daß Identitätsbildung Werte braucht, die über Unmittelbarkeit hinausgehen. Identitätsstiftende und bedeutungsträchtige Erzählungen als Schnittstellen von Unmittelbarkeit und Vermitteltheit sind eine Ebene symbolischer Ordnungen, die die Zweite Frauenbewegung hervorbrachte.

Der Notwendigkeit von Geschichtsvermittlung steht feministische Politik als „Sprechen-für-Eine-Selbst" (im Unterschied zu Stellvertretungspolitik) entgegen. Um jedoch andere symbolische Ordnungen weiter zu bilden, sind Bedeutungsträgerinnen vonnöten, die einerseits Kontinuität garantieren und andererseits Veränderung aushalten. Angesichts der zunehmenden Geschichtsträchtigkeit der Zweiten Frauenbewegung ist eine aktuelle Herausforderung, vermittelbare Verhältnisse zur eigenen – individuellen wie kollektiven – Geschichte zu schaffen.[14] Im Erzählen, im Beschreiben und im Abbilden. In jedem Medium, überall, und – auch in diesem Jahrtausend – von Frau zu Frau. Damit nicht nur die zur Welt, zur Sprache kommen, die zählen.

LITERATUR

Filli, Heidi Bernhard/Praetorius, Ina u.a. (1994), Weiberwirtschaft. Frauen – Ökonomie – Ethik, Luzern.

Butler, Judith (1991), Das Unbehagen der Geschlechter, Frankfurt/M.

Gomez, Maria Mercedes (1998), Bodies that Mean. On the (Mis)Recognition of the Female Body, Vortrag am Institut für die Wissenschaften vom Menschen, Wien.

Günter, Andrea/Praetorius, Ina/Wagener, Ulrike (1998), Weiberwirtschaft weiterdenken: Feministische Ökonomiekritik als Arbeit am Symbolischen, Luzern.

Irigaray, Luce (1979), Das Geschlecht das nicht Eins ist, Berlin.

Koppert, Claudia [Hg.in] (1993), Glück, Alltag und Desaster: Über die Zusammenarbeit von Frauen, Berlin.

Musiolek, Bettina (1997), Du bist schick und ich muß schuften. Frauenarbeit für den globalen Modemarkt, Frankfurt/M.

13 An dieser Stelle seien die ungezählten Stunden der Einreichungs-, Abrechnungs-, Berichts- etc. Pflichten zumindest erwähnt, mit denen unzählige Projektefrauen ihre Zeit verbringen. Kassasturz! Jahreswechsel! So pünktlich wie das Christkind alljährlich wieder.

14 Auseinandersetzungen zu individueller und kollektiver Geschichte fanden statt anläßlich des „Erzählcafes", einer Veranstaltung des Arch.Fem Innsbruck oder anläßlich der Diskussion zu „Feministischer Politik" im Dezember 1999 im Bildungszentrum Frauen*hetz*.

Pechriggl, Alice (1997), Theorie – Praxis, Dokumentation der Feministischen Erwachsenenbildungswoche, Wien.
Treusch-Dieter, Gerburg (1999), Die mydiale Stimme der Pandora, Vortrag im Bildungszentrum *Frauenhetz*.

FEMINISTISCHE GRUPPEN/PROJEKTE, AUF DIE SICH DIE ERFAHRUNGEN BEZIEHEN (IN CHRONOLOGISCHER REIHENFOLGE, SEIT 1992):

Feministische Prospekte (hauptsächlich studentische Projektgruppe zur Organisation zweier Vortragszyklen an der Universität Wien).

Theaterwissenschafterinnen-Gruppe (Selbstreflexions- und Selbsterfahrungsgruppe).

Spiegel-Projekt (Gruppe zur Organisation eines Symposions zum Thema Spiegel, die sich auflöste ohne ihr Ziel erreicht zu haben).

Frauenhetz – Verein für feministische Bildung, Beratung und Kultur (Feministisches Bildungszentrum, seit 1993 existierend in Wien).

Beisl des Autonomen LesbenFrauenMädchenZentrums (Selbstverwalteter Kommunikationsort im LesbenFrauenMädchenZentrum).

Gesprächsvorgänge zu theoretischen und künstlerischen Aktivitäten (Auseinandersetzungen zu Kunst, Theorie und den Verortungen dazwischen).

Feministische Erwachsenenbildungswochen (Projektgruppe in wechselnder Besetzung, die die seit 1996 jährlich stattfindenden Feministischen Erwachsenenbildungswochen organisiert).

Gender-Studies-Gruppe am Institut für die Wissenschaften vom Menschen (Lose organisierter Lesekreis am IWM).

Lesben gegen Gewalt (Lesbengruppe aus unterschiedlichen autonomen Projekten, die eine Veranstaltungsreihe organisierte).

Verband Freier Feministischer Wissenschafterinnen (Sprachrohr und Interessenvertretung für ebendiese).

Elisabeth Stiefel

Zukunft der Arbeit – Chance für das Leben?

Vielleicht war es von jeher die sehnsuchtsvolle Rückschau auf den Garten Eden, von der sich die Menschheit zu immer effizienteren Methoden des Produzierens hat anspornen lassen. Irgendwann, so hoffte man, sollte von allem alles verfügbar sein, in Hülle, Fülle, Vielfalt, und des Alltags Müh und Plage sollten vergessen sein. Freude, Lebenslust und Friede sollten sich ausbreiten wie ein ewiger Frühling...

Auch Philosophen und Ökonomen wie z.B. Marx und Keynes haben solche Hoffnungen genährt. Man werde immer weniger Arbeit brauchen, um alle mit des Lebens Notdurft und ein wenig Luxus auszustatten, und alle, alle sollten die Möglichkeit haben, ihre Kräfte zu entfalten und sich sozialen und kulturellen Aufgaben zu widmen...

An der Schwelle zur sogenannten dritten industriellen Revolution ist die Euphorie der Ernüchterung gewichen. Weltweit drängen immer mehr Menschen auf den Arbeitsmarkt, auch solche, die in Kleingewerbe, Landwirtschaft, Familie bisher ihr Auskommen hatten. Es scheint, als hätten sich alle, alle, alle darauf verständigt, nichts als arbeiten zu wollen. Während Arbeit alle anderen Lebensmodelle aus dem Feld geschlagen hat, grassieren Unterbeschäftigung und Arbeitslosigkeit. Armut – oder wenigstens die Angst vor Armut – raubt vielen ihren Schlaf. Sie sind zu rückhaltlosem Einsatz für einen x-beliebigen ‚Arbeit'splatz bereit, um mit oder ohne Würde wenigstens existieren zu können.

Arbeit-Arbeit-Arbeit – was ist damit gemeint?

Wer etwas auf sich hält, muß im Diskurs zur Zukunft der Arbeit mitreden wollen. Dabei darf derjenige am meisten Gewicht und Gehör erhoffen, der ausschließlich von Erwerbsarbeit spricht, an einen Vollzeitarbeitsplatz denkt und sich insgeheim am Normalarbeitsverhältnis des männlichen Industriearbeiters orientiert. Die Produktivität der von ihm geleisteten Arbeitsstunde schlägt den Takt im Konzert der Löhne, aber auch der Güterpreise, und seine Produkte bestimmen das Ranking des heimischen Standorts im globalen Markt.

Vor allem im industriellen Kernland Deutschland war der Produktionsarbeiter schon immer das Modell für alles, was Arbeit und soziale Sicherung hieß. Starke Gewerkschaften haben dafür gekämpft, daß sein Arbeitsplatz und seine Lebensverhältnisse nicht ohne Privilegien blieben. Obwohl seine häusliche Versorgung als Privatsache galt, war sein Lohn Maßstab für das Wohlergehen der Familie. Für seine Beiträge in soziale Kassen erhält er beitragslose Leistungen für Frau und Kinder. Über die Nebenkosten seines Lohneinkommens werden diese auf alle anderen Beitragszahler – u.a. auf die höchst widersprüchlich integrierten Mütter – umgelegt. Traditionell gerieten erwerbswillige Frauen mit Kindern leicht in den Verdacht, sie seien – privat und überhaupt – gestört.

So ist es kaum verwunderlich, daß Frauen ökonomisch niemals als eigenständige Individuen erschienen, sondern stets angehörig waren. Als häusliche Nichtarbeiterinnen sind sie, da im Regelfall von einem Mann versorgt, wirtschaftlich nicht der Rede wert. Und auch auf dem Arbeitsmarkt bleiben sie, da im Zweifel familienorientiert und deshalb weniger verfügbar, nur mit gemeint. Angesichts durchgängiger Männlichkeit von richtiger Arbeit sind Frauenverbände inzwischen in die Offensive gegangen – zum Thema Bündnis für Arbeit verschicken sie Postkarten mit lauter Männerköpfen.[1]

Selbst dort, wo die große Industrie für Wirtschaftsleistung und Einkommensstruktur traditionell weniger Bedeutung besaß und Ehefrauen ökonomisch selbständiger sein durften, meint ‚Arbeit' auch heute noch materielle Produktion. In seinem Buch „Das Ende der Arbeit und ihre Zukunft" beschreibt der Amerikaner Jeremy Rifkin (1997) das Verschwinden menschlicher Arbeitskraft aus dem Produktionsprozeß der großen Fabriken, der industriell betriebenen Landwirtschaft und einer nach fordistischen Prinzipien geregelten Organisation. High-Tech-Streß durch rückhaltlose Beschleunigung der Arbeitsabläufe auf der einen, Arbeitslosigkeit auf der anderen Seite sind der Preis des technischen Fortschritts.

Seine Zukunftsvisionen leitet Rifkin keineswegs von den langsameren, lebensbegleitenden Tätigkeiten der Nichtarbeit ab, sondern von der an den ‚Rhythmus der Nanosekunden-Kultur' angepaßten Fließbandarbeit. Es ist die arbeitsfreie Zeit der Produktionsarbeiter, aus der für ihn das Potential für eine menschlichere Gesellschaft erwächst. Unterstützung für die dazu erforderliche Arbeitszeitverkürzung erhofft er sich insbesondere von den erwerbstätigen Frauen, „die im Durchschnitt mehr als achtzig Stunden für ihre Arbeit und ihren Haushalt aufbringen" und ihre Kinder oft unbeaufsichtigt lassen müssen (Rifkin 1997:175). Von der nicht erwerbstätigen Frau, die ihre Kinder nicht unbeaufsichtigt läßt, erhofft er sich nichts, und im Nachwort zu Rifkins Buch bedauert ein deutscher Kommentator das Schweigen der stillen Reserve zu steigender Arbeitslosigkeit (Rifkin 1997:222).

Rifkin möchte das marktwirtschaftliche Zeitalter hinter sich lassen, obwohl er weiß, daß alle gesellschaftlichen Institutionen dem Markt verpflichtet, ja von ihm abgeleitet sind. Umstürzlerische Ideen sind ihm fremd, den Wandel erwartet

1 informationen für die frau, Zeitschrift des Deutschen Frauenrats, Bonn, Januar 1999, 19 und Beilage.

er von neuen Werten und Orientierungen. Seine Vorgänger und Mitstreiter sucht er unter den französischen Vertretern einer Economie Sociale (Rifkin 1997:183), aber auch unter prominenten Neoliberalen. Er verweist auf Milton Friedmann, der sich zwar rückhaltlos für die Entfaltung der Marktkräfte einsetzt, jedoch schon Anfang der 60er Jahre für Arme ein arbeitsloses, staatlich garantiertes Mindesteinkommen vorgeschlagen hat (Rifkin 1997:195). Die auch von Rifkin geforderte Einkommensgarantie soll nicht der Armutsvermeidung, sondern der Freistellung von Arbeitnehmern für Tätigkeiten im Bereich sozialer Verantwortlichkeit gewidmet sein. Eine Kopplung von Einkommen und gemeinnütziger Arbeit erscheint ihm wünschenswert (Rifkin 1997:197 ff.), andererseits verweist er auf eine alte philosophische Grundidee, nach der jedes Individuum ein Anrecht auf einen Anteil an den Gütern einer Gesellschaft hat (Rifkin 1997:195).

Selbst mit der Lupe gelingt es nicht, in solchen Konstrukten Nischen ausfindig zu machen, die für Frauen und ihre Kinder reserviert sein könnten. Für Friedmann, der die Familie für die Urzelle der Gesellschaft hält, sind Kinder in ökonomischer Begrifflichkeit Konsumgüter (Friedman 1984:58), doch er äußert sich weder zur Erwerbs- noch zur Nichtarbeit von Frauen. Und auch Rifkin bleibt die Frage schuldig, ob 40 oder mehr Wochenstunden im Familienhaushalt als gemeinnützig gelten, d.h. zu einem Einkommen berechtigen sollen. Wird – in Anlehnung an den Arbeitsmarkt und sozialstaatliche Regelungen – ein Mann als Bezieher von Garantieeinkommen einen Zuschlag bekommen, damit er für seine häusliche Versorgung und die Beaufsichtigung seiner Kinder eine Nichtarbeiterin unterhalten kann? Oder ist die Nichtarbeiterin der Zukunft für sich und ihre Kinder allein verantwortlich? Wo ist der Bezugsrahmen für Familienarbeit und das sozialverträgliche Heranwachsen der nächsten Generation? Haben Arbeit und Leben im Strukturgerüst einer zukünftigen Wirtschaftsweise irgendwo ein gemeinsames Fundament?

Arbeit in der Wirtschaftstheorie des Club of Rome

Der letzte Bericht an den Club of Rome mit dem Titel „Wie wir arbeiten werden“ gibt wenig Anlaß zur Hoffnung. Orio Giarini und Patrick Liedtke (1998) machen klar, daß nicht die Überwindung des Markts, sondern seine Ausdehnung auf der Tagesordnung stehen. Was für Rifkin der gemeinnützige Sektor als grenzüberschreitende Ergänzung der Marktökonomie, ist für den Club of Rome der Ausbau „produktiver Dienstleistungen“ in und außerhalb des Markts. Der Club erwartet davon nicht nur ‚Vollbeschäftigung‘ und ein Mehr an sozialer Gerechtigkeit, sondern mit dem Slogan „Wir sind, was wir produzieren“ (Giarini/Liedtke 1998:20) eine ganz neue Arbeitsethik. Arbeit hat für die Autoren intrinsischen Wert (Giarini/Liedtke 1998:30).

Sie beklagen, daß die Industriegesellschaft über einem traditionellen Schwerpunkt Güterproduktion vergessen habe, sich mit dem Dienstleistungsbereich als Bestandteil des Wirtschaftens auseinanderzusetzen. Aus Kostengründen seien mehr und mehr Produktionstätigkeiten auf den Konsumenten überwälzt worden, der dadurch zum Prosumenten geworden sei. Weil Eigenproduktion und Eigenkonsumtion in wirtschaftlicher und sozialer Hinsicht an Bedeutung gewonnen hätten, brauchten wir eine neue soziologische und ökonomische Theorie.

Der Club of Rome legt Wert darauf, den Bezugsrahmen zu verdeutlichen, der mit der Neukonstruktion gefüllt werden soll. Es ist die von Adam Smith begründete Theorie der Produktion materiellen Wohlstands in der Aufgabenteilung zwischen Unternehmern, Arbeitern, Haushalten, die ihre Handlungen im Sinne des homo oeconomicus optimieren, d.h. aus jedem hergestellten Gut den höchstmöglichen Nutzen ziehen (Giarini/Liedtke 1998:48). Der Prosument ist im Haushaltsinnern angesiedelt, durch Eigenarbeit steigert er den Gebrauchswert materieller Güter und verringert dadurch Ressourcenverbrauch und Kostenaufwand, die für die Herstellung erforderlich sind.

Die Wirtschaftstheorie der Umweltwächter macht keine Unterscheidung zwischen güter- und personenbezogenen Dienstleistungen. Dem Binnenraum des Haushalts fehlt die soziale Dimension und damit der Anspruch von Versorgungsarbeit auf anteilige Ressourcen aus dem System richtiger, produktiver Arbeit. Erwachsene Haushaltsangehörige produzieren sich selbst, d.h. sie erwerben eigenes Markteinkommen und verursachen keine Unterhaltskosten. Kinder kann man von Großeltern oder Nachbarn beaufsichtigen lassen, während ihre Eltern zur Arbeit aus dem Hause sind. Teure Kindergärten werden damit weitestgehend überflüssig (Giarini/Liedtke 1998:240ff.).

Der Club of Rome hat ein gutes Gewissen, wenn er private Unterhalts- und öffentliche Sozialleistungen als Verschwendung betrachtet und stattdessen auch die Nichtarbeit im Haushalt der Logik ökonomischer Wertschöpfung unterwirft. Es geht ihm um die sparsame Verwendung materieller Lebensgrundlagen bei gleichzeitigem Erhalt der Wettbewerbsfähigkeit des Standorts Deutschland durch Effizienzsteigerung materieller Produktion. Bruch-, ja nahtlos verdeutlicht die neue Theorie des Wirtschaftens die Überlegungen der Publikation „Zukunftsfähiges Deutschland" (Bund/Misereor 1996) für die Zukunft der Arbeit (vgl. auch Stiefel 1997).

Die Auslagerung produktiver Tätigkeiten in den Bereich des Haushalts zur Unterstützung von Unternehmern und Arbeitern bildet für die Umweltschützer gleichzeitig das Fundament, auf dem eine Neubewertung der Erträge häuslicher Pflichten bzw. weiblicher Nichtarbeit bewerkstelligt werden kann. Sowohl die eine als auch die andere Publikation setzt sich dafür ein, den Wert häuslicher Bemühungen für das Sozialprodukt in der Volkswirtschaftlichen Gesamtrechnung auf Satellitenkonten zu verbuchen.

Am homo oeconomicus scheiden sich Werte und Interessen

Für die häusliche Nichtarbeiterin bedeutet dieses Zugeständnis allerdings keineswegs einen Zuwachs an Autonomie – ganz im Gegenteil. Es ist eine Binsenweisheit, daß versorgende Tätigkeiten im Haushaltsinnern auf materielle Ge- und Verbrauchsgüter angewiesen sind. Von der Perspektive wertender, d.h. interessenbezogener Würdigung hängt es ab, ob Dienstleistungen als Bestandteil materieller Produktion betrachtet oder – umgekehrt – personenbezogene Dienstleistungen mit materiellen Ressourcen ausgestattet werden.

Die ökonomische Theorie der Umweltmänner bezieht so eindeutig Position zugunsten einer weiteren Intensivierung der Warenproduktion zu Lasten der Lebenswelt, daß die Antwort von Frauen nur ungläubiges Staunen sein kann. Kinder wollen nicht nur beiläufig von irgendwem beaufsichtigt, sondern genährt, behütet, begleitet und erzogen werden. Es ist eigentlich undenkbar, daß Männer ökologisches Wirtschaften mit dem Nachweis untermauern möchten, daß Versorgungsleistungen kostenträchtig und Kinder lästig sind.

Produktive Arbeit – da waren sich Freizeitforscher bisher einig – endet am Ende des Arbeitstags. Was darüber hinaus geht, fällt in die Zuständigkeit des Privathaushalts der Produzenten. Als Vertreterinnen weiblicher Nichtarbeit erlernen Hauswirtschafterinnen während ihrer Berufsausbildung die Fürsorge für Personen und Sachen einschließlich der Planung und Gestaltung von Freizeit. Unter ökonomischem Vorzeichen dient der umfassende haushälterische Einsatz für den Erhalt des Lebens der Reproduktion des Produzenten. Die Nichtarbeiterin als nichtprofessionelle Dienstleisterin ist nur als Angehörige eines Mannes gesellschaftsfähig, ökonomisch haben Mütter und Kinder bestenfalls privat einen Anspruch auf Ertragsanteile aus richtiger, wertschöpfender Arbeit.

Kein Ökonom hat sich jemals anheischig gemacht, das Ökonomieverständnis der warenproduzierenden Männergesellschaft so plastisch zum Ausdruck zu bringen wie der Volksmund. Traditionell haben industrielle Produzenten ihre häusliche Versorgerin als bessere Hälfte bezeichnet und nur mit Unwillen akzeptiert, daß ihr Haushaltsgeld seine sauer verdiente Mark für den Familienunterhalt zum Schmelzen brachte. Es ist nicht gar so lange her, daß am Zahltag das Fabriktor als Grenzmarkierung zwischen Arbeit und Nichtarbeit belagert war von Frauen, die ihren Anteil am Lohn der Ehemänner notfalls mit Brachialgewalt zu ergattern trachteten. Der Ernährerhaushalt als ökonomischer Grundbaustein, der dieses Wirtschaftsverständnis fast punktgenau zum Ausdruck bringt, war so selbstverständlich Denk- und Diskussionsgrundlage aller Facetten der ökonomischen Theorie, daß seine Implikationen für Wohlergehen und Lebensqualität von Männern, Frauen und Kindern niemals erörtert wurden. Unhinterfragt galten Haushalt und Familie als Hort des Lebens. Doch für die Hüterin des Herds als Nicht-

Ort der Nicht-Arbeit war nichts anderes vorgesehen als die sogenannte Frauenrolle. In Personalunion fungierte der männliche Produzent dagegen gleichzeitig als individuelles Subjekt und Repräsentant von Frau und Kindern.

Für die Widersprüche eines Systems, das nicht erst heute über die scheinbar unerschöpfliche Ressource ‚Haushalt' unliebsame Kosten in die Lebenswelt transferiert, liegen Lösungen nicht auf der Hand. Aufgeblähte Worte wie ‚geschlechtshierarchische Arbeitsteilung' und ‚Geschlechterdemokratie' markieren nur sehr ungenau die Fronten, die es abzumessen gilt. Solange die Bedeutung umfassender häuslicher Versorgung für die Begriffe ‚Arbeit und Ökonomie' ausgeblendet bleibt, ist das handfertige Wort ‚unbezahlte Arbeit' nichts als eine inhaltsleere Hülse, ein trojanisches Pferd, dessen Bauch sich bei Bedarf mit weiteren Belastungen füllen läßt.

Bezahlt oder unbezahlt – Frauen bleiben angehörig

Entgegen aller Hoffnungen von Frauen hat sie der Arbeitsmarkt niemals den Männern gleichgemacht. Der Status der Angehörigen begleitet sie in die öffentliche Sphäre, wo sie sich selbst als weiblichem Subjekt endlich ein wenig näher glaubten. Angesichts der bitteren Erkenntnis, daß man von ihnen nicht nur verdichtete Nichtarbeit, sondern auch zusätzliches Erwerbseinkommen fordert, verdorren Träume von Emanzipation und Eigenständigkeit, ehe sie Wurzel fassen konnten. Im Kampf um eine stets prekäre Gleichheit sind Frauen immer noch gehalten, Haushalt und Kinder schamhaft zu verleugnen, wenn sie ‚etwas werden' wollen. Denn ohne das traditionelle Ehegespann von männlichem Ernährer und weiblicher Nichtarbeit fällt das ökonomische Regelwerk auf die Nutzenerwägungen des homo oeconomicus zurück.

Unabhängig von Lust und Last formaler Gleichberechtigung geraten Frauen auch heute noch ins Zwielicht, wenn sie ihre traditionelle Rolle als Nichtarbeiterin mit beiläufigem Zuverdienst für unzumutbar halten. Wie ein klebriger Schatten begleitet sie der Verdacht, sie fügten der Stabilität des Haus- und Familienverbands Schaden zu. Die bayrisch/sächsische Kommission zur Zukunft der Arbeit macht kein Hehl aus den Folgen zunehmender Individualisierung für Frauen und ihre Kinder: die „Mitversorgung Nicht-Erwerbstätiger" wird „abnehmend gewährleistet" sein (Kommissionsbericht 1997:49). Aus dieser Sicht, aber auch zur Entlastung der Sozialkassen bietet es sich an, Nichtarbeiterinnen durch den Verkauf ihrer häuslichen, originär in der Familie erbrachten Dienstleistungen vorsorglich in den Arbeitsmarkt zu integrieren. Der männliche Familienlohn und der Anspruch des Normalarbeiters auf häusliche Versorgung bleiben – wen wundert's – ausgeklammert.

Existenzsichernd bezahlte Erwerbstätigkeit ist auf Männer zugeschnitten. In unausgesprochen unmißverständlicher Weise machen die Bayern klar, was weiblicher Emanzipationsdrang für die überkommene Ordnung bedeutet: jüngere, qualifizierte Frauen drängen schwächere Erwerbspersonen aus der Erwerbstätigkeit (Kommissionsbericht 1997:48). Da die männliche Ausstattung mit Humankapital geringer ist als die von Frauen, ist der Männeranteil unter dieser Gruppe hoch. Wie weit sich der ‚niedrig qualifizierte' Mann mit Dienstleistungen identifizieren kann, über die er immer erhaben war, bleibt im Bericht der Zukunftskommission offen. Ist es doch der männliche Haushaltsvorstand, dem das Sozialmodell der Industriestaaten Transfereinkommen gewährt, damit er weder als Bürger noch als Lohnarbeiter die Dienste einer Ehefrau entbehren müsse.

Die Bayern verweisen auf die USA, wo im niedrig produktiven und niedrig bezahlten Segment des Arbeitsmarkts zahlreiche Arbeitsplätze geschaffen und dadurch Sozialtransfers erheblich reduziert worden sind. Für moderne Arbeitsmarkt- und Sozialstaatsstrategien erscheinen solche Informationen verführerisch, solange sie nicht ergänzt werden durch Einblicke in die Realität. Die amerikanischen ‚Workfare'(anstelle von Welfare)-Maßnahmen sind vor allem auf die wachsende Zahl ernährerloser Mütter zugeschnitten, denen das AFDC-Programm (Aid for Families with Dependent Children) auch ohne ordentlichen Ehemann eine Existenz als Nichtarbeiterin zugestand. Während unbeaufsichtigte Kinder in wachsender Zahl der Straße anheimfallen, füllen sich die Gefängnisse mit ‚niedrig qualifizierten' jungen Männern, denen ohne Einbindung in soziale Verantwortung jede Orientierung fehlt. Zu Unrecht wird diese Entwicklung vor allem den Haushalten der schwarzen Bevölkerung in die Schuhe geschoben.

Auf Fels oder auf Sand gebaut? – Produktionstheorien in der Brandung der Moderne

Noch immer haben kritische Zeitgenossen die Tendenz, vielfältige soziale Nöte unbesehen dem Kapitalismus anzulasten, obwohl linke Gewißheiten nicht erst nach dem Zerfall der sozialistischen Ökonomien bohrenden Zweifeln gewichen sind. Wo sind die Fronten, an denen es sich lohnt, für soziale Gerechtigkeit und die Würde der Ausgegrenzten zu Feld zu ziehen? Parallelen zwischen der kapitalistischen und der sozialistischen Version des Industrialismus waren schon lange vor dem Mauerfall nicht mehr zu übersehen. Vor allem Ökologen machen nicht so sehr die hochtechnisierte Produktion als vielmehr die wachstumsbesessene Wirtschaftsweise verantwortlich für die Zerstörung der natürlichen Lebensgrundlagen. In der Marktökonomie, in der alles käuflich scheint, besitzt Natur keinerlei Eigenheit. Sie kann sich ihrer Ver‚Arbeit'ung nicht widersetzen, wenn sie nicht geschützt wird.

Gibt es im linken Lager Kräfte, die nicht nur die natürliche, sondern auch die soziale Mitwelt gegen den Wahn grenzenlosen Wachstums verteidigen wollen? Wer ist kühn genug, die Ökonomie am Nutzen für das Leben zu messen statt am ‚Wohlstand', den sie produziert? 1968 war es der Schulterschluß der frauen- und kinderfeindlichen Genossen, der den Unmut der Frauen zum Überkochen brachte. Ihre Forderung, weibliche Überlast und Benachteiligung möge Eingang finden in den linken Diskurs, war immer aufs neue an der stereotypen These vom Nebenwiderspruch abgeprallt. Mit dem Tomatenwurf der Sigrid Rüger, die nur wenig später ihr erstes Kind gebar, nahm die Frauenbewegung ihren Anfang. Auf verschlungenen Pfaden hat sie linke Männer und linke Theorien lange überholt, doch ihr Motto ‚Das Private ist politisch' harrt im Dickicht der Widerstände noch der Umsetzung in konkrete Utopie.

Moderne Linkssozialisten möchten die dritte industrielle Revolution nicht auf Trampelpfaden, sondern mit einer Antithese zu ökonomischer Rationalität in offene Gefilde münden lassen. Dem Umsturz haben sie abgeschworen – die revolutionäre Kraft des Proletariats ist längst verblichen. Schon vor 20 Jahren sah André Gorz die Fronten zwischen Kapital und Arbeit ineinander fließen – bis hin zum bitteren Vorwurf, das Proletariat sei letzten Endes nichts anderes als eine Kopie des Kapitals. Seine Hoffnungen suchten die Nicht-Klasse der Nicht-Arbeiter, die vom Kapitalismus weder erzeugt noch von seinen Produktionsverhältnissen geprägt ist (Gorz 1980:63). Auf den Spuren von Karl Marx als großem Vordenker blieb das Ideal, durch Arbeit – richtige Arbeit – ins Reich der Freiheit zu gelangen, dennoch unbehelligt. Gorz beleuchtet, was Arbeit ist und historisch als Arbeit galt. Mit dem Beginn industriellen Wirtschaftens trat Arbeit aus dem Schatten des Privaten in das Beziehungsnetz öffentlichen Austauschs, der erfüllten Pflichten Rechte gegenüberstellte. Im Mittelalter bis hinein in die Ära kleinräumiger Manufaktur war Arbeit einer Lebensordnung verhaftet, die jedem Individuum seinen Rahmen gab. Die Herauslösung des Arbeitens aus festgefügten Sozialverbänden bedeutete größere Freiheit, gleichzeitig aber auch die Verlockung, ein sozial definiertes ‚Genug' in der Ausstattung mit materiellen Gütern dem Grundsatz ‚Je mehr, desto besser' zu opfern.

Für Gorz bringt Arbeit Gebrauchswerte hervor, sie ist gekennzeichnet durch die Trennbarkeit des Produkts von seinem Produzenten. In der nachindustriellen Ära sieht er richtige Arbeit durch beliebige, ja gleichgültige Beschäftigungen ersetzt. Heilgymnastiker, Reisebüro-Angestellte, Verkäufer und Saisonarbeiter sind weder Arbeiter noch Arbeitslose, sondern eher Nichtarbeiter (Gorz 1980:65). Was unter diesen Umständen gesellschaftliche Produktion bedeuten kann, bleibt für den Autor ungewiß und konturlos. Doch auch wenn ein Gesamtprodukt nicht mehr bestimmbar ist, bedeutet Arbeit für Gorz unverändert Produktionsarbeit. Mit Nachdruck distanziert er sich von der modernen Gepflogenheit, Arbeit und Erwerbstätigkeit ineinander zu vermengen.

Vor allem personale Dienstleistungen unterliegen nach seiner Ansicht anderen als ökonomischen Maßstäben. Von einem Lebensmodell, das um der Erwerbsarbeit willen Individuen davon abhält, irgend etwas selbst und für sich selbst zu tun, erwartet Gorz eine ‚Anti-Ökonomie'. Er ist überzeugt, daß Eigenarbeit unabdingbar ist für Selbstvergewisserung und Personalität. Wer sich in der Mehrzahl der Aspekte seines Lebens von anderen versorgen läßt, beraubt sich in Wahrheit der Grundlagen der eigenen Existenz. Um in der Welt zu Hause zu sein, muß jeder Mensch Besitz ergreifen von sich selbst und den Gegenständen, von denen er umgeben ist. Nur durch die Verausgabung von persönlicher Energie und Zeit verschafft sich das Individuum seine Nische innerhalb der sinnlich wahrnehmbaren Welt: die private Sphäre als Raum von Freiheit und Autonomie. In diesen privaten Raum möchte Gorz bezahlte Dienstbotenarbeit ‚heimholen', und das von ihm konzipierte Sozialeinkommen soll es den Individuen gestatten, durch Eigenarbeit ihre persönliche Souveränität abzurunden.

Widersprüchen, die ihm aus dem Privatbereich entgegenschlagen, trotzt Gorz mit einer rührenden Vision innigster Gemeinsamkeit von Mann und Frau. Familie werde zu voller Entfaltung gelangen, sobald das Handeln ihrer Mitglieder von jedem von ihnen als gemeinschaftliches Handeln für eine unteilbare Güter- und Lebensgemeinschaft angesehen werde. Zwischen dem, was jeder für sich oder für den andern tut, werde kein Unterschied mehr bestehen (Gorz 1989:228). Unter der Zielsetzung der vollkommenen Gleichheit der Geschlechter wendet sich Gorz vehement gegen irgend eine Art von Hausfrauenlohn, weil er die Frau von eigentlichen ökonomischen Tätigkeiten fernhält und ihre Zugänge zur öffentlichen Sphäre verengt (Gorz 1989:231ff.). Die Fiktion gemeinsamer Eigenarbeit enthebt Gorz der Notwendigkeit, sich mit Nichtarbeit auseinanderzusetzen. Sie ist für ihn kein Gegenpol, aus dem heraus eine andere Sichtweise entstehen könnte. Die Nicht-Klasse der Nicht-Arbeiter bleibt ohne Geschlecht, Gestalt und gesellschaftlichen Status, und auch für Gorz scheinen Vergleiche mit der richtigen Klasse richtiger Arbeiter nicht angebracht. Familienlöhne und häusliche Versorgungsansprüche des männlichen Ernährers bleiben ausgeblendet, und so sieht er keine Veranlassung, sich etwa mit dem industriellen Wohlfahrtsstaat kritisch zu befassen. Auch Kinder haben in seinen Konzepten keinen Platz.

Auf der Suche nach einer ‚Economy of Care'

Die Hilflosigkeit der linken Denker, ökologische und soziale Probleme der Gegenwart theoretisch einzuordnen, dämpft feministische Erwartungen an unentdeckte Potentiale linker Utopie. In der Tat hat der Industrialismus seine Aufgabe erfüllt, materielle Güter mühelos verfügbar zu machen. Doch gleichzeitig verblaßt die Fähigkeit des Schemas Kapital und Arbeit, gesellschaftliche Wirklichkeit angemessen abzubilden. Die vom Produktivitätsfortschritt dauerhaft Abgedrängten sind darin ebensowenig aufgehoben wie diejenigen, die ihre Zeit und Kraft für unproduktive, lebensbegleitende Tätigkeiten im Bereich von Fürsorge und Pflege verausgaben. Der Ausschnitt, den Theorien industriellen Wirtschaftens adäquat und handlungsleitend auszuleuchten in der Lage sind, wird kleiner, nicht größer.

Die Wirtschaftstheorie des Club of Rome ist ein Paradebeispiel für die Nichtbeachtung ungesicherter Grenzen gegenüber der Lebenswelt und ihrem Bedarf an Ressourcen, der mit der Sicherung der Grundlagen physischer Existenz nicht zureichend beschrieben ist. Wenn materielle Produktion tiefer verankert wird in Handlungskonzepten menschlicher Daseinsvorsorge, geraten Spielräume von Versorgungsarbeit und damit die Lebenschancen der Generationen unter Druck. Das mehrfache Gebot des Bundesverfassungsgerichts zur Verbesserung der Bedingungen des Lebens mit Kindern wird von vielen Kommentatoren als Signal gegenüber einer Entwicklung angesehen, die Kinderhaben zunehmend zum Luxus gemacht hat. Vor allem die Sozialhilfestatistik läßt keinen Zweifel daran, daß Kinder für ihre Eltern, vor allem jedoch für ihre Mütter ein schwer kalkulierbares Armutsrisiko bedeuten.

Das eingeforderte Umsteuern ist mit einer punktuellen Verschiebung der Prioritäten nicht ins Werk zu setzen. Ökonomie und Sozialstaat müssen so verändert werden, daß sich außerhalb der Ränder hochproduktiver Arbeit kein Brachland entwickeln kann, dessen kärgliches Terrain lebendigem Leben immer weniger Entfaltung bietet. Längst sehen kritische ZeitgenossInnen neben der Krise der Arbeit auch eine Krise der Reproduktion, und es kann kein Zweifel daran bestehen, daß beide tief ineinander verwoben sind.

Im Hinblick auf versorgende Tätigkeiten ist das aus Produktion und Konsum gestrickte ökonomische Raster so unergiebig, daß selbst die personen- bzw. haushaltsbezogenen Dienstleistungen des Arbeitsmarkts, die als Zukunftshoffnung der nachindustriellen Ära gelten, ohne kategoriales Obdach sind. Sie werden notdürftig verselbständigt und in einer Behelfsunterkunft ‚Konsumorientierung' untergebracht. Familiale, von weiblicher Nichtarbeit erbrachte Dienste bleiben (nicht nur im Bericht des Club of Rome) zur Gänze außerhalb des Repertoires der ökonomischen Denkfabrik.

Das Wort Wirtschaften, das einmal ‚Werte schaffen' meinte, erweist sich bei näherem Hinsehen selber als Ausdruck der Geringschätzung für Tätigkeiten, die nichts Handgreifliches zustande bringen. Hannah Arendt (1981) hat kenntnisreich und scharfsinnig die merkwürdige Faszination der Moderne für die Produktion von Gegenständen bis zu ihren Ursprüngen im Altertum zurückverfolgt. Die Sorge für die Notdurft des Alltags galt als minderwertig, sie wurde aus der Öffentlichkeit verbannt und in den Haushalt verschoben, wo sie Aufgabe von Frauen und Sklaven war. Arendts Interesse gilt den Entwicklungslinien menschlicher Tätigkeit von der schamvoll verleugneten Sorge für das Leben bis zur Verherrlichung des Produzierens von Konsumgütern. Sie beleuchtet die Entstehung der Begriffe ‚produktiv' und ‚unproduktiv' und zitiert Adam Smith, den Vater des homo oeconomicus. Er hielt unproduktive Arbeit für parasitär, weil sie nur konsumierte, ohne je etwas Bleibendes hervorzubringen. Karl Marx teilte die Überzeugung seines Vorgängers. Beide befanden sich (im 18. und im 19. Jahrhundert) in voller Übereinstimmung mit der Meinung ihrer Zeit (Arendt 1981:80).

Während bis vor wenigen Jahrzehnten der Güterkreislauf und seine Rahmenbedingungen (alte Ökonomen gebrauchten gelegentlich das Wort ‚Güterleben') den wirtschaftstheoretischen Diskurs bestimmten, ist dessen Erscheinungsbild am Ende des Industriezeitalters facettenreicher geworden. Doch eine auf die postindustrielle Dienstleistungsökonomie zugeschnittene Theorie läßt sich mit dem alten Instrumentarium nicht entwickeln – ohne einen Paradigmenwechsel bleibt die Sphäre diesseits der menschenleer gewordenen Fabrik ohne ökonomische Substanz.

Bis ins 20. Jahrhundert haben Theoretiker zuweilen noch über ‚Konsumtion' geredet, die keineswegs identisch war mit dem Output des ökonomischen Systems, sondern Produktion und Leben miteinander ins Gemenge brachte. Ohne Bedenken entfaltete man dabei die Konstellation des Grundbausteins (Ernährer)-Haushalt. Die industrielle Wirtschaftsweise stand und fiel mit der Gepflogenheit des Mannes, sein Wohlergehen und das Leben seiner Kinder vertrauensvoll an eine – in seinem Haushalt nicht-arbeitende – Konsumentin abzutreten. Ihren „kleinen, freundlichen Händen" oblag es, die Produkte ihres tüchtigen Gatten in Mittel für das Leben umzumünzen.[2] Sie tat es nicht im eigenen, sondern in seinem Namen – der sowieso ja auch der ihre war.

Am Beginn des 3. Jahrtausends unserer Zeitrechnung ist die patriarchale Ehe als Schaltstelle des Wirtschaftens nicht mehr zeitgemäß. Wir sollten uns vor Augen führen, daß die Verbannung der Frau in die ‚Angehörigkeit' und die Reduktion von ‚Arbeit' auf materielle Produktion aufs engste miteinander verknüpft sind. Frauen aller Kulturen und aller Kontinente haben Produktions- und Versorgungsarbeit immer als Einheit betrachtet. Produktive, auf die Herstellung von Gebrauchswerten ausgerichtete Arbeit ist aus dieser Sicht nur eine der vielen Aufgaben, die es zum Wohle der Gemeinschaft zu erfüllen gilt.

Feministische Ökonominnen haben sich auf die Suche nach anderen Prinzipien des Wirtschaftens gemacht. Ihr Motto ‚Out of the Margin' ist doppeldeutig. Es bezeichnet nicht nur einen Wechsel der Blickrichtung von der Peripherie ins Zentrum, sondern enthält auch die Forderung, die Randständigkeit von Care-Arbeit aufzuheben bzw. auszugleichen. Wie dies geschehen kann, bedarf einer

2 Lorenz v. Stein 1886, zit. nach Stiefel 1990.

intensiven gesellschaftlichen Diskussion. Eines ist sicher: Die Sorge für das Wohlergehen der Generationen läßt sich nicht allein von Frauen verantworten: Arbeit und Nichtarbeit, Ökonomie und Leben müssen ganz neu diskutiert und zueinander in Beziehung gesetzt werden.

LITERATUR

Arendt, Hannah (1981), Vita Activa oder Vom tätigen Leben, München.

Bund/Misereor [Hg.] (1996), Zukunftsfähiges Deutschland, Basel.

Friedman, Milton (1984), Kapitalismus und Freiheit, Frankfurt/M.

Giarini, Orio/Liedtke, Patrick (1998), Wie wir arbeiten werden, Hamburg.

Gorz, André (1980), Abschied vom Proletariat, Frankfurt/M.

Gorz, André (1989), Kritik der ökonomischen Vernunft, Berlin.

Rifkin, Jeremy (1997), Das Ende der Arbeit und ihre Zukunft, Frankfurt/M.

Stiefel, Elisabeth (1990), Hausarbeit und das Bruttosozialprodukt, in: informationen für die frau, Januar.

Stiefel, Elisabeth (1997), Natur und Frauen im Prozeß des Produzierens, in: Zukunftsfähiges Deutschland – Zukunft für Frauen? Memorandum der AG Frauen im Forum Umwelt und Entwicklung, Bonn.

Renata Fuchs

Arbeit/slosigkeit, Geschlecht und Psyche

1. Arbeit

> Arbeit ist ein Zentralbegriff des Menschseins,
> so wie Freiheit oder Tod oder Liebe.
> *Gerhard Schwarz*

‚Arbeit' ist ein Wort, das den Alltag jedes Menschen bestimmt und durch den Alltag immer wieder aufs neue gestaltet wird. Auf gesellschaftlicher Ebene strukturiert Arbeit Beziehungen, ermöglicht den Zugang zum öffentlichen Raum und politischer Partizipation. Die Bedeutung, die der Arbeit in modernen Gesellschaften zugesprochen wird, läßt sich an der Tatsache ermessen, daß das „Recht auf Arbeit" seit 1949 in den Menschenrechten verankert ist.

Innerhalb der Industriegesellschaften haben sich bestimmte Implikationen zum Begriff ‚Arbeit' durchgesetzt, die unausgesprochen mitgedacht werden und die von der erlebten und gelebten Realität (immer mehr) abweichen:

1. „Richtige Arbeit" ist Erwerbsarbeit, d.h. Arbeit, die entlohnt wird.
2. „Richtige Arbeit" ist Arbeit in dem Beruf, den frau/man gelernt hat.
3. „Richtige Arbeit" ist Vollzeitarbeit (im Rahmen einer 40-Stunden-Woche) und bedeutet finanzielle Absicherung.
4. „Richtige Arbeit" ist die Eintrittskarte in die Gesellschaft und deren politische Institutionen (Kammern, Berufsverbände, Gewerkschaft).
5. „Richtige Arbeit" bestimmt den Status der Menschen innerhalb der Gesellschaft.

Die moderne Gesellschaft wurde durch den Kampf um diese, mittlerweile nicht mehr selbstverständlichen ‚Voraussetzungen' des Begriffs Arbeit sowohl ökonomisch, als auch politisch strukturiert.

„Arbeit ermöglicht ein anonymes weltweites Aneinandergebunden-sein von Menschen, schafft Sanktions- und Gewaltmonopole außerhalb der unmittelbaren Lebensräume, lockert persönliche Abhängigkeiten auf, setzt klare Zeitstrukturen, ist imstande, zusammen mit der Ökonomie soziale Widersprüche aufzulösen, oder auch in Bewegung zu halten, gibt Sicherheit durch zentralen Risikoausgleich, Versicherungen und ähnliche Institutionen und leitet – Hegel spricht von ‚gehemmter Begierde' – Irrationalitäten des Menschen in Rationalität über, oder blinde Gewalt in kanalisierte Gewalt" (Heintel 1997:98).

Für Frauen war und ist der Zugang zur – scheinbar – rationalen Arbeitswelt mit der Hoffnung verbunden, sich aus der Abhängigkeit von (Ehe)Mann und Familie befreien und die gesellschaftliche Struktur der Ungleichheit zwischen den Geschlechtern verändern zu können. Gleichzeitig haben sie die oben genannten Voraussetzungen in eine prekäre Situation gebracht.

2. Arbeit und Geschlecht

> Politik und Kultur haben sich auf der Basis einer fundamentalen Verleugnung entwickelt: Auf der Verleugnung des Frauenkörpers und, ausgehend davon, der Verleugnung aller möglichen Formen weiblicher Existenz...
>
> *Libreria delle donne di Milano*

1. Frauen tragen die Hauptlast der Verantwortung für Haushalt und Familie, aber ihre Leistungen im Privatbereich werden – auch von ihnen selbst – nicht als ‚richtige Arbeit' anerkannt.
2. Das Erlernen eines Berufs ist für Frauen noch immer nicht selbstverständlich (in Österreich haben über 40% der Frauen keine Berufsausbildung).
3. Die Lohnschere zwischen Männern und Frauen beträgt, bei gleicher Ausbildung und Arbeitszeit, 30 – 40% und ist trotz den Bemühungen der Frauenbewegung, trotz Frauenministerium und der Einrichtung von Gleichbehandlungsbeauftragten in den letzten Jahren gewachsen. Die meisten Frauen müssen ihre Einbindung in den Erwerbsarbeitssektor mit den Notwendigkeiten der Reproduktionsarbeit abstimmen, um den familiären Bedürfnissen gerecht zu werden. Dies geschieht vor allem in Form von Teilzeitarbeit bzw. geringfügiger Beschäftigung. Innerhalb der EU sind 80% der – großteils sehr schlecht bezahlten – Teilzeitarbeitsplätze von Frauen besetzt.
4. Damit sind die meisten Frauen Grenzgängerinnen zwischen öffentlicher und privater Sphäre ohne politische Gestaltungsmöglichkeit. Denn Entscheidungen werden in Gremien getroffen, in denen Frauen als Frauen gar nicht vertreten oder aber deutlich unterrepräsentiert sind.
5. Der Status von Frauen innerhalb der Gesellschaft bestimmt sich durch ihre Einbindung in die Arbeitswelt *und* durch ihre Rolle als Ehefrau und Mutter.

Ich finde es noch immer und immer wieder erstaunlich, daß eine Gesellschaft, die auf der Arbeitsteilung zwischen Männern und Frauen aufgebaut ist, in der ‚männliche' Erwerbsarbeit bezahlt wird und ‚weibliche' Reproduktionsarbeit unbezahlt bleibt, mit relativ wenig Reibung funktioniert. Auch wenn unbezahlt mit unbezahlbar erklärt wird, weil Zuwendungen aus ‚Liebe' einem anderen

Wertsystem und damit einer anderen Ökonomie zugehören, bedeutet diese Aufteilung für Frauen, daß sie entweder mindestens doppelt so viel arbeiten müssen oder finanziell abhängig sind. Das Thema wird individualisiert und, gemessen an seiner Relevanz, öffentlich weitgehend tabuisiert. Die österreichische Frauenministerin, die sich getraut hatte, eine großangelegte Werbeaktion in allen Medien für ,Halbe/Halbe' zu initiieren, wurde kurz danach von ihrer Partei abgesetzt.

Nachdem sich mittlerweile die Hegemonie der Wirtschaft durchgesetzt hat, gibt es keine politische bzw. staatliche Institution, die in der Lage wäre, allgemein verbindliche Lösungsmöglichkeiten für diesen strukturell bedingten Widerspruch zu er/finden. Selbstverständlich macht es einen Unterschied, ob versucht wird Frauen voll ins Arbeitsleben zu integrieren (wie es in Österreich die Intention des Frauenministeriums war), oder ob Kindererziehung (geringfügig) finanziell honoriert wird (verlängertes und erhöhtes Karenzgeld, Kinderscheck). Aber der grundsätzliche Widerspruch kann dadurch nicht gelöst werden. Im Endeffekt wurde und wird der Umgang damit auf eine individuelle Ebene verschoben.

3. Arbeit, Konsum und Leistung

Fachmenschen ohne Geist,
Genußmenschen ohne Herz.
Andrea Maurer

Der Zusammenhalt der Gesellschaft wird durch die Werte einer Arbeitsethik konstituiert, deren Rigidität durch das Ansteigen der Arbeitslosigkeit und durch die damit verbundene Konkurrenz unter den ArbeitnehmerInnen verschärft wird. Anders läßt sich nicht erklären, wieso eine generelle Verkürzung der Arbeitszeit politisch nicht durchsetzbar ist. Pflichterfüllung durch Arbeit ist zum Selbstzweck geworden, dem sich alle unterwerfen (müssen). Die Bezeichnung ,Konsumgesellschaft' ist in diesem Kontext irreführend, weil dabei verschleiert wird, daß Konsum allein das Gefühl der Teilhabe an der Gesellschaft nicht gewährleistet. In einer stillschweigenden Übereinkunft wird Arbeit im Sinne von Produktion Konsum als Freizeitvergnügen und Erholung gegenübergestellt. Im Sinne von ,Nur wer arbeitet, darf sich auch etwas gönnen, bzw. wer arbeitet, muß sich als Ausgleich etwas gönnen dürfen'. Diese Gegenüberstellung von Arbeit und Konsum/Freizeit verdankt sich einem androzentrischen Blick. Für Frauen heißt Konsum vor allem ,Einkaufen Gehen', d.h., die Beschaffung des Lebensnotwendigen, und ist Teil der von ihnen erbrachten Reproduktionsarbeit.[1]

1 Vor einiger Zeit haben SoziologInnen in einer Studie untersucht, wieviel Zeit Einkaufen täglich in Anspruch nimmt und berechnet, wieviel Geld eine Volkswirtschaft einspart, indem diese ,Arbeit' unbezahlt geleistet wird.

Innerhalb der Erwerbsarbeitsgesellschaft ist die unterschiedliche Leistung der Menschen anerkannte Basis für Differenzierung und Hierarchisierung: Wer mehr arbeitet, leistet mehr und kann sich dadurch mehr leisten. In Berichten und Artikeln über ManagerInnen (der Karriereteil der Tageszeitung *Der Standard* ist ein gutes Beispiel dafür) wird immer explizit angeführt, wie lang ihr Arbeitstag dauert, und zwar mit der Betonung auf ‚lang'. Ich habe die Vermutung, daß der dabei immer wieder angegebene 12 bis 14-stündige Arbeitsalltag nicht nur die Unentbehrlichkeit und den fast übermenschlichen Einsatz dokumentieren, sondern auch Mitleid erregen soll. Die Grenzziehung zwischen privat und öffentlich bewirkt, daß Frauen, die solche Arbeitsleistung durch die Anforderung von Familie und Erwerbsarbeit aufbringen müssen, aus dieser Form der Honorierung ausgeschlossen werden.

4. Arbeitslosigkeit

> Es gibt in der modernen Wirtschaftswelt eigentlich nur noch zwei Kategorien, die Schnellen und die Toten.
>
> *Klaus Ottomeyer*

Die oben genannten Implikationen für ‚richtige Arbeit' sind nicht nur für Frauen problematisch, sondern betreffen in zunehmendem Ausmaß auch Männer. Die traditionelle, männliche Berufsbiographie – Schule, Berufsausbildung, Einbindung in eine Firma, Pensionierung – ist brüchig geworden. Die ‚Arbeitsgesellschaft' ist in der Krise, immer mehr Menschen sind von Arbeitslosigkeit bedroht oder betroffen.

Eine paradoxe Situation ist eingetreten, denn erstmals in der Geschichte korreliert Wirtschaftswachstum mit dem Abbau von Arbeitskräften. Rationalisierung bringt Gewinn und die Dotierung der Aktien eines Unternehmens an der Börse steigt, sobald bekannt wird, daß eine Entlassungswelle geplant ist.

Diese Entwicklung bewirkt eine tiefgreifende Veränderung des politischen Systems, dessen Grundlage in Europa durch die institutionalisierten Interessenvertretungen der UnternehmerInnen und der ArbeitnehmerInnen gebildet wurde. In Österreich stehen derzeit Arbeiterkammer und Gewerkschaft unter Legitimationsdruck. Ihre schwerfälligen Strukturen können mit den Veränderungen der Wirtschaft und deren Auswirkungen auf die Beschäftigten (Deregulation, prekäre Arbeitsverhältnisse) nicht Schritt halten und nachdem Wirtschaftswachstum und Vollbeschäftigung nicht mehr korrelieren, sind ihre Verhandlungsmöglichkeiten zunehmend eingeschränkt. Die Transferierung der Agenden ‚Arbeit' vom Sozial- zum Wirtschaftsministerium sind ein deutliches Zeichen der Veränderung einer Machtkonstellation.

Nachdem aber, paradoxerweise und kaum hinterfragt, noch immer an der Prämisse, gesellschaftliche Einbindung könne nur über die Teilhabe an der Arbeitswelt gewährleistet werden, festgehalten wird, ist Vollbeschäftigung EU-weit eines der wichtigsten politischen Ziele. Modelle, wie Partizipation und Verteilung unabhängig vom Arbeitskontext zu bewerkstelligen wären, scheinen derzeit nicht vorstellbar.

Es scheint, als hätte das Gespenst der Arbeitslosigkeit alle paralysiert.

Im öffentlichen Diskurs wird Arbeitslosigkeit zwar als strukturelles Phänomen erkannt und benannt, aber die meisten Maßnahmen des Arbeitsmarktservice (Beratung, Weiterbildung, Wiedereingliederungsbeihilfen etc.) setzen an der Einzelperson an, weil die Politik kaum Möglichkeiten hat, auf das Wirtschaftssystem Einfluß zu nehmen. Die Ohnmacht der Politik in diesem Kontext wird öffentlich kaum benannt bzw. diskutiert und das bewirkt, daß die Verantwortung für den Verlust des Arbeitsplatzes bzw. für Arbeitslosigkeit dem/der einzelnen Betroffenen zugeschoben wird. Diese Haltung kann auch als Abwehrmechanismus verstanden werden: Wenn Arbeitslosigkeit ein strukturelles, politisch aber nicht lösbares Phänomen ist, gibt es keine Garantie dafür, nicht selbst eines Tages von Arbeitslosigkeit betroffen zu sein. Indem die Schuld den Betroffenen zugeschrieben wird, kann die Illusion der persönlichen Einflußnahme auf die Arbeitsplatzerhaltung aufrechterhalten werden. Gleichzeitig können eigene Existenzängste abgespalten werden, indem Leistungsstolz und Identifikation mit dem Arbeitsplatz gegen angebliche Leistungsverweigerung ausgespielt werden: Hier die Gruppe der Berufstätigen, ‚Anständigen' (J. Haider), dort die Gruppe der Verweigerer, der Arbeitslosen, die in der ‚sozialen Hängematte' (A. Khol[2]) liegen. Größtmöglicher persönlicher Einsatz wird mit Selbstverständlichkeit erwartet und mit Selbstverständlichkeit erbracht; gleichzeitig ist es für die/den einzelne/n notwendig, einen Balanceakt zwischen Leistungsethik und Leistungsverweigerung zu vollführen, um Kräfteverschleiß und zu große emotionale Abhängigkeit vom Arbeitsplatz zu verhindern. Wer sich nicht schont, ist persönlich gefährdet (psychische und physische Gesundheit, soziale Kontakte) – wer sich schont, dessen Arbeitsplatz ist gefährdet. Der zunehmende Konkurrenzdruck zwischen ArbeitnehmerInnen stellt eine psychische Belastung dar, die zunehmend über Mobbing ausagiert wird.

Der Arbeitsplatz wird als der Ort angesehen, über den der gesellschaftliche Wert eines Menschen aufgrund seiner Leistung sozial und finanziell bestätigt wird. Aus diesem Grund ist eine Kündigung immer eine traumatische Erfahrung, selbst wenn diese als Rationalisierungsmaßnahme erfolgt. Das Erleben der Ersetzbarkeit der eigenen Person stellt eine Kränkung dar, die um so schwerwiegender ist, je stärker die Identifizierung mit der beruflichen Tätigkeit war. Der

2 Andreas Khol, Klubobmann der Österreichischen Volkspartei. Die ÖVP bildet seit 4. Februar 2000 gemeinsam mit der Freiheitlichen Partei Österreich (FPÖ) die Regierung. Bis 1. Mai 2000 war Jörg Haider deren Parteiobmann.

Verlust des Arbeitsplatzes zieht immer ein Infragestellen des eigenen Wertes nach sich – um so mehr, wenn damit ein Abgleiten in die Armut verbunden ist.

Es scheint, als wäre die jahrhundertelang ersehnte Möglichkeit, ohne Zwang zur Arbeit überleben zu können, zum Zeitpunkt ihrer Realisierbarkeit jenseits der gesellschaftlichen Vorstellungskraft (Fuchs/Susman 1999:10f.).

5. Arbeit und Psyche

> Die tägliche Erfahrung scheint einen spektakulären Rückgang des Innenlebens zu demonstrieren. Wer hat heute noch eine Seele?
>
> *Julia Kristeva*

Die Verwandlung des Begriffs Seele zu Psyche verdankt sich dem Übergang vom religiösen zum psychologisch-therapeutischen Paradigma, das auf die Herstellung einer inneren, wissenschaftlich faßbaren Ökonomie zielt. Leib und Seele eröffnen andere Dimensionen als Körper und Psyche. Der transzendente Charakter der Seele verträgt sich nicht mit der Rationalität der herrschenden Ökonomie und Politik. Insofern ist der Tod der Seele nicht Konsequenz, sondern möglicherweise Prämisse für die moderne Gesellschaft. Die Psyche ist vermeßbar und behandelbar. Psychische Gesundheit wird als Ware gehandelt, kann als solche am Markt angeboten werden und gilt als Voraussetzung für das Erreichen des wichtigsten Ziels: Erfolg.

„Die von Streß bedrängten Frauen und Männer von heute haben es eilig, zu gewinnen und zu verteilen, zu genießen und zu sterben, und ersparen sich jene Repräsentation der Erfahrung, die man psychisches Leben nennt. Die Handlung und ihre Kehrseite, die Preisgabe, treten an die Stelle der Sinndeutung. Man hat weder die nötige Zeit noch den nötigen Raum, um sich eine Seele zu bilden" (Kristeva 1994:13).

Entfremdung

Karl Marx definiert Arbeit ursprünglich als tätige Auseinandersetzung des Menschen mit der Umwelt, die seiner Selbstverwirklichung dient. In der Industriegesellschaft wird allerdings durch Arbeit mittels Arbeitsteilung und der Wichtigkeit, die dem Privateigentum beigemessen wird, ein Prozeß der Verdinglichung der Menschen und ihrer Beziehungen in Gang gesetzt. Bedingt durch diesen gesellschaftlichen Charakter der Arbeit ist Entfremdung kein individuelles, sondern kollektives Schicksal.

„Mit der Verwertung der Sachenwelt nimmt die Entwertung der Menschenwelt in direktem Verhältnis zu. Die Arbeit produziert nicht nur Waren, sie produziert sich selbst und den Arbeiter als eine Ware und zwar in dem Verhältnis, in welchem sie überhaupt Waren produziert“ (Karl Marx EB 1:511).

Ein weiterer Aspekt von Entfremdung äußert sich darin, daß (Erwerbs)Arbeit nicht die Befriedigung eines Bedürfnisses darstellt, sondern als Mittel dient, um Bedürfnisse außer ihr zu befriedigen. Dadurch wird das Leben selbst zum Mittel der physischen Existenz reduziert. Arbeit ist nicht mehr Lebenszweck, sie dient als wichtigste Möglichkeit des Gelderwerbs. In der bürgerlichen Gesellschaft schenken die einzelnen ihrem Besitz, dem Geld, der Sache mehr Vertrauen als ihren Mitmenschen. Die Folge ist die dritte Form der Entfremdung: die Entfremdung des Menschen vom Menschen.

Der Hort des Glücks

Die Priorität von Eigentum gegenüber Leben, von ‚Haben‘ gegenüber ‚Sein‘ zeigt sich in der Alltagssprache in der Formulierung ‚Glück haben‘, im Gegensatz zu ‚glücklich sein‘.

Das Substantiv, die Substanz Glück wird durch Besitz repräsentiert. Für Frauen heißt das: einen (Ehe)Mann haben, Kinder haben, einen Beruf und in Folge einen gutbezahlten Job haben, weiters diverse Güter wie ein Haus, Auto/s etc. Für Männer gilt die gleiche Aufzählung, nur in umgekehrter Reihenfolge.

Wo sich etwas als Eigentum ausdrückt, findet sich auch der Wunsch nach Anhäufung. Nach Kluge/Negt haben glückliche Momente von sich aus nicht die Fähigkeit eine Akkumulation herzustellen. Es ist unmöglich, Augenblicke des Glücks zu horten, festzuhalten. Glück verhält sich zu Unglück wie gelebtes Leben zu ungelebtem Leben, wie lebende Arbeit zu toter, entfremdeter Arbeit. Es ist nichts darin enthalten, was die quantifizierbare Form von Raum- und Zeitteilen hat, durch die in der Warensammlung der Industrie die Addition erfolgt.

„Es ist nicht so, daß ich immer Glück empfinde, wenn ich an denselben Ort zurückkehre, an dem ich glücklich war. Räume und Zeiten, in denen ich unglücklich war, machen mich aber immer traurig“ (Kluge/Negt 1981:929).

Individualisierung

„Der von sich selbst besessene moderne Mensch ist vielleicht ein leidender, doch reuloser Narziß. Der Schmerz trifft ihn körperlich: Er somatisiert“ (Kristeva 1994:14).

Die Anforderung an persönliche Flexibilität in Beziehungen und Beruf finden ihren Ausdruck in Patchworkfamilien und Patchworkidentität. In keinem Bereich der Gesellschaft wird Stabilität, Dauer oder Erfahrung als Wert gehandelt. Im Gegensatz dazu reagiert die Seele der Menschen langsam und nachtragend.

Nach Julia Kristeva findet das psychische Leben des modernen Menschen zwischen psychosomatischen Symptomen und der Inbildsetzung seiner Begierden über die Medien statt. Der Körper erobert das unsichtbare Territorium der Seele.

Viele Frauen kompensieren zunehmend ihre Überforderung durch Familie und Erwerbsarbeit/slosigkeit mittels psychischen Erkrankungen, wie Schlafstörungen, Panikattacken, Depressionen und der Träumerei vor dem Fernseher. Als Patientinnen werden sie von ihren Hausärzten großzügig mit Psychopharmaka versorgt, die heile Welt in den vorabendlich gesendeten Famlienserien läßt sie ihre Enttäuschung an der Realität und ihre zunehmende Sprachlosigkeit zumindest vorübergehend vergessen.

Die Machbarkeitsphantasien, die derzeit so beliebt sind und über eine Flut von Frauenratgebern verbreitet werden, mit dem Motto: ‚Erfolg' ist nur eine Frage der Selbstorganisation, verführen zu der Illusion, daß gesellschaftliche Realität durch Selbstdisziplin veränderbar ist. Scheitern wird als persönliche Fehlleistung interpretiert und nicht als Indiz für eine Veränderung der Welt, die für viele und vor allem für Frauen immer weniger Repräsentations- und Gestaltungsraum bietet.

In Österreich wurde vor einigen Jahren als Reaktion gegen zunehmende Desintegration, Armut, Fremdenfeindlichkeit und Rassismus eine Organisation als Ausdruck der Zivilgesellschaft gegründet, die sich SOS Mitmensch nennt. Der internationale Notruf „SOS" ist die Abkürzung für Save Our Souls: Rettet unsere Seelen.

LITERATUR

Arendt, Hannah (1967), Vita Activa oder Vom tätigen Leben, München.

Beck, Ulrich (1999), Schöne neue Arbeitswelt, Frankfurt/M.

Beer, Ursula [Hg.in] (1987), Klasse Geschlecht. Feministische Gesellschaftsanalyse und Wissenschaftskritik, Bielefeld.

Fleisch, Renate u.a. [Hg.in] (1995), 54% der Welt den Frauen. Umverteilung von A–Z, Bregenz.

Fuchs, Renata/Susman Krista (1999), Arbeit und Psyche, Festschrift des Vereins Zentrum für Beratung und Kommunikation, Krems.

Heintel, Peter (1996), Zukunft der Arbeit. Zugänge zum Thema Arbeit und Arbeitslosigkeit, in: Paul-Horn.

Hutterer-Krisch, Renate [Hg.in] (1996), Psychotherapie, Lebensqualität und Prophylaxe. Beiträge zur Gesundheitsvorsorge in Gesellschaftspolitik, Arbeitswelt und beim Individuum, Wien, Berlin, New York.

Kamper, Dietmar/Wulf, Christoph [Hg.] (1988), Die erloschene Seele, Berlin.
Kristeva, Julia (1994), Die neuen Leiden der Seele, Hamburg.
Libreria delle donnedi Milano (1988), Wie weibliche Freiheit entsteht, Berlin.
Marx, Karl (1977/1932), Ökonomisch-philosophische Manuskripte, MEW Eb.1, Berlin.
Maurer, Andrea (1994), Moderne Arbeitsutopien, Opladen.
Negt, Oskar/Kluge Alexander (1981), Geschichte und Eigensinn, Frankfurt/M.
Ottomeyer, Klaus (1998), Flexibilisierung, Lohnarbeiteridentität und ‚Tachiniererjagd'. Arbeitsrealitäten und politische Inszenierung, Vortrag auf dem Kongreß „Arbeit + Psyche" in Steyr.
Paul-Horn, Ina [Hg.in] (1997) Transformationen der Arbeit. Prozeßwissenschaftliche Erforschung einer Grundkategorie, Wien.
Schwarz, Gerhard (1996), Utopien der Arbeit, in: Paul-Horn.
Sennett, Richard (1998), Der flexible Mensch, Berlin.
Verein *Frauenhetz* [Hg.] (1995), Differenzen und Vermittlung. Feminismus – Bildung – Politik, Wien.

Karin Hirschmüller

Frauen in den österreichischen „Nationalen Aktionsplänen zu Beschäftigung"

Mit dem Gipfel in Amsterdam 1997 schrieb die EU in Anbetracht der seit Jahren steigenden Erwerbslosenzahlen einen sogenannten „Beschäftigungstitel" in ihre Gründungsverträge ein. Dieser sieht vor, daß die einzelnen Mitstaaten ihre Beschäftigungspolitik an den durch die EU-Kommission erstellten „Beschäftigungspolitischen Leitlinien" orientieren. Die Länder halten die diesbezüglich von ihnen geplanten und gesetzten Maßnahmen zur Steigerung der Beschäftigung jährlich in den „Nationalen Aktionsplänen" (NAP) bzw. daraufhin in den „Umsetzungsberichten" fest, welche auf EU-Ebene beobachtet und beurteilt werden.

Aus feministischer Sicht interessiert natürlich die Frage, wie Frauen in diesen Aktionsplänen vorkommen, und ob positive Veränderungen auf die (Arbeitsmarkt-)Situation von Frauen zu erwarten sind. Von Bedeutung kann hierfür zukünftig auch das Politikkonzept des „Gender Mainstreaming" sein, das eine durchgängige Berücksichtigung von Frauen auf allen Entscheidungsebenen und in allen Politikbereichen einfordert und dessen deutliche Forcierung durch die EU sich im österreichischen NAP von 1999 im Vergleich zu dem aus 1998 – wenn auch begrenzt – niederschlägt.

Um den engen Verschränkungen der österreichischen Beschäftigungspolitik mit den Vorgängen auf EU-Ebene gerecht zu werden, widme ich mich im vorliegenden Artikel[1] nicht nur der Frauenberücksichtigung österreichischer Aktionspläne und dem Konzept des Gender Mainstreaming, sondern frage auch danach, welcher Stellenwert dem Beschäftigungstitel im Vergleich zu anderen Politikbereichen der EU zukommt und wie die frauenpolitischen Ansätze der EU-Beschäftigungspolitik innerhalb eines Politikkonzeptes zu beurteilen sind, das nach wie vor auf Grundsätzen neoliberaler Wirtschafts- und Marktvorstellungen beruht.

Frauen in den österreichischen Nationalen Aktionsplänen[2]

Die Schwerpunktbereiche der Nationalen Aktionspläne sind durch die „Beschäftigungspolitischen Leitlinien" der EU vorgegeben. Sie betiteln sich mit „I – Ver-

1 Dieser gründet sich auf die von mir zu dieser Thematik geschriebene Diplomarbeit.

2 Der neueste österreichische NAP des Jahres 2000 lag bei Redaktionsschluß dieser Publikation leider noch nicht vor, weshalb sich die folgenden Ausführungen auf die Aktionspläne der Jahre 1998 (BMAGS/BMwA/BMUK 1998) und 1999 (BMAGS/BMwA 1999) beziehen.

besserung der Vermittelbarkeit", „II – Entwicklung des Unternehmergeistes", „III – Förderung der Anpassungsfähigkeit von Arbeitgebern und Arbeitnehmern" und „IV – Chancengleichheit zwischen Frauen und Männern". Letzterer beinhaltet neben der Karenz-, Wiedereinstiegs- und Vereinbarkeitsthematik auch die Reduktion der Frauenarbeitslosigkeit und Steigerung der Beschäftigung und explizit den Abbau geschlechtsspezifischer Unterschiede am Arbeitsmarkt. Darüber hinaus findet sich seit den Leitlinien von 1999 an dieser Stelle auch die ausdrückliche *Verpflichtung* für die EU-Mitstaaten, das Prinzip des Gender Mainstreaming anzuwenden. Dieses fordert von den VerfasserInnen der Aktionspläne die frauenspezifischen Maßnahmen nicht auf den Chancengleichheits-Schwerpunkt zu reduzieren, sondern durchgängig geschlechtsspezifische Überlegungen miteinzubeziehen.[3]

Während im österreichischen NAP[4] 1998 Frauen außerhalb des Schwerpunktes IV nur an wenigen Stellen (vor allem im Bereich der Qualifizierung und bei Unternehmungsgründungen) explizit Erwähnung finden, kommen frauenspezifische Fragestellungen und Sichtweisen in der Version des Jahres 1999 insgesamt öfter vor – eine Entwicklung, die durch die Verpflichtung zum Gender Mainstreaming jedenfalls unterstützt wurde. So werden beispielsweise bei neuen Arbeitsplätzen im Dienstleistungssektor Frauen nicht nur in Gesundheits- und Sozialberufen, sondern auch in technologisch-innovativen Tätigkeitsfeldern gesehen.

Ein Großteil dieser positiven Veränderungen bewegt sich auf der Ebene der Analysen der Ausgangslagen. Diese stellen beispielsweise die geschlechtsspezifische Segregation des Arbeitsmarktes, das Berufswahlverhalten bei z.B. Lehrlingen und die Problematik niedriger Fraueneinkommen relativ umfassend dar und betonen Zusammenhänge etwa mit gesellschaftlichen Rollenbildern, deren Vermittlung und Festigung in den Schulen und mit der Verteilung unbezahlter und bezahlter Arbeit und auch der Erwerbsarbeit zwischen den Geschlechtern. Dies legt einen umfassenden Ansatz bei der Beseitigung der Diskriminierungen von Frauen am Arbeitsmarkt nahe.

Auf der Ebene der geplanten Maßnahmen allerdings – und diese ist ja vorerst für die Umsetzung ausschlaggebend – finden sich die in den Analysen festgehaltenen Frauenspezifika nur in geringerem Maß wieder: So gibt es keine verbindlichen Maßnahmen zur Beseitigung der geschlechtsspezifischen Einkommensunterschiede, keine Maßnahmen für weibliche Lehrlinge in nicht-traditionellen Berufen oder zur Forcierung des Zuganges von Frauen zum Bereich der Neuen Technologien. Die wenigen Maßnahmen zu horizontaler Segregation sind durch Unkonkretheit, Unverbindlichkeit und das fast gänzliche Fehlen fi-

3 Genauere Auseinandersetzung siehe weiter unten.

4 Eingebunden in die Verhandlungen und Formulierungen waren Ministerien (BMAS, BMwA und 1998 auch das BMUK) und Sozialpartner.

nanzieller Festlegung nur wenig geeignet, umfassende positive Veränderungen für Frauen zu bewirken.

Schließlich fehlen frauenspezifische Maßnahmen auch dort, wo schon die Analyse die geschlechtsspezifischen Diskriminierungen ausblendet. In diesem Zusammenhang fällt der von den Sozialpartnern verhandelte und konkretisierte Schwerpunkt III, die „Förderung der Anpassungsfähigkeit von Arbeitgebern und Arbeitnehmern"[5] an sich ändernde wirtschaftliche Rahmenbedingungen, besonders auf: Bereits bestehende geschlechtsspezifisch unterschiedliche Betroffenheiten (etwa bei Arbeitszeitflexibilisierungen, Teilzeitarbeit und prekären Beschäftigungen) werden völlig ignoriert. Da bei den Sozialpartnern entweder jegliches Bewußtsein hierüber fehlt oder aber dieses sich in den Verhandlungen zur Formulierung nicht durchsetzen konnte, findet sich hier nicht einmal auf unverbindlichster Ebene ein Bekenntnis dazu, einer zukünftigen weiteren Verschlechterung der Situation für Frauen entgegenzuwirken!

Die oft prekäre Situation von MigrantInnen wird im gesamten NAP (wie auch in den Leitlinien auf EU-Ebene) völlig ausgespart. Die einzige diesbezügliche Erwähnung betont, daß bei der „Zulassung von neuen Arbeitskräften aus Drittstaaten auch weiterhin auf die Verträglichkeit mit dem österreichischen Arbeitsmarkt Bedacht genommen" werden soll (BMAGS /BMwA 1999:5).

Ausgehend von den im NAP 1999 geplanten Maßnahmen könnten sich folgende Auswirkungen auf die Erwerbsarbeits- und Erwerbslosigkeitssituation von Frauen zeigen: Die Entstehung neuer Arbeitsplätze im Bereich sozialer Dienstleistungen kann ein Steigen der Erwerbstätigkeit ebenso unterstützen wie z.B. die vorgesehenen zusätzlichen Kinderbetreuungsplätze mit bedarfgerechteren Öffnungszeiten. Allerdings ist in diesem Zusammenhang auch auf Prognosen zu den Beschäftigungsveränderungen hinzuweisen, die vermuten, daß von den angestrebten 100.000 neuen Beschäftigten bis zum Jahr 2002 allein 70.000 durch günstiges Wirtschaftswachstum verursacht werden würden (Pastner 1998:16).

Dem Problem der geschlechtsspezifischen horizontalen und vertikalen Segregation wird durch den NAP 1999 kaum entgegengewirkt. Den zusätzlichen Arbeitsplätzen in frauentraditionellen Bereichen stehen keine Maßnahmen gegenüber, die Frauen beim Zugang zu Neuen Technologien unmittelbar unterstützen und die Maßnahmen, die den Mädchen im Schulsystem untypische Ausbildungswege eröffnen sollen, stellen zu vereinzelte Bemühungen dar, um durchschlagende Veränderung erwarten zu lassen.

Die grundsätzliche Verkürzung der Normalarbeitszeit kann unter bestimmten Bedingungen dazu beitragen, die bezahlte Arbeit nicht nur auf mehr Menschen, sondern auch gleichmäßiger zwischen den Geschlechtern aufzuteilen. Ein bestehendes Ungleichgewicht beim Zugang zu bezahlter Arbeit wird zwar konsta-

5 In der Version des Jahres 1998 ist es übrigens genau dieser Teil, der die männliche Sprache verwendet und sich damit vom übrigen gesplitteten Gebrauch abhebt.

tiert,[6] eine generelle Arbeitszeitverkürzung wird aber ausgeschlossen. Einzelne Maßnahmen wie jene zur Reduktion von Überstunden sind äußerst unverbindlich formuliert (Überstunden „sollten" reduziert werden – „soweit betriebswirtschaftlich machbar") und beinhalten keine geschlechtsspezifische Zielsetzung.

Die oben beschriebenen Analysen frauenspezifischer Arbeitsmarktsituationen finden sich wie erwähnt auf der Ebene der konkreten Maßnahmen nur in geringem Ausmaß wieder. Ihr Wert könnte aber immerhin darin liegen, für die Formulierungen der Aktionspläne der folgenden Jahre Anknüpfungspunkte zu bieten und die Verhandlungsposition derjenigen zu stärken, die die Ableitung von konkreten Zielen und Maßnahmen fordern. Durch den Regierungswechsel in Österreich im Februar 2000 scheint jedoch die Möglichkeit einer positiven Bezugnahme auf diese umfassenden Analysen verschwindend gering – vor allem in Anbetracht der Erklärungen und Handlungen, die diese Regierung in ihrer bisherigen kurzen Amtszeit zu Frauen-, Wirtschafts- und Sozialpolitik[7] getätigt hat. Anfang Mai d.J. soll der österreichische Nationale Aktionsplan 2000 an die EU-Kommission übermittelt werden und wird dann für eine Beurteilung vorliegen.

Das Politikkonzept des „Gender Mainstreaming" zur Durchsetzung von Chancengleichheit

Mit dem Schwerpunkt IV der beschäftigungspolitischen Leitlinien erfährt „Chancengleichheit" eine deutliche Aufwertung gegenüber den früheren Diskursen zur Beschäftigungspolitik in der EU. Sucht frau nach den Motiven dafür, warum die Ermöglichung gleicher Chancen und gleicher Bedingungen am Arbeitsmarkt nun zu den politischen Zielsetzungen in einem der Politikbereiche der EU gehört, ist folgendes Zitat der Europäische Kommission (1997:9) aufschlußreich: „Wie die Kommission in ihren Berichten zur Demographie darlegte, wächst die Bevölkerung im arbeitsfähigen Alter gegenwärtig viel langsamer als in den letzten zwanzig Jahren und wird in den nächsten zehn Jahren abnehmen. Längerfristig ist daher eine weitere Zunahme der Beschäftigung notwendig, um unseren Lebensstandard zu halten. Das europäische Gesellschaftsmodell hängt von einer stärkeren Erwerbstätigkeit der Frauen ab."

6 Männer arbeiten überwiegend in Vollzeitbeschäftigungen mit zusätzlichen Überstunden, Frauen dagegen überdurchschnittlich in Teilzeit und in geringfügigen Beschäftigungsverhältnissen.

7 So z.B. das rechtskonservative Frauenbild in der Regierungserklärung, die Abschaffung des Frauenministeriums und Subsumierung von Frauenpolitik unter Familie; die Schaffung eines Bundesministeriums für Wirtschaft und Arbeit, das nur möglich wird, indem Interessensgegensätze zwischen ArbeitnehmerInnen und ArbeitgeberInnen geleugnet werden; die sehr konkreten Bestrebungen, ArbeitnehmerInnenvertretungen die finanziellen Grundlagen zu entziehen.

Hier wird deutlich, daß die Bemühungen, Frauen stärker als bisher ins Beschäftigungssystem zu integrieren,[8] nicht primär gesellschaftspolitisch-emanzipatorischen Werthaltungen entspringen,[9] sondern vielmehr dem wirtschaftlichen Zweck der Aufrechterhaltung und Mehrung des Wohlstandes der EU dienen sollen. – Anzumerken ist darüber hinaus an dieser Stelle auch, daß etwa eine Aufhebung von Arbeitsverboten für MigrantInnen zur Erreichung dieses Zieles durch die Argumentationslinie in obigem Zitat implizit ausgeschlossen wird.

Die politische Strategie, die die Erreichung des Zieles der „Chancengleichheit" auf breitester Ebene unterstützen soll, ist das Prinzip des Gender Mainstreaming. Gender Mainstreaming meint „die (Re)Organisation, Verbesserung, Entwicklung und Evaluierung politischer Prozesse, mit dem Ziel, eine geschlechterbezogene Sichtweise in alle politischen Konzepte, auf allen Ebenen und in allen Phasen durch alle an politischen Entscheidungsprozessen beteiligten AkteurInnen einzubeziehen" (BMAGS /BMwA 1999:38).

Das bedeutet am Beispiel des NAP, daß in allen Phasen, also in jeder Analyse, bei jeder Zieldefinition, bei allen Indikatoren und Budgets und bei jeder Maßnahme von den EntscheidungsträgerInnen und VerhandlerInnen zu hinterfragen wäre, wie sich die Ausgangssituationen und Auswirkungen bezüglich der Geschlechter darstellen. Zu den Voraussetzungen für eine erfolgreiche Umsetzung des Gender Mainstreaming gehören neben dem expliziten politischen Willen also auch die Unterstützung der zuständigen Stellen in Form von Information, Qualifikation und Bewußtseinsbildung und die Definition geeigneter Indikatoren zur effektiven Evaluierung der Umsetzungsmaßnahmen (vgl. Lutz/Pimminger 1999:16). Mit diesem sehr umfassenden Ansatz und dem Anspruch, alle EntscheidungsträgerInnen in den Prozeß einzubinden, könnten Frauen auch jenseits der Beschäftigungspolitik überall dort auf das Konzept des Gender Mainstreaming zurückgreifen, wo sie in geschlechtergemischten Zusammenhängen frauenbezogene und feministische Handlungsweisen und Umgänge einfordern.

Neben den möglichen positiven Auswirkungen des Ansatzes wird in der Literatur (u.a. BEIGEWUM 1998:40; Schunter-Kleemann 1998:26ff.) auch auf die Gefahr der Verdrängung von Frauenschwerpunkten hingewiesen. EntscheidungsträgerInnen könnten – so die Befürchtung – den Gender Mainstreaming-Ansatz dazu verwenden, bei Frauenfördermaßnahmen in Hinkunft stärker abzuwinken. Um dies zu verhindern, wird von vielen Seiten heftig für die Parallelität beider politischer Ansätze plädiert. So vom Ausschuß für soziale Angelegenheiten und Beschäftigung: „Das Mainstreaming Prinzip darf auf der anderen Seite aber nicht als Rechtfertigung für die Abschaffung spezieller Gleichberechtigungsmaß-

8 Die geschlechtsspezifischen Unterschiede bei den Beschäftigungsquoten betragen im EU-Durchschnitt ca. 20%, siehe: BEIGEWUM 1998:42.

9 Wiewohl ich diese Werthaltungen nicht einzelnen, auf EU-Ebene Tätigen absprechen möchte.

nahmen benutzt werden. Mainstreaming heißt keineswegs, daß Forderungen nach Gleichberechtigung mit dem Argument abgetan werden können, die Arbeit für Gleichberechtigung sei doch bereits in allen anderen Aktivitäten enthalten. Zusätzlich dazu, daß die Gleichberechtigung als fester Bestandteil in alle politischen Maßnahmen eingebunden wird, brauchen wir dennoch weiterhin spezielle Gleichberechtigungsmaßnahmen, Gleichberechtigungsreferate, -beauftragte und Geldmittel" (zit. nach Schunter-Kleemann 1998:20).

Radikalere Kritik am Konzept des Gender Mainstreaming kommt von Susanne Schunter-Kleemann. Sie ortet Gender Mainstreaming als einen Versuch, die „neoliberale Ordnungspolitik der Konservativen fortzuführen, aber durch eine modernere und versöhnlichere Rhetorik zu ergänzen" (1999:2). Das Konzept des homo oeconomicus würde im Gender-Mainstreaming-Ansatz lediglich modernisiert und auf das weibliche Geschlecht angewandt werden, ohne daß sich die tatsächlichen gesellschaftlichen Grundstrukturen, die Machtverhältnisse und Verteilungsungleichgewichte verändern würden. Eine von Schunter-Kleemann konstatierte Schwäche, die sich bei der Anwendung des Konzeptes typischerweise zeigt, findet sich – wie bereits dargestellt – auch im österreichischen NAP wieder: die Einbeziehung frauenspezifischer Sichtweisen zwar auf der Ebene der Postulate und Analysen, aber mangelnde Umsetzung in der politischen Praxis sowie auch mangelnde finanzielle Festlegungen.

Beschäftigungspolitik als Teil des EU-Politikkonzeptes

Einer neoliberalen Wirtschaftspolitik folgend standen seit Gründung der Europäischen Gemeinschaft primär Regelungen zum „Gemeinsamen Markt" im Zentrum des wirtschaftspolitischen Interesses. Andere Politikbereiche wurden als Unterstützung auf dem Weg zur Erreichung dieses Zieles gesehen und daher jedenfalls als nachrangig betrachtet (BEIGEWUM 1996:56). Die hohen Erwerbslosenquoten innerhalb der EU Ende der 80er Jahre machten eine Aufnahme der Diskussion zu „Beschäftigung" jedoch immer dringlicher. Das „Weißbuch zu Wachstum, Wettbewerbsfähigkeit, Beschäftigung" aus dem Jahr 1993 markiert den Beginn einer Trendwende; seine positiven Konsequenzen blieben durch die rechtliche Unverbindlichkeit aber auf die Einleitung eines Diskussionsprozesses beschränkt. Während sich im „Weißbuch" noch *keinerlei* geschlechtsspezifische Betrachtung von Arbeitslosigkeit findet, bekennt sich das Essener „Fünf-Punkte-Programm" zur Bekämpfung von Arbeitslosigkeit (1994) zwar zu Chancengleichheit und zur Steigerung der Frauenerwerbstätigkeit, frauenbezogene Maßnahmen werden aber ausschließlich gemeinsam mit anderen „von Arbeitslosigkeit besonders betroffenen Gruppen" vorgeschlagen. Auch das Programm von Essen stellt lediglich Empfehlungen dar und hat keinerlei Rechtsverbindlichkeit.

Die Verankerung eines eigenen Beschäftigungstitels in die Gründungsverträge, die 1997 in Amsterdam vollzogen wurde, stellt somit die bislang bedeutungsvollste und umfangreichste Behandlung des Themas „Beschäftigung" in der Geschichte der EU dar. Allerdings kam der Beschluß des Beschäftigungstitels nur im Gegenzug mit dem ebenfalls für den Amsterdamer Gipfel zur Verabschiedung vorgesehenen „Pakt über Stabilität und Wachstum" zustande. Tatsächlich setzt dieser sogenannte Stabilitätspakt deutliche monetäre Grenzen für die Finanzierung von beschäftigungspolitischen Bemühungen der Mitstaaten, weil Länder, deren Haushaltsdefizite den im Maastrichter Vertrag festgelegten Rahmen überschreiten, mit finanziellen Sanktionen(!) belegt werden.

Demgegenüber sieht der Beschäftigungstitel zwar für die Mitstaaten eine Berichtspflicht über die Umsetzung der NAPs und deren Überprüfung durch den Europäischen Rat vor. Reaktionen sind aber nur im Rahmen von Empfehlungen und Rügen durch Rat und Kommission möglich. Bei unzureichenden politischen Maßnahmen im Bereich Beschäftigung werden – anders als bei monetären Zielen – keine Sanktionen angedroht, was den Vorrang von Preisstabilitätszielen gegenüber Beschäftigungszielen der EU verdeutlicht und weiterhin fortschreibt. Das Bekenntnis der EU zu Beschäftigung als wesentlichem Politikbereich ist daher ein eingeschränktes, weil den monetären Zielen eindeutig untergeordnetes.

Zweifellos muß der NAP vor dem Hintergrund dieser neoliberalen Wirtschaftspolitik der EU gesehen werden. Dementsprechend sind auch die Schwerpunkte gesetzt, die zur Reduktion von Arbeitslosigkeit gewählt wurden. Die Leitlinie zur „Entwicklung des Unternehmergeistes" ist grundsätzlich dem Leitsatz der Befreiung des Marktes von staatlichen Hindernissen verpflichtet. Schwerpunkt I und III weisen schon in ihrer Begriffsverwendung („Vermittelbarkeit", „Anpassungsfähigkeit") darauf hin, daß die Handlungsnotwendigkeiten primär in der Anpassungsleistung der Arbeitslosen gesehen wird: Zunehmende „Beschäftigungsfähigkeit" ist das Ziel.

Eine umfassender angelegte makroökonomische Beschäftigungspolitik sieht demgegenüber den Arbeitsmarkt in seinem gesamtwirtschaftlichen Zusammenhang mit anderen Feldern der Wirtschaftspolitik und umfaßt folgerichtig auch eine koordinierte Geld-, Fiskal- und Steuerpolitik (vgl. BEIGEWUM 1998:15ff.). Der NAP stellt kein solches Konzept zur Steigerung der Beschäftigung durch gesamtwirtschaftlich gesetzte Nachfrageimpulse dar.

Zusammenfassend bleibt festzuhalten, daß die auf EU-Ebene gesetzten Signale zur umfassenderen Berücksichtigung von frauenspezifischen Fragestellungen durch „Chancengleichheit" und „Gender Mainstreaming" von Feministinnen genutzt und vor allem auch weiter forciert werden sollen. Da sie jedoch nicht isoliert von ihren Einbettungen gesehen werden können, wird im weiteren Verlauf einer feministischen Auseinandersetzung auch die Kritik an der grundsätzlichen Ausrichtung der EU-Politik wieder verstärkt zu führen sein.

LITERATUR

BEIGEWUM (1996), Was hat der EURO mit den Arbeitslosen zu tun?, Wien.

BEIGEWUM (1998), Der NAP ist da! Wo bleiben die Jobs? Leitlinien für eine emanzipatorische Beschäftigungspolitik, Wien.

BMAGS/BMwA/BMUK (1998), Nationaler Aktionsplan für Beschäftigung, Österreich.

BMAGS/BMwA (1999), Nationaler Aktionsplan für Beschäftigung, Österreich.

BMAGS (1999), Chancengleichheit von Frauen und Männern. Die Umsetzung des arbeitsmarktpolitischen Zieles im Europäischen Sozialfonds in Österreich, Wien.

Europäische Kommission (1997), Mitteilung der Kommission: Leitlinien für beschäftigungspolitische Maßnahmen der Mitgliedstaaten 1998.

Lutz, Hedwig/Pimminger, Irene (1999), Chancengleichheit zwischen Frauen und Männern in den Maßnahmen für Arbeitslose, in: BMAGS, Wien.

Pastner, Ulrike (1998), Gender Aspects of the Austrian National Action Plan, Wien.

Schunter-Kleemann, Susanne (1998), „Mainstreaming“ – die Geschlechterfrage und die Reform der europäischen Strukturpolitik, in: Zeitschrift für Frauenforschung des Institutes Frau und Gesellschaft, 16. Jg., Nr. 3.

Schunter-Kleemann, Susanne (1999), ESF-Interventionen und Gender-Mainstreaming in Deutschland – methodologische und politische Überlegungen, Typoskript zur Fachtagung „Europa – und alles wird gut? – Chancen und Grenzen der Gleichstellungspolitik des Europäischen Sozialfonds in Österreich“ am 21. Juni 1999 in Wien.

Irmgard Schultz

Nitribitt heute

Oder: Die Geschlechtlichkeit der Zeit=Geld-Verbindung im Ökologiezeitalter[1]

Nitribitt war die berühmteste Hure im Nachkriegsdeutschland. Ihre Geschichte ist 1996 zum dritten Mal verfilmt worden. Sie kann als die unendliche Geschichte von der Verbindung der Frauen mit dem Geld angeschaut werden, die immer wieder neu erzählt wurde und immer wieder aufs neue zeigt, daß es eine unglückliche Verbindung ist.

In der ökonomischen Analyse wird zumeist die Verbindung von Zeit und Geld über die als neutral (als leere Hülle, als leere Schachteln) gedachte Arbeitszeit hergestellt, die in Stunden, Tage und Wochen unterteilt wird und damit Anteil hat an der Unendlichkeit der linearen Zeit in die Zukunft hinein. Hier soll am Beispiel der Geschichte der Nitribitt demgegenüber die Aufmerksamkeit auf *die Verbindung von Geld und Lebenszeit* gelenkt werden. Die Bindung der Zeit ans Geld, der in unserer Gesellschaft alle Menschen mit der Unausweichlichkeit einer Naturgewalt unterworfen sind, stellt sich in der Wahrnehmung der einzelnen Individuen täglich aufs neue als die *Bindung der Zukunft ans Geld* dar, als das eiserne Naturgesetz, für das Essen und Wohnen Geld zur Verfügung haben zu müssen und die eigene Zukunft im Hinblick auf Gelderwerb zu planen. Ein Zugang zu einer sozial-ökologischen Zeitpolitik – und es kann und muß ein Zugang unter anderen sein – liegt deshalb in der Auseinandersetzung mit der sozialen Geschlechtlichkeit der *biografischen Zeit* und ihrer unterschiedlichen Normierung im Hinblick auf Lebensplanung und Gelderwerb in verschiedenen historischen Zeiten.

Die *biografische Zeit*, die in Lebensabschnitten gezählt wird und einen Anfang und ein Ende hat, ist gleiche Zeit und ungleiche Zeit zugleich, gleiche Zeit und dennoch Männerzeit und Frauenzeit. Denn Zeit ist nicht gleich Zeit, wenn sie – wie in unserer Kultur seit der Französischen Revolution – als leere, formale Hülle gedacht wird, in die Unterschiedliches hineingesteckt werden kann.[2] In

1 Dieser Text wurde bereits publiziert in: Sabine Hofmeister/Meike Spitzner (Hsg.), Zeitlandschaften. Perspektiven öko-sozialer Zeitpolitik (Edition UNIVERSITAS) © 1999 S. Hirzel Verlag, Stuttgart, S. 183–199. Wir danken dem Hirzel-Verlag für die freundliche Nachdruck-Genehmigung.

2 Die verschiedenen Dimensionen der Zeitwahrnehmung und des Zeitverständnisses zu verschiedenen historischen Zeiten, die Differenz zwischen objektiver und subjektiver Zeit, die unterschiedlichen Zeitkategorien, die anhand des Modells der Uhr, des Modells des Kalenders und des Modells der Jahresbilanzierung entwickelt wurden, grammatikalische Zeitformen wie das Subjuntivo und speziell die Zeitform der vollendeten Zukunft interpretiere ich in meinem Buch „Der erregende Mythos vom Geld“ auf dem Hintergrund unterschiedlicher Formen des Geldverkehrs (Antike) und der Geldwirtschaft (Neuzeit). Eine Vorstellung von einer „leeren“ Zeit ist erst mit der

jeder neutralen Stunden- und Wochenzeit-Hülle, die als Erwerbsarbeit gezählt wird, steckt in den westlichen, demokratischen Gesellschaften immer qualitativ Verschiedenes: die Lebenszeit von Männern oder die Lebenszeit von Frauen. Was aber für die Männer Aufstieg und Erfolg und Teilhabe an der Unendlichkeit der linearen Zeit bedeuten kann, ist für Frauen primär durch die moralisch-weiblich definierte Lebenszeit bestimmt und nimmt oft ein böses Ende, wie uns die Geschichte der Nitribitt lehrt. Oder ist das heute anders?

1. Nitribitt in der Sicht der sechziger Jahre

Am 1. November 1957 wurde Rosemarie Nitribitt tot im Frankfurter Hof aufgefunden, ermordet. Es heißt, sie hätte zu viel gewußt. Hohe Politiker, Industrielle und Finanzbosse seien ihre Kunden gewesen. Und einer (von ihnen, so wird in Frankfurt gemunkelt), der den Todesauftrag gab, wollte sein Gesicht nicht verlieren. Deshalb mußte die Nitribitt sterben.

Nitribitt – „Das Mädchen Rosemarie" – war schon zu Lebzeiten ein Mythos. Was in der amerikanischen Erfolgsideologie für einen Mann der Aufstieg vom Tellerwäscher zum Millionär ist, das verkörperte die Nitribitt als Frau: eine, die es aus eigener Arbeit geschafft hat, eine echte Self-Made-Woman. Das Mädchen Rosemarie war eine, die schon früh ihr Leben geplant hat und die wußte, was sie wollte, nämlich rauskommen aus dem kaputten Frankfurter Bahnhofsviertel und den Aufstieg schaffen, der sich sinnfällig manifestierte in der Zugangsberechtigung zum teuersten Hotel der Stadt. Das dokumentieren die beiden Filme, die zu Beginn der sechziger Jahre über sie gedreht wurden.

Die Nitribitt verkörpert hier nicht den Mythos von der großen Kurtisane, die von einem König oder Edelmann ausgehalten wird. Diese Literatur gewordene Hurenromantik schriftstellernder Männer des 18. und 19. Jahrhunderts scheint im Medium Film lediglich als zitierter Bodensatz unseres kollektiven Gedächtnisses auf. Das älteste Gewerbe der Welt wird am Beispiel der Nitribitt in der zweiten Hälfte des 20. Jahrhunderts als harte *Frauenarbeit* gezeigt. Die Erfolgsideologie des „Sich-nach-oben-Schaffens" machte auch vor den Frauen nicht mehr halt. Mitte der sechziger Jahre begann in der Bundesrepublik Deutschland der massenhafte Eintritt der Frauen, vor allem der Mütter, in den formellen Arbeitsmarkt. Erwerbsarbeit ist für Frauen seitdem kein vorübergehender Lebensabschnitt vor der Kinderphase mehr, sondern umgekehrt, die Kinderphase ist (wenn sie gewählt wird) häufig eine vorübergehende Lebensphase innerhalb des Erwerbsarbeitslebens einer Frau. In den sechziger Jahren versprach die Erwerbs-

Vorstellung einer politischen Gleichheit durch die Französische Revolution durchgesetzt worden (Schultz 1994, besonders Teil 3). Zentrale Argumentationen dieses Artikels habe ich dort ausführlicher dargelegt.

arbeit den Tüchtigen, so sie das Geschäft der Lebensplanung richtig verstanden, ein erfolgreiches Leben. Und war eine hübsch wie die Nitribitt, gewitzt und ein bißchen mehr zielstrebig als andere, warum sollte sie sich nicht ein glamouröses Leben durch harte Körperarbeit ermöglichen?

Zweierlei wurde in der Darstellung der Geschichte der Nitribitt in der Sicht dieser Zeit deutlich: Erstens zahlt auch die klügste Hure letztlich einen hohen Preis für ihren Erfolg. Der Film vermittelt die Botschaft, daß die Verbindung von weiblicher Lebenszeit und eigenem Geld offensichtlich eine unglückliche Verbindung ist. Zweitens zollte der Sechziger-Jahre-Zeitgeist der Nitribitt aber Beifall, gerade weil sie Erfolg hatte. Ihr Geld und der damit verbundene glamouröse Aufstieg war nicht das Resultat von einfach nur Glück, so wie jener sagenhafte *Fortunatus* der deutschen Volksliteratur des 15. Jahrhunderts einfach nur Glück hatte, als er, unschuldig verarmt, durch den finsteren Wald einer sich auf Gelderwerb umstellenden Zeit irrte, wo er auch mangels richtiger Lebensplanungskompetenz unweigerlich umgekommen wäre, wenn ihm nicht *Frau Fortuna* mit ihrem sich nie erschöpfenden Geldsäckel begegnet wäre. Fortuna – das unberechenbare Glück – beschenkte den Fortunatus, während sie andere, die nicht weniger unschuldig verarmt waren, im undurchschaubaren Wald der zukunftsentsicherten Zeit elendig zugrundegehen ließ.

Die Nitribitt hatte demgegenüber schon als Jugendliche das Geschäft mit der Zeitplanung begriffen und Lebensplanungskompetenz gezeigt. Und sie hatte ihr Ziel längst erreicht, als sie – noch nicht dreißigjährig – ermordet wurde. Die Sicht der beginnenden sechziger Jahre auf die Nitribitt stellte diesen Willen zu einer eigenen, sich selbst schaffenden Biografie ins Zentrum des Filmgeschehens. In der sich enttraditionalisierenden Nachkriegsära der Bundesrepublik herrschte auch für Frauen Aufbaulogik. Und die Nitribitt versuchte dieser Logik zu gehorchen. Sie wußte genau, daß es in einer auf Geldökonomie gegründeten Gesellschaft darauf ankommt, die eigene Lebenszeit zielstrebig zu gestalten und die leiblich-endliche Hülle der Zeit mit dem Erwerb von Geld, von mehr Geld und noch mehr Geld auszufüllen.

Zu Zeiten des *Fortunatus* war die Vorstellung einer eigenen Biografie hingegen noch lange nicht in Sicht. Eine „Biografie" entstand für die Menschen der mitteleuropäischen Gesellschaften erst im 18. Jahrhundert. Sie wurde parallel zur Vorstellung einer Kindheit ausgebildet. Indem die soziale Menschwerdung als Entwicklung begriffen wurde, der als vorgeschaltete Entwicklungsstufe zum Erwachsensein eine Kindheit zugedacht wurde, faßte das aufgeklärte moderne Denken den gesellschaftlichen Menschen als entwicklungsgeschichtliches Produkt. Analog wurde die Gattungsgeschichte des Menschen als nationalökonomische Entwicklungsgeschichte gedacht, die in der griechischen Antike ihre (noch mythische) Kindheit erlebte und in der ausgebildeten Nationalökonomie des 19. Jahrhunderts ihre vernünftige, das heißt erwachsene, Entwicklungsstufe erreicht hat. Der neue, seit Lamarck und Darwin entwicklungsbiologisch fundierte Produktions- und Arbeitsbegriff der Aufklärung wurde zur Grundlage für das gesellschaftliche Menschenbild und für das Selbstverständnis über bürgerliche Beziehungsformen. Evolution – das ist gattungsgeschichtliche Entwicklung, ein Begriff, der sich vom französischen *evolutioner* = „auswickeln“ ableitet – wurde jedoch für die soziale Menschwerdung der Männer und der Frauen unterschiedlich ausgelegt.[3] Der Entwicklungsprozeß zum Manne führte idealtypisch zur Vollendung eines politischen und ökonomischen Individuums. Der „Auswicklungsprozeß“ zur erwachsenen Frau führte hingegen zur sittlichen Gattin und Mutterschaft für die Kinder des angetrauten Gatten. Die erwachsene Frau war in diesem Schema als ein Resultat ihrer „natürlichen“ Anlagen gedacht, die durch bürgerliche Erziehung und Kultivierung zu voller Reife als Gattin und Mutter gebracht wurden. Ihre Lebenszeit war streng gesehen mehr naturgeschichtlich als naturrechtlich definiert. Der erwachsene Mann war demgegenüber als ein Produkt seiner eigenen, vernünftigen Entwicklungsarbeit gedacht, ein „self-made-man“. Die Vorstellung einer „self-made-woman“ war im 19. Jahrhundert noch nicht denkbar.

Im 15. und 16. Jahrhundert war hingegen die Vorstellung einer evolutionsgeschichtlichen Untermauerung der gesellschaftlichen Mann-Frau-Vorstellungen noch unvorstellbar. Lebenszeit war noch nicht in ein analoges Entwicklungsschema zu so etwas wie einer gattungsgeschichtlichen Zeit gesetzt. Die Menschen waren im Gebiet des späteren Mittel- und Westeuropa des biografischen Zeitzählens noch kaum mächtig. So fand der historische Anthropologe Keith Thomas erst im 16. Jahrhundert Spuren eines biografischen Zeitbewußtseins in England. „Wenn im 1599er-Zensus von Ealing zu lesen steht (...)“ – schreibt er – „(...) daß Annis Lawrence zwei Kinder im Alter von vier und einem Jahr besaß und außerdem einen Säugling von neun Monaten, während sie selbst 67 Jahre zählte, dann wird deutlich, daß noch nicht jeder die Sprache der Zahlen zu beherrschen gelernt hatte“ (Thomas 1988:38). Für die Ausstellung von Geburts- und Sterbeurkunden, Testamenten usw. wurde mit Durchsetzung des neuzeitlichen Staates die Angabe eines Alters verlangt. Wer nicht bis 20 zählen konnte, galt im Süden Englands ab dem 16. Jahrhundert amtlich registriert als Idiot. „Den größten Druck, das eigene Alter zu wissen, übten die Anwälte und die Gesetzesgeber und Bürokraten auf die Leute aus“ (Thomas 1988:139).

In den Stadtwirtschaften, vor allem in den Zünften mit ihren engmaschigen Systemen an lebensweltlichen Normierungen, machten die politischen Ordnungsgebote sich schon früher als biografisierender Zähldruck geltend. So steht in einem Statut des Bäckeramtes zu Hannover aus dem Jahr 1481: „Auch haben wir

3 Die Ausbildung evolutionärer Vorstellungen in der Wissenschaftsdisziplin der Biologie analysiert Elvira Scheich in ihrer Bedeutung für den modernen Naturbegriff und für das moderne Verständnis der Geschlechterdifferenzen (Scheich 1993).

eine Bestimmung, daß niemand unser Amt ergreifen soll, wenn er nicht 24 Jahre ist, es sei denn, er hat eine Frau aus dem Amt" (Kuhn/Ketsch 1983:153). Die Vorschrift besagte also, daß nur der Bäcker, der eine Bäckerin (Bäckermeistertochter) heiratete, schon mit weniger als 24 Jahren die Bäckermeisterei ausüben durfte. Offensichtlich konnten die Stadtbürgerinnen und Stadtbürger zu dieser Zeit in Hannover ihre Lebenszeit zählen. Offensichtlich wird an diesem Zitat aber auch, daß der Status des Bäckers in diesem Fall durch die familienwirtschaftliche Stellung seiner Frau definiert wurde und nicht umgekehrt ihre Stellung durch seinen politisch definierten Individualismus. Ein Denken in Kategorien des männlichen Besitzindividualismus war dem 16. Jahrhundert noch fern.

Die Historikerin Natalie Zemon Davis bezeichnet die spezifische Form der „Individualisierung", die mit der geldwirtschaftlichen Verbindung von Staats- und Familienform im 16. Jahrhundert entstand, als *Familienindividualismus* (Zemon Davis 1986). In diesem Sinne erzählt die Geschichte des Fortunatus wie viele ähnliche Volkserzählungen des 15. und 16. Jahrhunderts von der „Familienindividualisierung" der damaligen Gesellschaft durch die aufkommende staatliche Geldwirtschaft. Fortunatus Geschichte zeigt, „daß die soziale Identität nicht (mehr) von der Geburt bis zum Tod garantiert ist (...)" und daß die Volksbuchhelden versuchen, „(...) sich durch eigene Aktivität einer sozialen Identität zu vergewissern" (Bachorsky 1983:34).

Das 16. Jahrhundert gilt als das Jahrhundert des aufdämmernden Zeitzählens. Erst im 16. Jahrhundert wurde die einzelne Aufzählung aller 365 Tage üblich. Noch im 15. Jahrhundert wurden die im kommenden Jahr zu erwartenden Mondphasen verzeichnet (Wendorff 1980). Kalender waren die am meisten verbreiteten Druckerzeugnisse. Mit dem großen Interesse an Kalendern war auch ein Interesse an der Deutung der Sterne verbunden, an Astronomie und Kartenlegen. Damit kam die Metapher vom *Schicksal als Dame Fortuna* auf. Das Bild von der Zukunft, die in den Sternen liegt, drückte die Reproduktions- und Existenzperspektive von Menschen aus, die aus der feudalen Versorgungsordnung entlassen waren, aber noch kein neues System der Zukunftssicherung im Rücken hatten. Zwar baute das Feudalsystem auf Leibeigenschaft auf, es beinhaltete aber auch ein System der Versorgung der Armen. Erst die Städte und der neuzeitliche Staat verkehrten das mittelalterliche Existenzsicherungssystem in ein System der Verfolgung und Vertreibung der Armen. Franz Irsigler und Arnold Lassotta haben die Geschichte dieser Ausschlußpraktiken gegen arme Fremde und Außenseiter der Stadt Köln für die Zeit von 1300 bis 1600 beschrieben. Es ist die Geschichte eines städtisch-ordnungsrechtlichen Systems der Schließung der Tore und der Vertreibung. Zu den Ausgeschlossenen und Vertriebenen zählten immer an erster Stelle auch die Prostituierten (Irsigler/Lassotta 1989).

Nitribitt hat versucht, aus der Geschichte der Prostitution, die eine Geschichte der staatlichen Verfolgung verarmter Frauen ist, „fürs Leben zu lernen". Daß sie den Verheißungen der Erwerbsarbeits-Aufbaulogik und den Erfolgsversprechungen ihrer Zeit besser nicht vertraut hätte, das hat Nitribitt nicht begriffen. Was hat sie falsch gemacht, daß sie am Ende mit dem Leben für ihren Erfolg bezahlen mußte? Oder handelte die Geschichte der Nitribitt in der filmischen Inszenierung der beginnenden sechziger Jahre noch von etwas anderem als dem mühsamen Geschäft der Lebenszeitplanung der Frauen?

2. Cora Pearl und Celeste Mogador, Top-Kurtisanen des 19. Jahrhunderts. Der Archetyp der Verbindung von Zeit, Geld und Geschlecht

Der Archtetyp der Verbindung von Zeit, Geld und weiblichem Geschlecht ist das Doppelstereotyp von *Hausfrau und Hure*, die im modernen Sittlichkeitsdiskurs untrennbar zusammengehörten wie zwei Seiten einer Medaille. Als Ganzes betrachtet verkörperten sie die gesellschaftliche Verortung der Frau im bürgerlichen Schema von Öffentlichkeit und Privatheit, von offizieller politischer Ökonomie und unsichtbar gemachter Subsistenzwirtschaft sowie von Produktion und Konsumtion. Die *Hausfrau* vertrat dabei die Seite des normativ Erlaubten und Gewünschten, die *Hure* markierte hingegen mit ihrer bloßen Existenz die Grenzen bürgerlicher Normalität für Frauen. Ihr Terrain lag auf dem sozialen Feld des Kriminellen und Abartigen, das mit der Eigenständigkeit einer gattenlosen weiblichen Existenz verbunden wurde, die auf eigenem Gelderwerb gründet.

Dorothea Mey hat in ihrem Buch über „Die Liebe und das Geld“ die Entstehung des Stereotyps von der Ménagère (Hausfrau) in den Schriften der „Väter der Soziologie“ (Comte, Michelet und Proudhon) in der zweiten Hälfte des 19. Jahrhunderts aufgezeigt. Sie interpretiert das Hausfrauenstereotyp dort als Ausmalung eines „Frauenkultes“, der durch Idealisierung der normativ erwünschten Hausfrau die real existierenden Frauen entwirklichte und sie von ökonomischer Handlungspotenz enteignete. Hausarbeit, die unbezahlte Arbeit der Frauen, wurde idealisierend als „Liebeswerk“ (am Gatten, an den Kindern) verschleiert. Alle drei Theoretiker beschrieben die Frauen durch ihre biologische Natur, zu der diese weibliche Liebe genauso zugerechnet wurde wie die Tatsache, daß den Frauen das lebensgestaltende Sperma fehle. Die medizinische Lehrmeinung dieser Zeit, insbesondere die der neuen Wissenschaftsdisziplin der Physiologie der Frau, die in ihre Schriften Eingang gefunden hat, begründete die moralische Minderwertigkeit und damit zugleich die untergeordnete Stellung der „normalen“ Frau im Verhältnis zu ihrem Mann. Das Fundament der Geschlechterverhältnisse wurde dergestalt biologisch definiert und als Liebe – das heißt als Liebe der Frauen – normativ auszementiert. Die Liebe zum Mann wurde so zur besonderen Natur der Frau.

Erst vor diesem Hintergrund wird die Verfolgung der Prostituierten nicht nur als verarmte, vagabundierende Kriminelle, sondern auch als „Anormale“ verständlich. In den Männerphantasien einiger damit berühmt gewordener Schriftsteller (wie Zola) regierte nicht der Zwang einer existenzsichernden Erwerbsarbeit das Tun der Prostituierten, sondern „Leidenschaft“ zu einem Manne.

Auf dieses 19. Jahrhundert-Bild der Kurtisane, das mit männerphantasierter Triebhaftigkeit der Frau aufgeladen war, spielt das in den Traumfabriken des 20. Jahrhunderts ausgesponnene Bild von der Hure kaum an. Die Film-Nitribitt bezieht ihre Ausstrahlung als irgendwie auch verheißungsvolle, glamourös auratische Prostituierte noch aus etwas anderem, das erst den Stoff abgibt, aus dem in den Filmfabriken echte Mythen entstehen konnten. Dorothea Mey hat diese besondere Aura der Prostituierten als die in der zweiten Hälfte des 19. Jahrhunderts aufkommenden *Konsumverheißungen* einer sich arbeitsteilig ausdifferenzierenden Warenökonomie beschrieben.

Eine ökonomische Basis für die bürgerliche Liebesideologie ist – das ist inzwischen ein Gemeinplatz nicht nur in der historischen Frauenforschung – die Dissoziation von Erwerbsarbeit und Familienleben, von Produktion und Reproduktion. Die Gesellschaft Frankreichs Mitte des 19. Jahrhunderts zeigte darüber hinaus das Aufkommen einer starken Konsumgüterindustrie, den Aufschwung des Handels und die Entstehung von Kaufhäusern, wie etwa das Novotée in Paris. Die Interessen der Menschen wurden erstmalig in größerem Maßstab auf Konsum umgelenkt. In diesem Kontext ist das Doppelbild von Hausfrau und Hure als Ausdruck einer neuen gesellschaftlichen Arbeitsteiligkeit zu sehen, in der die *Konsumtionsarbeit* ausgelagert ist und als Arbeit geleugnet wird. Der idealisierende Frauenkult ist nicht zu trennen vom Entwurf eines nichtökonomischen Bereiches, der als Bereich des häuslichen Glücks konzipiert wurde. Das soziale Verortungsmuster der Frauen funktionierte nach dem Prinzip: „Wo Liebe ist, darf Geld nicht sein. Wo sich die konkrete Nützlichkeit erweisen soll, darf Arbeit, die bezahlt wird, nicht erscheinen“ (Mey 1987:48). Der projizierte Bereich des Weiblich-Anderen diente zur Zurückspiegelung des Glorienscheins des männlich besitzindividualistisch definierten Geldes. Die Verortung der Frauen in einem imaginären Raum des häuslichen Glücks funktionalisierte in diesem Muster der sozialen Territorialisierung die Frauen als Spiegel männlich-ökonomischer Potenz. Gemäß dieser Logik mußte die Konsumtionsarbeit um so mehr als Arbeit geleugnet werden, je mehr die Produktionsspirale ins fortschrittlich-industrielle Tempo kam.

Das Geld bekam damit einen gesellschaftlichen „Ort“, der dadurch gekennzeichnet war, daß er nicht der Ort der Frauen ist. Die weibliche Lebenszeit aber erhielt zugleich einen Naturalisierungseffekt, der gemäß der Dominanz politischer Ökonomie über alle entökonomisierten „Bereiche“ der Gesellschaft dadurch definiert war, daß Frauen ihrer Natur nach „*non* homines oeconomici“ sind.

Auch der Gelderwerb der Prostituierten wurde demgemäß als Abnormität von der „Natur der Frau“, nicht aber als Ökonomie verstanden. Als sich historisch erstmalig so etwas wie Massenkonsum herausbildete, wurde dieser als „nichtökonomischer Bereich“ mit den ebenfalls als „nichtökonomisch“ gedachten Frauen identifiziert. Die Konsumtion als das Andere der Produktion wurde dabei nicht nur zum „Ort“, sondern auch zum „Inhalt“ der Verheißung. Hausfrau und Kurtisane hatten *beide* das „Konsumtionsglück“ zur Schau zu stellen. Den Frauen wurde die Konsumverheißung sozusagen auf den Leib und in die Lebenszeit eingeschrieben.

Damit gewann auch das Prostituiertenbild einen Schimmer idealisierender Verheißung. Auch das Prostituiertenstereotyp gewann als Verkörperung des „Ortes der Frauennichtarbeit“ den Glanz eines Versprechens von Konsumtionsglück. Die Kurtisane wurde zum Bild der Inkarnation des Luxus und der Verschwendung im zweiten Kaiserreich und richtungsweisend für die beginnende Warenästhetik. Es entstand der Modetypus der Grande Dame, die die Kokotte spielte (Mey 1987:64). In diesem Bild war die Kurtisane eine Art internationaler Markenartikel. Die Messen von Paris wären ohne die Kurtisanen undenkbar gewesen. Ihre Aufgabe bestand darin, ostentativ und mit Glanz Geld auszugeben. Die Kleidungen und Wohnungseinrichtungen der Top-Kurtisanen wurden in den damaligen zahlreichen Gazetten ausführlichst gezeigt und besprochen. Mit ihrer Verschwendung und dem Schmuck auf ihrem Körper ver-körperten sie die Potenz ihres Galans, denn nach den öffentlichen Spielregeln war es nicht ihr eigenes Geld, das sie mit Eleganz und Raffinesse öffentlich zur Schau trugen.

Dorothea Mey konfrontiert dieses glamourös aufgeladene Bild von der Kurtisane mit den Lebenserinnerungen der beiden Top-Kurtisanen Celeste Mogador und Cora Pearl, die diese Ende des 19. Jahrhunderts noch zu Lebzeiten veröffentlichten. *Cora Pearls* „Buchhaltermentalität“, mit der sie nüchtern die Geschenke ihrer Liebhaber vermerkt hatte, schockierte die damalige (männliche) Öffentlichkeit. Denn unter dem gloriolen Schein angeblicher Triebhaftigkeit und Leidenschaft wurde Prostitution als penible Frauenarbeit sichtbar (Mey 1985).

Den Wandel von einem standesorientierten Verhalten zu einem durch Mode bestimmten Verhalten reflektierte *Celeste Mogador* in ihren Lebenserinnerungen. Sie beschreibt das modische Verhalten als ein Spiel junger Bürgermänner, das diese ausschließlich unter sich austrugen. Es war ein Spiel von öffentlicher Meinung, Rivalität, Eitelkeit, Neid und Verbrüderung, in der die Frauen die Rolle von Spielsteinen haben, die die Männer hin- und herschoben. Die Kurtisanen, die in diesem Spiel die Edelsteine waren, mußten ostentativ den erwählten Galan vor allen anderen durch ihre Gunst auszeichnen. Sie hatten Kurswert wie die Luxusgegenstände, die sie zur Schau trugen. Ihr Kurswert wäre sofort gefallen, wenn sie ihre Geldgeber mit anderen gleich behandelt hätten (Mey 1987:159).

Was hätte also Nitribitt von Cora Pearl und Celeste Mogador lernen müssen, damit sie hätte am Leben bleiben können? Hat sie sich zu weit ins Feld der hohen Politik und der hohen Ökonomie hineingewagt und sich die falschen Liebhaber genommen, so wie Marilyn Monroe, von der der Mythos sagt, daß auch sie sterben mußte, weil „ein hohes Tier" sein Gesicht nicht verlieren wollte? Oder hätte sie besser bei der 19. Jahrhundert-Buchhaltermentalität bleiben und die Geschenke der Liebhaber auf der Haben-Seite eintragen sollen, statt mit verbürgerlichter Proletenmentalität die eigene Zukunft und Lebenszeit zu planen? Vielleicht ist es aber auch ganz einfach nur so, wie es die Film-Retrospektive zeigt: „Das Mädchen Rosemarie" (so der Film-Titel) hatte es „geschafft". Und weil das mit der damaligen (Sexual-)Moral noch nicht in Einklang zu bringen war, deshalb mußte sie sterben. Zeit=Geld und Geschlecht sind eine unheilvolle Verbindung, wenn das Geschlecht weiblich ist, weil an der weiblichen Lebenszeit eine andere Moral klebt als an der männlichen Lebenszeit. Oder galt dies nur bis Anfang der sechziger Jahre?

3. Nitribitt heute: die Enttraditionalisierung und Re-Traditionalisierung der weiblichen Lebenszeit

Seit den sechziger Jahren ist das öffentliche Interesse an Astronomie und Kartenlegen wieder sprunghaft gestiegen. Auch Astrologie findet unter dem Aspekt der Zukunftsdeuterei – wie damals im 16. Jahrhundert – ein lebhaftes Interesse. Ein Komet ist Anfang des Jahres 1997 am Himmel erschienen und ob er, wie zu Ausgang des Mittelalters, als Vorbote des Endes der Welt zu deuten ist oder als verheißungsvoller Sendbote von *Dame Fortuna*, das ist noch nicht ausgemacht. Die Zukunft liegt für viele offensichtlich viel mehr im dunkeln als vor dreißig Jahren. Nicht Literatur, sondern Lebensratgeber sind die meistverkauften Frauenbücher.

Ein gesellschaftliches System der Zukunftssicherung, das unter der Bezeichnung Sozialstaat über einen Zeitraum von hundert Jahren aufgebaut wurde, ist innerhalb von weniger als zehn Jahren in Deutschland weggebrochen. Wie im 16. Jahrhundert sind viele ihres vertrauten Systems der Existenzsicherung beraubt, ohne daß sie ein neues System der sozialen Reproduktion in Aussicht hätten. Die ersten Städte in Europa haben bereits gegen die Armen ihre Tore geschlossen. Bettler werden wieder vertrieben. Es herrscht nicht mehr kollektiv und individuell erfolgversprechende „Aufbaulogik", sondern „Strukturanpassungslogik" an den Weltmarkt. Der Erfolgsmythos kommt kaum noch als Verheißung der Früchte der eigenen Erwerbsarbeit daher. Spekulierende Spielernaturen in Manageretagen (und im Internet) bestimmen die Zukunft von Millionen (Menschen, Arbeitsplätzen, Geld). *Dame Fortuna* hat in Verbindung mit

Herrn Zufall auf allen Ebenen und in allen Dimensionen, ganz besonders aber in der realistischen Lebens- und Zukunftsplanung, Konjunktur.

Diesen Zeitgeist spiegelt auch die dritte Nitribitt-Verfilmung von 1996 wider. Zwar zeigt das Mädchen Rosemarie auch hier einen starken Willen, „nach oben" und raus aus dem kleinbürgerlichen Mief ihrer Adoptiveltern zu kommen. Aber im Zentrum des Filmgeschehens steht in der Sicht der neunziger Jahre nicht Nitribitts selbstbezogene Aufbaulogik, sondern ihre bemerkenswert traditionalistisch gedeutete Strukturanpassungslogik an die Gunst der Stunde. Diese erkennt sie sofort, als der Zufall in Gestalt eines jungen, reichen Industriellen sich auf einer Festivität zeigt, und packt ihn (in dem legendären roten Sportauto, das er ihr später zum Abschied schenkt), nicht beim Schopfe, sondern an einer empfindlicheren Stelle, worauf er ihr, um es in der Sprache des damit in den Film sichtbar eingeführten Genres der Lore-Romane auszudrücken: „mit Haut und Haaren verfiel". Dies hatte zur fatalen Folge, daß in nicht ganz nachvollziehbarem Umkehrschluß das Gleiche mit dem Mädchen Rosemarie passierte, nur eben dauerhafter und nachhaltiger als bei ihm. Damit verläßt der Film jedes Spannungsverhältnis, das sich in Anspielung an die historische Konstellation der Geschlechterverortung im Hinblick auf die Liebe und das Geld vielfältig inszenieren ließe. Die Dramatik des Geschehens liegt bei diesem Film nicht in der Interaktion der Nitribitt mit einem Kreis von Liebhabern, unter denen sich unerkannt auch der Mordauftraggeber befinden muß (wie in der Inszenierung der sechziger Jahre), sondern in der Versagung ihres sehnlichsten Wunsches, sich einen Millionär *durch Heirat* zu angeln. (Er heiratet nicht sie, sondern kehrt brav zu seiner Verlobten zurück.)

Die Anspielung auf Marilyn Monroe und auf eine ihrer berühmtesten Rollen in dem Film „Wie angle ich mir einen Millionär" ist in der Inszenierung überpräsent. Der ganze Film ist – trotz einer hervorragenden Darstellerin in der Hauptrolle – mehr ein Zitat auf die Filmgeschichte und ein Recyclen der im Monroe-Original viel besser ironisierten Männerphantasien über den Lebenstraum junger Mädchen als eine wie auch immer konzipierte Inszenierung der Geschichte der Nitribitt.

Festzuhalten sind an dieser Verfilmung zwei sich scheinbar widersprechende Charakterisierungen des Prostituiertenbildes: Zum einen wird der Topos von der Heirat als sicherste Zukunftsplanung der Frau wieder eingeführt und damit das Fundament eines traditionalistischen Frauenbildes durch den Film restauriert. Ein reicher Mann scheint in den neunziger Jahren wieder ganz ernsthaft als eine gute Lebensversicherung für eine Frau zu gelten. Gleichzeitig ist in der heutigen (Film-)Sicht auf die Nitribitt jedoch auch ein Schub an Enttraditionalisierung festzuhalten, der im Hinblick auf die Diskussion frauenpolitischer Perspektiven besonders analysiert werden sollte. Im Film spielt die Tatsache, daß Nitribitt eine Prostituierte war, keine besondere Rolle. In der Perspektive der neunziger Jahre ist es egal, wie ein *glamour girl* ihr Geld verdient. Was zählt, ist allein ihre Existenz als glamour girl. Es ist auch unerheblich, ob sie dafür ihre Selbständigkeit aufgibt. Ein (reicher) Ehemann im Hintergrund tut ihrem Ansehen als *Top-Model* keinen Schaden. Was zählt, ist der mediale Erfolg, nicht der Status als Ehefrau oder als Prostituierte, als erfolgreiche Geschäftsfrau, Hausfrau oder Hure. Zu fragen ist, inwieweit dies filmische Verheißung oder eine tatsächlich stattgefundene gesellschaftliche Enttraditionalisierung anzeigt.

Von den sexuellen Normen der Tugendhaftigkeit befreit, welche das Prostituiertenstereotyp ex negativo noch zu Beginn der sechziger Jahre verkörperte, steht das Bild der Nitribitt in der letzten Verfilmung allein für die *Konsumverheißungen* eines sich in blonden Perücken, goldenen Marilyn-Kleidern und rotem Sportwagen erschöpfenden Konsumglücks. Dieses hat offensichtlich auch schon seine Hochkonjunktur hinter sich, denn die vorgeführten Konsumverheißungen der Nitribitt 1996 sind von allen gegenwartsbezogenen Kontexten isoliert und beziehen sich nur noch auf die Film gewordene Geschichte des Imaginären. Der Frankfurter Hof, Sinnbild für den erreichten Status der Nitribitt, kommt in der letzten Verfilmung gar nicht mehr vor. Auch Frankfurts einzigartige Lebenswelt, ohne welche die Nitribitt nie *die* Nitribitt geworden wäre, kommt im Film nicht vor. Die ganze Geschichte ist *entkontextualisiert* und in die Dimension des Filmisch-Virtuellen verschoben.

So verweist das durch die Nitribitt vorgeführte *Konsumglück* auf eine glorreichere Zeit, als die Gesellschaft noch „Konsumgesellschaft" war. Es zeigt eher den Abgesang auf die Ära der großen Kaufhäuser wie dem Novotée in Paris an als wirklich greifbare Verheißungen. Wie schön, könnten wir Feministinnen da in frauen- und zeitpolitischer Hinsicht sagen, uns klebt dieser Mode- und Konsumplunder nicht mehr mitsamt der damit verbundenen Sexual-Doppelmoral auf der Haut und in der Lebenszeit.

Wir können aber die Geschichte auch anders deuten: Je unsicherer die Zeiten und je mehr Dame Fortuna selbst zur einzig reellen Verheißung wird, desto mehr werden alle archtetypischen Reste an kultureller Weiblichkeit aufgeboten, um das Glück und den „richtigen Zufall" an die eigene Lebenszeit zu binden, und desto mehr wird die Ausstattung und Pflege der zweiten, der modegestylten Haut zur zentralen Aktivität der Zukunftssicherung. Dann macht es auch Sinn, dafür viel Geld auszugeben oder „anschaffen zu gehen". Das Vorführen des glamourösen Scheins wird zur zentralen Aktivität, mit der sich Frauen einer sozialen Identität vergewissern, so wie weiland der Fortunatus lernen mußte, durch eigene Aktivität sich einer Identität zu vergewissern.

Auch diese Tendenz könnte mit dem Zeitgeist belegt werden. Noch niemals sind so viele Life-Style-Journale, Frauenzeitschriften und „Schöner Wohnen"-Gazetten im Angebot gewesen wie heute. Aber hat diese Tendenz wirklich die Kraft für eine Identitätsstiftung? Findet im „Bereich" des Privaten wirklich nur

Konsumtion als demonstrative Zurschaustellung von gerade eben gekauften Waren statt? Und beziehen sich Frauenidentitäten noch, wie im 19. Jahrhundert normativ vorgegeben war, auf den „Bereich des Privaten“?

Die enthistorisierte Konsumverheißung eines Stereotyps als „Identitätsmöglichkeit“ zu interpretieren, würde bedeuten, den zentralen filmischen Kunstgriff der *Entkontextualisierung* zu ignorieren. Real existierende Frauenidentitäten setzen sich immer aus einer Vielzahl an Identitätsangeboten zusammen, die in der Geschichte der Idolbildung unter anderem als Heilige und Hure, als Hausfrau und Karrieristin, als Mutter, Glamour Girl oder Hexe personifiziert und zu Leitbildern weiblicher Lebensgestaltung verdichtet wurden (Schultz 1992).

Dorothea Mey gebraucht für die Beschreibung der arbeitsteiligen Ausdifferenzierung der französischen Gesellschaft des 19. Jahrhunderts den Begriff der Konsumtionsarbeit, die komplementär zur Ausbildung einer eigenlogischen Distributionssphäre innerhalb der industriellen Produktion entstand. Erst in diesem gesellschaftlichen Gesamtkontext wird „Konsum“ als ein gesellschaftlicher Erfahrungsbereich, der auf sozialer Territorialisierung beruht, verständlich. „Konsum“ umfaßt mehr als die von Marilyn Monroe (in dem Film „Wie angle ich mir einen Millionär“) unübertrefflich gespielte Lust am Kaufen und Geschenke-Auspacken. Für eine sozial-ökologische Zeitpolitik ist aus frauenpolitischer Perspektive deshalb vor allem darauf hinzuweisen, daß erstens Konsum immer auch Konsumtionsarbeit ist, deren repetitive Anteile (die in der Regel wenig lustvolle Erregungen hervorrufen) überwiegend von Frauen verrichtet werden; und daß zweitens Konsumtion nicht unabhängig vom System der sozialen Existenz- und Zukunftssicherung zu denken ist. Deshalb ist die Konkretisierung eines neuen Systems der Existenzsicherung – ob als Mindestrente oder Bürgergeld oder in anderer Form – eine wichtige Voraussetzung für jede zukunftsbezogene Politik. Die größte „Unvereinbarkeit“ zeigt trotz aller Enttraditionalisierungstendenzen die Verbindung von weiblicher Lebenszeit mit eigenem Geld.

So bringt die letzte Nitribitt-Verfilmung wieder die Tradition des Heiratens als weibliche Zukunftssicherung ins Spiel. Doch der Hure bleibt es verwehrt, Hausfrau zu werden. Wird das Hausfrauendasein am Ende des 20. Jahrhunderts also wieder zur biografischen Verheißung der Frau?

Auch eine solche Tendenzaussage hieße, von Kontextzusammenhängen abstrahieren. Nicht nur in der Geschichte des Imaginären, sondern auch in der Realität existieren unterschiedliche Lebensentwürfe von Frauen: Hausfrauen und Prostituierte, Mütter und Karrieristinnen, vagabundierende Wohnsitzlose, Flüchtlinge und solche, die mehreres zugleich verbinden. In theoretischer Perspektive ist es wichtig, die verschiedenen Seiten des stereotypisierten Frauendaseins immer in ihren Wechselbeziehungen im Blick zu haben. Wird nur eine Seite fokussiert: Erwerbsarbeit oder Haus- und Familienarbeit, Produktion oder Reproduktion, entsteht ein schiefes Bild. Denn die entscheidenden Veränderungen in der

Verbindung von Zeit, Geld und weiblichem Geschlecht haben als Verschiebungen im Gefüge zwischen Erwerbs- und Versorgungsökonomie stattgefunden.

Unter der Perspektive nachhaltiger Entwicklung fokussiert der Ökologiediskurs der neunziger Jahre den Bereich der privaten Haushalte und „den Konsum“ als Ansatzpunkt für die Entwicklung nachhaltiger Konsumgewohnheiten, die zu einer Reduzierung der Energie- und Naturverbräuche und des Abfallaufkommens beitragen sollen. Zwei unterschiedliche Strategien der Thematisierung sind dabei zu erkennen: zum einen eine normativ-ethische Dimension, die in Anknüpfung an die moralphilosophische Tradition der Ausmalung eines „guten Lebens“ auf Konsumeinschränkung und Verhaltensänderung durch Einsicht und rationale Entscheidung setzt. Diese Strategie kann als „entkontextualisierend“ charakterisiert werden, insofern sie die Wechselbezüge zwischen einer konkreten materiellen Umwelt, den spezifischen sozialen Kontexten und den handelnden Individuen ausblendet. Eine zweite Strategie kann demgegenüber als sozial-ökologisch charakterisiert werden, insofern sie die Veränderungen von Verbrauchsgewohnheiten immer im Zusammenhang mit der gleichzeitigen Veränderung von materiellen Rahmenstrukturen avisiert und dabei explizit strukturelle Veränderungen im „materiellen Gefüge“ der gesellschaftlichen Verbindung von bezahlter und unbezahlter Arbeit – von Arbeit, Zeit und Geld – mitreflektiert. Werden diese Kontexteinbettungen des Handelns von Individuen nicht mitbedacht, findet leicht eine Verschiebung von „ökologischer Verantwortung“ in die Haushalte statt.

Weitgehend unbemerkt vom entkontextualisierten Ökomoraldiskurs findet seit einigen Jahren in Deutschland parallel zur Entsicherung der sozialen Existenz eine Privatisierung der in staatlicher Hand gelegenen Versorgungsbetriebe statt. Ob im Energiebereich, im Wasserbereich oder im Abfallbereich: die staatlich betriebene Versorgungswirtschaft geht in privatwirtschaftlich betriebene Gesellschaften über, deren immanente Logik Wirtschaftsprinzipien sind, die letztlich nicht auf sparsamen Umgang mit Naturressourcen zielen: Die Müllverbrennungsanlagen sollen ausgelastet sein und dementsprechend liegt mehr Müll, nicht weniger in ihrer Logik; die Wasserwerke wollen innerhalb ihrer Kapazitäten ausgelastet sein und dementsprechend in diesem Rahmen viel und nicht wenig Wasser verkaufen. Die großen Energieerzeuger, vor allem die, welche die Atomenergieanlagen betreiben, wollen viel Strom verkaufen, nicht wenig. Die Haushalte aber, in denen, sobald Kinder da sind, nach gut altdeutschem Spruch die Hausfrauen walten, die sollen sparen.

Dieser immanente Widerspruch zwischen privatwirtschaftlichem Interesse, das auf Mehrverkauf und Mehrverbrauch ausgerichtet ist und einer privatistischen Ökomoral, die Umweltverantwortung entkontextualisierend in die Haushalte verschiebt, sollte in den Perspektiven einer sozial-ökologischen Zeitpolitik reflektiert werden.

Das Sparen war nicht irgendeine Norm für das richtige Verhalten der bürgerlichen Hausfrau, sondern ihre ökonomische Kerntugend, die in den bürgerlichen Frauenzeitschriften Ende des letzten Jahrhunderts immer wieder gelehrt wurde. „Der Mann verdient, die Frau spart" war die Logik eines als Familienunternehmen konzipierten ökonomischen Modells, das auf Investieren angelegt war (Benedikt 1992). Der frühmoderne Investitionskapitalismus war dafür der Rahmen. Wenn in Zeiten eines entgrenzten Spekulationskapitalismus diese frühkapitalistische Hausfrauentugend wieder flott gemacht werden soll, dann stellt sich erst einmal die Frage, ob Sparen überhaupt anders denn als auf Geld, Zeit und Arbeit bezogen vorstellbar ist. Wird Sparen einseitig – entkontextualisierend – nur auf die Naturverbräuche im Haushalt bezogen, dient diese Strategie letztlich einer Privatisierung und Feminisierung von Umweltverantwortung. Beim Sparen wird Geld durch Arbeit, wird bezahlte Arbeitszeit durch unbezahlte Arbeitszeit ersetzt. Dies war gewissermaßen das ökonomische Scharnier, welches Erwerbsökonomie und Versorgungsökonomie zusammenhielt. Heute wird der Funktionsmechanismus einer In-Verhältnis-Setzung von bezahlter und unbezahlter Arbeit durch die privatistische Ökomoral maßgeblich mitbestimmt.

Als regulative Leitideen der Alltagsgestaltung bestimmen heute ökologische Ansprüche das Anspruchsniveau der Familienversorgung (auf unterschiedlichem Level), wie Ende des neunzehnten Jahrhunderts hygienische, gesundheitliche und familienrepräsentative Ansprüche das Anspruchsniveau der Familienversorgung (auf unterschiedlichem Level) bestimmten. War damals die biografische Zeit der Frauen durch eheliche Sittlichkeit und die Tugend des Sparens normativ beschrieben, so ist heute eine Tendenz zu erkennen, sie durch ökologische Ansprüche, die mit der Tugend des Sparens verbunden werden, normativ zu beschreiben. Auf diesem Hintergrund wird eine Tendenz erkennbar, das Ideal der sittlich-sparsamen Hausfrau des 19. Jahrhunderts zur ökologisch-sparsamen Hausfrau des 21. Jahrhunderts zu modernisieren. Die Lebenszeit der Frauen, der immer noch die Verantwortung für den „oîkos" eingeschrieben ist, wird heute auch durch „ökologische" Normen bestimmt – deshalb sollten sie in theoretischer Hinsicht immer im Kontext unterschiedlicher weiblicher Lebenszusammenhänge, niemals aber nur im Kontext des sogenannten Privatbereichs, betrachtet werden.

Nachtrag

Entwicklungstendenzen in der Geschichte des Imaginär-Normativen einzuschätzen, ist schwierig. Was wird sich durchsetzen? Die Norm der ökologisch-sparsamen Hausfrau? Das Ideal des Konsumglücks der glamour girls? Oder beides zugleich und noch ganz andere Leitbilder? Für eine sozial-ökologische Zeitpolitik ist es wichtig, sich mit den verschiedenen vorhandenen Leitbildern auseinanderzusetzen, statt blind und naiv „ neue Leitbilder“ zu kreieren. Dabei kann sie an der Geschichte der negativen Moralisierung und Kriminalisierung der Prostitution nicht vorbeischauen, denn diese zeigt trotz aller Enttraditionalisierungstendenzen eine erstaunliche Persistenz. Diese Hartnäckigkeit eines frauenmoralisierenden Syndroms beantwortet vielleicht die Frage, warum die Nitribitt auch in der letzten Filmversion von 1996 noch sterben mußte. Statt einer weiteren Argumentation sei dafür ein Gerichtsurteil zitiert:

Am 28. April 1987 beschloß der 5. Strafsenat des Bundesgerichtshofs in Berlin (AZ: Str 566/86): „Wer Prostituierte um den vereinbarten Lohn prellt, macht sich nicht strafbar.“ In der Begründung heißt es, daß Ansprüche auf „Dirnenlohn“ nichtig seien, denn Prostitution verstoße „auch nach heutiger Auffassung“ gegen die guten Sitten. Nach Ansicht der Bundesrichter gehört die Aussicht der Prostituierten, durch sexuelle Leistungen den versprochenen oder üblichen Lohn zu erhalten, nicht zum strafrechtlich geschützten Vermögen. Auch die Einkommensteuerpflicht der Prostituierten ändere daran nichts (Frankfurter Rundschau vom 5.7.1987. „Der Liebeslohn blieb aus“).

LITERATUR

Bachorsky, Hans Jürgen (1983), Geld und soziale Identität im „Fortunatus“, Göppingen.

Benedikt, Gertrud (1992), „Der Mann verdient, die Frau spart.“ Sparsamkeit im Haushalt, in: Rheinisches Jahrbuch für Volkskunde, 29. Band, 1991/992.

Irsigler, Franz/Lassotta Arnold (1989), Bettler und Gaukler, Dirnen und Henker. Außenseiter in einer mittelalterlichen Stadt, Köln 1300–1600, München.

Kuhn, Annette/Ketsch, Peter (1983), Frauen im Mittelalter, Band 1, Düsseldorf.

Mey, Dorothea (1985), „Geld beruhigt echt...“ Über die Ruhe und die Unruhe, die der „Lohn der Liebe“ mit sich bringt – gezeigt am Beispiel der Kurtisane Cora Pearl aus dem Paris des zweiten Kaiserreichs, in: Beiträge zur feministischen Theorie und Praxis, 8. Jg., Nr. 15/16.

Mey, Dorothea (1987), Die Liebe und das Geld. Zum Mythos und zur Lebenswirklichkeit von Hausfrauen und Kurtisanen in der Mitte des 19. Jahrhunderts in Frankreich, Weinheim, Basel.

Scheich, Elvira (1993), Naturbeherrschung und Weiblichkeit, Pfaffenweiler.

Schultz, Irmgard (1992), Madonna – das ewige und das wirkliche Idol. Reflexionen über weibliche Schönheit anhand der Rolle von Idolen für das Selbstverständnis der Frau, in: Akashe-Böhme, Farideh, Reflexionen vor dem Spiegel, Frankfurt/M.

Schultz, Irmgard (1994), Der erregende Mythos vom Geld. Die neue Verbindung von Zeit, Geld und Geschlecht im Ökologiezeitalter, Frankfurt/M., New York.

Thomas, Keith (1988), Vergangenheit, Zukunft, Lebensalter. Zeitvorstellungen im England der frühen Neuzeit, Berlin.

Wendorff, Rudolf (1980), Zeit und Kultur. Geschichte des Zeitbewußtseins in Europa, Wiesbaden, Opladen, 2. Auflage.

Zemon Davis, Natalie (1986), Frauen und Gesellschaft am Beginn der Neuzeit, Berlin.

Irmtraud Voglmayr

Frauen in der Freizeit- und Erlebnisgesellschaft

Gegenwärtig werden wir mit einer zunehmenden Kommerzialisierung von Freizeitangeboten konfrontiert; das Zusammenspiel von Freizeit, Konsum und Unterhaltung macht Freizeit zu einem kapitalisierten Feld. Shopping wird als eine der beliebtesten Freizeitaktivitäten von Frauen in sämtlichen Freizeitstudien angeführt, Themenparks und künstliche Erlebniswelten ziehen Scharen von Familien (und damit Frauen) in ihrer Freizeit an.

Den gesellschaftlichen Hintergrund bildet die sogenannte „Freizeitgesellschaft", die ihre Werte und Bedürfnisse vorrangig aus der Freizeit und nicht länger aus der Arbeitszeit ableitet und proklamiert, daß die Menschen insgesamt über mehr freie Zeit verfügen würden, um ihren Vergnügungen nachzugehen.

Während bereits ausführliche empirische Befunde über das Konsum- und Shoppingverhalten von Frauen vorliegen (vgl. Haubl 1998, Opaschowski 1997 u.a.), sind Motivationsbegründungen für weibliche Erlebnisweltenbesuche bislang noch kaum untersucht worden. Vor dem Hintergrund unterschiedlicher geschlechtlicher Zeitbestimmungen und Zeitorientierungen ist jedoch die Frage zu stellen, inwieweit diese neuen Erlebniskonsumeinrichtungen aufgrund der ansteigenden Emotions- und Organisationsarbeit den Frauen noch mehr Zeit abverlangen und wie sich diese Freizeitentwicklungen allgemein auf Frauenzeiten auswirken werden. Darüber hinaus darf in dem vorherrschenden „Freizeitmythosdiskurs" vor allem die Verschärfung der weiblichen Konsumarbeit nicht aus dem Blick geraten, die aufgrund ihrer Intensivierung nach einer neuen Definition von Konsumarbeit bzw. einer Verortung innerhalb der Ökonomie verlangt.

Erlebnisgesellschaft

Mit der Transformation der Ökonomie und der Entwicklung neuer Technologien hat sich die Alltagsorganisation in gravierender Weise verändert; Unterhaltung und Konsum haben in unserem Alltagshandeln einen enorm großen Stellenwert bekommen. Die jahrzehntelange Kreislauf- und Überlebenswirtschaft, die auf der Grundlage des Resteverbrauchs bedingt durch materielle Knappheit in diesem Jahrhundert dominierte – 1953 waren Nylons das häufigste Sparziel der ÖsterreicherInnen (vgl. Bretschneider 1999) – hat sich in den westlichen Industriestaaten überlebt. Mit dem Übergang von einer Gesellschaftsbildung durch Mangel zu einer Gesellschaftsbildung durch Überfluß hat sich ein erlebnisorientierter Gesellschaftscharakter gebildet.

In der sogenannten „Erlebnisgesellschaft“ (Schulze) wird von einer gesellschaftlich verallgemeinerten Erlebnisorientierung ausgegangen, die besagt, daß Erlebniskäufe und Freizeitwelten-Besuche auf jedem Lebensstandardniveau getätigt werden. Den Hintergrund dieser Aussage bildet die Annahme, daß es mit der fortschreitenden Individualisierung zu einem Wandel der Lebenshaltungen der Subjekte von einer Orientierung am Erreichen außenorientierter Ziele (Eigenheim, Altersvorsorge) zu einer Innenorientierung komme. Mit der Innenorientierung rücke die subjektive und gegenwärtige Befindlichkeit in den Vordergrund (Schulze 1996).

Ulrich Beck hingegen betont für die 90er Jahre einen gesellschaftlichen Umbruch, der den „Traum immerwährender Prosperität“ zunichte macht. Quer zu allen Einkommensklassen werden „Wohlstandsbiografien zu Risikobiografien, denen die materielle Zukunftssicherheit und soziale Identität abhanden kommt“, schreibt Ulrich Beck (1997:23). Gehen wir jedoch davon aus, daß die elementaren Beziehungen zwischen Menschen alle mit dem Begehren und Wünschen zu tun haben, dann ist nun entscheidend, „daß die Dramen des Begehrens in der Neuzeit andere Verläufe nehmen als in anderen Kulturen. (...) Die Dramen des Begehrens laufen nun mit Hilfe von immer reichhaltigeren Instrumenten und Waren ab, die wirksame Signale aussenden, in Erwerb, Konsum, Lebensstil – darauf kommt es an“ (Kitzmüller 1999:173).

In der „Erlebnisgesellschaft“ geht es um das Projekt des „schönen erfüllten (langen) Lebens“; zentrales Kriterium für dieses erfüllte Leben ist sein Erlebnisgehalt. Es erfolgt eine aktive Suche nach Inszenierungen und Dramaturgien, deren Nachvollzug als totale Bereicherung erlebt wird. Diese Dramaturgien werden primär in kommerzieller Form angeboten. Michael J. Wolf konstatiert, daß der Unterhaltungssektor bereits in vielen Teilen dieser Erde zum größten ökonomischen Gewinnbringer geworden ist. „Entertainment – not autos, not steel, not financial services – is fast becoming the driving wheel of the new world economy“ (Wolf 1999:4). Wolf spricht vom „E-Factor“, „that is, entertainment content and experiences“ (Wolf 1999:54), der in allen erfolgreichen Produkten enthalten sein muß. Was die Ökonomie einer Stadt produziert, wird immer abstrakter, schreibt Sharon Zukin (1998). Mit der Zunahme abstrakter Produktionen wie Aktienhandel, neue Dienstleistungen und Läden, die für die Spezialisierung postmoderner Städte bezeichnend sind, und die Zukin als „Ökonomie der Symbole“ bezeichnet, ist städtische Wirtschaft massiv auf den Kulturkonsum als Kapitalquelle bzw. Freizeitkultur als Wachstumsbranche angewiesen.

Der Erlebniskonsum – Erlebnisgastronomie, künstliche Freizeitwelten, Shopping Malls – wird zu einem wesentlichen Bestandteil jedes Stadtmarketings, indem eine räumliche Konzentration auf bestimmte Stadtzentren und eine kommerzielle Konzentration auf die Freizeitbedürfnisse einer anspruchsvollen Mittelschicht stattfindet, sei es in Form von mittelständischer Familienorientierung in den künstlichen Freizeitwelten oder in der Orientierung an BesitzerInnen von „kulturellem Kapital“ im innerstädtischen Kulturkonsum (vgl. Thien/Voglmayr 1999). Trotz begrenzter Teilhabe bestimmter Schichten und Lebensstilgruppen am Konsum wird die Konsumkultur zur allumfassenden, gesellschaftlich dominanten Kultur, die in einer Zeit, die von einer „Wiederkehr der Ungewißheit“ (Beck) geprägt ist, neue Sinnstifter auf dem allgemeinen „Sinnmarkt“ anbietet. „In der Identifizierung von Erleben und Kaufen soll es kein lebenswertes Leben jenseits einer libidinösen Besetzung der Warenwelt mehr geben“, stellt Haubl fest (1998:215). Wenn auch in jeder Klasse unterschiedliche Konsumformen Platz greifen, so ist doch „innerhalb einer jeden eine Fülle verschiedener Angebote greifbar, wie man/frau sich kleiden kann und soll, was zu speisen, von welchen Urlaubsgenüssen wie zu berichten sei“ (Kitzmüller 1999:173).

Modern Shopping

Die Organisation um Mode, Medien und Kosmetik betrifft vor allem die jungen Frauengenerationen, die sich in übertriebenen und ironischen Geschlechterinszenierungen ausleben, wie dies Baldauf/Weingartner (1998) am Beispiel der Girlie-Kultur aufzeigen. Dabei heben die beiden Autorinnen den Akt der Selbstbestimmung und die Abgrenzung vom Feminismus der Mütter der 70er Jahre hervor, einem Feminismus, der von tiefer Skepsis und radikaler Ablehnung gegenüber Mainstream und Massenkonsum geprägt war.

Mit dem Begriff „Shopping“ wird in den 90er Jahren eine „Beschreibung einer alltagskulturellen Praxis, die Konsum in den Kontext individueller wie kollektiver Prozesse (z.B. checking out von Konsumgütern, Streunen, Schlendern, Flanieren, Beobachten) stellt und nicht zwingend den konkreten Erwerb einer ‚Ware‘ impliziert“ (Baldauf/Tebbich 1997), benannt.

Weiters gehen die Autorinnen davon aus, daß es drei rivalisierende (und auch übergreifende) Formen von Konsum unter spätkapitalistischen Bedingungen gibt: Einmal handelt es sich um eine Konsumform, die auf eine Maximierung von Vergnügen und Erfahrung abzielt, der Kinobesuch als Thrill.

Zum anderen kann Konsum im Hinblick auf eine Akkumulation von Statussymbolen gelesen werden und drittens gehen sie von einer Konsumform aus, die um spezifisch soziale und politische Werte organisiert wird, wie dies am Beispiel des umweltbewußten Shoppen deutlich gemacht wird.

Konsumkapitalismus

Rekonstruiert man die Entwicklungsgeschichte des Konsumkapitalismus, so sind die ersten modernen Einkaufsstätten in den Metropolen, allen voran die Warenhäuser, die in der zweiten Hälfte des 19. Jahrhunderts entstanden sind, wegweisend. An diesen Orten konnten vor allem Frauen des Kleinbürgertums ihrem begrenzten Bewegungsradius entkommen. Sie machten das Warenhaus zu einem Ort der Frauen, an dem sie auch Versammlungen abhielten und Meinungen austauschten. Es war gerade das Kleinbürgertum, das sich über den Konsum definierte; in seiner Abgrenzung nach unten gegen das Proletariat und in der Nachahmung des Großbürgertums nach oben benötigte es geeignete Statussymbole – Waren als Symbole – die diesen Distinktionsgewinn versprachen (vgl. Haubl 1998).

Der Siegeszug des Konsumkapitalismus und das Konsumverhalten von Frauen läßt sich in der Gegenwart auch deutlich an den Katalogbestellungen großer Versandhäuser nachzeichnen, die in naher Zukunft auch hierzulande im Online-Shopping ihre Fortsetzung finden werden. Argumente wie streßfreies und überlegtes Shoppen rund um die Uhr von zu Hause aus, ohne Verkäuferinnen-Druck und KundInnenanstürme, Schutz vor Impulskäufen und Reizüberflutung, die mit Einkaufsstraße und Shopping Mall verbunden werden, herrschen bei diesen Konsumentinnen vor.

Gebrauch von Konsumgütern

Für Georg Simmel ist die Mode, „der eigentliche Tummelplatz für Individuen, welche innerlich unselbständig und anlehnungsbedürftig sind, deren Selbstgefühl aber doch zugleich einer gewissen Auszeichnung, Aufmerksamkeit, Besonderung bedarf" (zit. nach Haubl 1998).

Wenn wir jedoch vom Ansatz des Begehrens ausgehen, dann sind Menschen als begehrende Wesen nicht bloß individuelle, isolierte Bedürfnisautomaten. „Das Begehren spielt vielfältig in alle Beziehungen hinein, und dies ist sehr verschieden in den verschiedenen Kulturen", schreibt Kitzmüller (1999:173). In der postindustriellen Gesellschaft stellt der Konsum eine Artikulationsweise des Sozialen dar, über den sich Milieus als Lebensstilgruppen definieren und klassifizieren (vgl. Ronneberger 1999 u.a.). Den KonsumentInnen, die mit dem Konsum den Wunsch nach dem gutem Leben verbinden, kann daher keine ausschließlich einseitige Manipuliertheit unterstellt werden, denn sie verfolgen Ziele damit.

Konsumgüter repräsentieren Sozialprestige und Status. Die Nachfrage an Produkten baut wesentlich auf dem Bedürfnis auf, sich selbst zu definieren, über Konsumakte erfolgt zunehmend eine Konstruktion von Identität. Nach Bourdieu dient das Konsumverhalten der Gesellschaftsmitglieder primär dazu, den statusgemäßen Lebensstil zu verwirklichen, der Distinktionsgewinne abwirft (Bourdieu 1982).

Konsumgüter können aber auch als symbolische Selbstergänzung fungieren, wenn über eine Selbstdefinition, die sich nicht realisiert, ein Gefühl der Unvollständigkeit entsteht; dieses Gefühl kann mittels kompensatorischen Indikationen Vollständigkeit symbolisieren.

Der Gebrauch von Konsumgütern hat immer auch „kommunikative Funktionen" und so läßt sich unterscheiden, „ob die materiell vermittelte Kommunikation primär an den Konsumenten selbst (ego) oder an Mitmenschen (alter) gerichtet ist und ob es sich um eine expressive oder regulative Kommunikation handelt" (vgl. Haubl 1998:15). Dient der Gütergebrauch primär der Selbsterfahrung einer Person, vermittelt er dieser ein Erlebnis; in Antizipation bestimmter mitmenschlicher Erwartungen verkörpert sie ein Image und über dieses Image findet der Zugang zu bestimmten Lebensstilgruppen statt.

Einkaufen kann auch als Realisierung von Tagträumen gedeutet werden. In Abgrenzung zu Nachtträumen meint Frigga Haug, „sind (Tagträume – I. V.) nicht solche Träume, in denen ein irgendwie verstandenes Unbewußtes die Regie übernimmt, sondern bewußte Konstruktionen. (...) Tagträume sind wissenschaftliche Konstruktionen eines Imaginären" (Haug zit. nach Haubl 1998:158).

Aspekte der „Demokratisierung" – im Konsum sind wir alle gleich – und die Demonstration der sozialen Position durch den Konsum führen schließlich zu der Frage, inwieweit das alte Modell von der „Arbeit als Identifikationsstiftung" durch das neue Modell „Labels als Identifikationsstifter" abgelöst werden kann. Einen unkonventionellen Ansatz vertritt die Kultursoziologin Mary Douglas, für die Konsum kulturell ein Hauptschauplatz ist, auf dem im Alltag um die Vorherrschaft eines der vier universalen kulturellen Lebensstile (individualistisch, hierarchisch, egalitär und eklektizistisch-isoliert) gekämpft wird. Der Sinn des Shoppings liegt nach Douglas im Vorantreiben der kulturellen Evolution und es sind für sie die Frauen, die diese kulturheroische Leistung vollbringen. „Weit davon entfernt, geistlos zu sein, verlangt Einkaufen unbegrenzte Aufmerksamkeit. Durch die feindlichen Kräfte stark unter Druck gebracht, fordert es konstante Wachheit, Spitzfindigkeit und Ressourcen" (Douglas zit. nach Haubl 1998:223).

Demnach ist für sie die entscheidende Lebensfrage, was, wo und wie jemand einkauft. Dem setzt Haubl entgegen, daß mit dieser „Heroisierung des Einkaufens" ausgeblendet wird, wie prekär es werden kann, wenn Frauen der Einkauf von Konsumgütern dazu dient, Selbstwertschwächen zu kompensieren, die aus anderweitig vorenthaltenen Selbstverwirklichungschancen resultieren.

Aus der empirischen Praxis weiß der Meinungsforscher Rudolf Brettschneider, daß Freizeit und Konsum als neue Identifikationsstifter gegenwärtig noch wenig taugen, Menschen definieren sich nicht über Konsum, sondern über ihre sozialen Rollen und ihre Berufsrollen (1999).

Aber auch Baldauf/Weingartner weisen darauf hin, daß die Fokussierung auf das Symbolische und die Priorität des Kulturellen/Sprachlichen in diesem Diskurs eine markante Unzulänglichkeit erfahren. „Die Vernachlässigung ökonomischer Bedingungen und materieller Voraussetzungen im Gefecht des ‚semiotischen Guerillakrieges‘ hinterläßt folgenschwere Leerstellen, negiert Klassen- und Schichtzugehörigkeit und legt manchmal die naiv biographisch orientierte Stilisierung einer ‚Alles-ist-möglich‘-Ideologie nahe“ (Baldauf/Weingartner 1998:21).

Erlebniskonsum, am Beispiel Shopping Mall

Shopping Malls sind Einkaufsstätten der 90er Jahre, an denen keine Versorgungskäufe, sondern Erlebniskäufe getätigt werden. Die BesucherInnen kommen großteils um sich zu unterhalten, vor allem die Jugendlichen haben die modernen Einkaufstempel längst zu ihren neuen Freizeitorten umfunktioniert.

Die Mall erscheint als „Grenzgebiet zwischen Alltag und Traum“, schreibt Rolf Haubl (1998:206). Sie stellt sich den BesucherInnen als warme, bunte, phantasievoll erlebte Sonder- oder Gegenwelt dar, in der sie der Beschränktheit der eigenen Individualität in Zeit und Raum, zumindest vorübergehend, entkommen können.

Für den Ethnologen Marc Auge hingegen sind Einkaufszentren, ausgehend von einem Ortsbegriff, dem er einen Heimatbegriff zugrundelegt, „Nicht-Orte“: „Er existiert und beherbergt keinerlei organische Gesellschaft. Er bietet nichts als Sehenswürdigkeiten und diese schaffen aber keine Synthese, sie integrieren nichts, sondern autorisieren lediglich für kurze Zeit, in der man sie passiert, die Koexistenz unterschiedlicher, vergleichbarer und gegeneinander gleichgültiger Individualitäten“ (Auge 1994:206).

Künstliche Erlebniswelten

Als Prototypen künstlicher Erlebniswelten können Themenparks bezeichnet werden, die hermetisch abgeriegelt und nur über Eintrittskosten zugänglich, unabhängig von jedem Zeit-, Raum- und Naturbezug Geschichten erzählen, die über High-Tech-Spiele und Simulationen auf spektakuläre Weise inszeniert werden. In den Erlebnisparks ist die Welt glatt, sauber und sicher. Jede Begegnung mit dem Fremden, dem anderen, dem Unvorhergesehenen ist ausgeschaltet, für einen reibungslosen Ablauf garantieren Überwachungskameras und private Sicherheitsdienste (vgl. Thien/Voglmayr 1999).

Die Faszinationskraft von Erlebniswelten liegt in dem Spiel mit dem Abenteuer, das kein Risiko verbreitet, bei begrenztem Zeitbudget maximale Gefühle von Entspannung, Geborgenheit, vollkommener Harmonie auslöst und die Erfahrung einer perfekten Illusion vermittelt.

„Die Kulturindustrie nutzt das Gefühl zunehmender Anonymisierung, Vereinzelung, Unübersichtlichkeit, Unsicherheit und Veroberflächlichung in der Inszenierung von Märkten, deren ‚Güter' Erlebnisse sind."

Und Hasse weiter: „Ganze Wirtschaftszweige arbeiten systematisch an der Gestaltung erlebnisorientierter Lebensstile und -entwürfe, um das Leben da abzuholen, wo es nicht zu sich kommen konnte" (Hasse 1998:130).

Frauenfreizeit

Vor dem Hintergrund dieser dominanten Konsumkultur sollen nun einige Überlegungen zur Freizeitwahrnehmung und zum Freizeitverhalten von Frauen in einer erlebnisorientierten Gesellschaft angestellt werden. „Agieren oder reagieren sie auf neue Trends, handeln sie autonom oder unterwürfig, passiv und angepaßt?" fragt Daniela Rastetter (1998).

Empirische Untersuchungen belegen, daß in der sogenannten „Freizeitgesellschaft" die Freizeit nicht mehr, sondern gerade jene der Frauen weniger wird. Der deutsche Freizeitforscher Horst Opaschowski stellte fest, daß trotz deutlicher Arbeitszeitverkürzung in den letzten dreißig Jahren die Freizeit subjektiv als viel zu gering empfunden wird: „den größten Freizeithunger melden die Vollberufstätigen" (1997:83). Weiters kommt er in seinen Untersuchungen über die Freizeitkompetenz von Frauen zu der Aussage, daß Frauen in ihrer Freizeit sozial engagierter und offener für neue Anregungen sind. Sie sind die stärkeren Freizeitgestalterinnen, ergreifen die Initiative bei Kino- und Theaterkarten, haben Ideen, probieren Neues aus... Sie sind der „Motor für alles" (1997:112).

Unter Freizeit wird ein Bereich verstanden, „in dem potentiell mehr Raum für Eigenes zur Verfügung steht und soziale Kontrolle gelockert ist, wenn auch vielleicht nur im subjektiven Empfinden" (Rastetter 1998:47).

Die subjektive Freizeit der Frauen wird erheblich eingeschränkt, wenn sie Beziehungen eingehen; FreundInnenbeziehungen werden den gemeinsamen Kontaktinteressen untergeordnet und in der gemeinsamen Freizeitgestaltung praktizieren sie die weitaus größere Rücksichtnahme auf bzw. Unterordnung unter die männlichen Freizeitbedürfnisse. Die größten Veränderungen bringen jedoch Kinder in das Freizeitleben von Frauen. „Die Frauen beginnen nun bewußter zwischen persönlicher Freizeit und Familienfreizeit zu unterscheiden" (1998:93). So holen sich Frauen Zeit für sich in Fortbildungen oder nachdem die Kinder im Bett sind; die persönliche Freizeit erhält den „Charakter einer Zwischendurch-Freizeit", sie ist zerstückelte, nicht mehr planbare Freizeit.

Das Verhältnis von Frauen und Freizeit wird von Rastetter auf den Punkt gebracht, indem sie schreibt: „Freizeit ist weiblich, aber nicht in dem Sinne, daß Frauen Freizeit haben, sondern daß sie Freizeit für andere sind" (1998:51).

Freizeit des einen – Arbeit für die andere

In der Freizeit liegt eine Machtkomponente: Wer über seine Zeit verfügen kann, hat in der Regel mehr Macht und Verfügungsgewalt über andere.

Der Freizeitbegriff, der sich aus dem männlich besetzten dichotomen Verhältnis von Arbeitszeit – Freizeit ableitet, ist aufgrund dieser Begriffsentstehung auf das Freizeitkonzept für Frauen nur sehr prekär anwendbar. Abhängig von den Zeiten anderer Familienmitglieder, gelten diese Freizeitfragmentierungen keineswegs nur für (Nur)Hausfrauen, sondern gerade auch für erwerbstätige Frauen, die ihre Freizeit, nicht zuletzt aus Schuldgefühlen, umso mehr auf ihre Familie/Partner abstimmen.

Wenn Frauen einen Freizeitanspruch anmelden, müssen sie sich diesen, im Unterschied zu den meisten Männern, erkaufen, indem sie eine andere Frau als Putzfrau oder zur Kinderbetreuung einstellen.

Freizeit und Erlebniskonsum

Individuelles Alltagshandeln und konsumkapitalistisches Marktgeschehen „reproduziert, konstruiert oder modifiziert traditionelle Geschlechterverhältnisse" (Rastetter 1998:45). Frauen sind sowohl den Maximen der kapitalistischen Freizeitindustrie als auch der Herrschaft und den (Freizeit)Ansprüchen der Männer unterworfen. Frauen sind aber auch in die Herrschaftspraktiken der eigenen Kultur selbst verstrickt. Somit können Frauen nicht nur als „Zeitopfer" gesehen werden, sie sind auch Akteurinnen, die über ihre (Frei)Zeit nachdenken, mit den Männern Bedingungen aushandeln und Zeitordnungen überlisten müssen, um so die traditionellen weiblichen Freizeitmuster und Konsumtätigkeiten aufbrechen zu können.

Mit der gegenwärtigen Kommerzialisierung von Freizeitangeboten vollzieht sich eine Dynamik, in der es in zunehmendem Maße um die ökonomische Vereinnahmung der Freizeit als erlebnisorientierte (Einkaufs)Zeit geht. So wird der Besuch von Shopping Malls auch mit der Begründung „Zeitersparnis" vermarktet, indem mehrere Konsumakte wie Einkauf, Essen und Kino zusammengeführt werden. Realiter verführen diese Erlebnisbühnen aber zu einem längeren Verweilen an diesen Orten. Künstliche Erlebniswelten tragen eine eingebaute Zeit von sechs bis sieben Stunden in sich und fordern geradezu einen Wiederholungsbesuch heraus. Freizeit wird zur Konsumzeit, dazu bedarf es bereits im Vorfeld entsprechender Organisations- und Planungsarbeit, die dahingehend zu interpretieren ist, daß in einer erlebnisorientierten Gesellschaft noch mehr (unbezahlte) Frauen/Familienarbeit notwendig sein wird, die auf Kosten der Eigenzeit von Frauen geht.

Vergnügliche Freizeitaktivität versus belastende Konsumarbeit

Pauschale Aussagen über Erlebniskonsum und Sinnstiftung außerhalb der Erwerbsarbeit erweisen sich als oberflächlich und geschlechtsblind, wenn die sich gegenwärtig verschärfenden Formen von Konsumarbeit dabei aus dem Blick geraten.

Einkaufen verlangt Geld und bildet daher eine Schnittstelle zwischen Haushalt und konsumkapitalistischer Ökonomie. Einkaufen ist traditionell Frauenarbeit, die mit dem steigenden Warenangebot zu einer Arbeit geworden ist, die immer mehr Zeit und Kenntnisse beansprucht und den Frauen Sparsamkeit und Aufmerksamkeit bei der Suche nach den besten Angeboten abverlangt.

Die Verlagerung von zunehmend mehr Funktionen des reproduktiven Bereiches auf den Markt hat zu keiner sichtbaren Arbeits- und Zeitersparnis geführt, sondern neue und zusätzliche Tätigkeiten hervorgerufen. Obwohl die neuen Technologien, die mittlerweile in alle Lebensbereiche eingedrungen sind, von Anbeginn einen Zeitgewinn für die Haushalte prognostiziert haben, kann festgestellt werden, daß im Vergleich zu früher die Frauen heute mehr tun und das in gleicher Zeit (Grubitzsch 1985). Der nicht eingelöste Freizeitgewinn läßt sich am Beispiel der Waschmaschine aufzeigen: Durch den exzessiven Wäscheverbrauch wurde die Arbeitsersparnis wieder ausgeglichen und ein veränderter Anspruch an die Sauberkeit von Kleidung ging damit einher.

Zu massiven Verschiebungen kommt es gegenwärtig im Verhältnis der bezahlten öffentlichen Zeit und der privaten unbezahlten Zeit durch die Liberalisierung und Privatisierung von Märkten und staatlichen Monopolen. Am Beispiel des „Lean Banking" können wir eine Verlagerung der bisher bezahlten banküblichen Arbeiten auf die unbezahlte Arbeit der KundInnen in Form von Selbstbedienung, Homebanking, längst beobachten (vgl. Möller 1993). Mit der weiteren Liberalisierung von Märkten wie Strom, Gas, öffentlicher Verkehr, Festnetztarife wird der Anteil der Informationsarbeit über Preisvergleiche, Rechenkünste und Informationsbeschaffung innerhalb der Konsumarbeit weiter ansteigen.

Stellenwert von Konsumarbeit in der Ökonomie

Welche Form der Arbeit verrichten Frauen in der „Konsumarbeit" und welche Bedeutung hat Konsumarbeit in der Ökonomie? Ist Konsumarbeit noch länger als Reproduktionsarbeit zu sehen oder wird hier nicht auch etwas hergestellt? Zygmunt Baumann geht davon aus, daß die Individuen in unserer Zeit zuallererst als Konsumenten und nicht als Produzenten gefragt sind – moralisch von der Gesellschaft, funktionell vom sozialen System (zit. nach Axeli-Knapp

1998:47). In der heutigen Gesellschaft rücke das Konsumentenverhalten an die Stelle von Lohnarbeit in der Vergangenheit.

Axeli-Knapp hält dem entgegen, daß die Lebenswelten der weiblichen Subjekte weniger durch Konsumfreiheit als durch unentgoltene und als Lebensleistung deklassierte Konsumarbeit und deren gesellschaftlicher Funktionalität mit dem postindustriellen System verschmolzen sind.

Auf den Freizeit- und Erlebnisgesellschaftsdiskurs bezogen heißt das, daß mit der Ökonomisierung des Freizeitsektors ein Verlust weiblicher Eigenzeit bedingt durch die steigende Planungs-, Informations- und Emotionsarbeit verbunden ist, und daß in einer erlebnisorientierten Gesellschaft die Ästhetisierung bezahlter und unbezahlter Frauenarbeit zunehmend an Bedeutung gewinnen wird. „Private Emotionsarbeit in der familiären Freizeit und professionelle Emotionsarbeit im geschäftsmäßigen Freizeitsektor ergänzen sich zur unabdingbaren Voraussetzung und Durchsetzung des Gelingens der sogenannten Erlebnisgesellschaft" (Rastetter 1998:52).

LITERATUR

Auge, Marc (1994), Orte und Nicht-Orte. Vorüberlegungen zu einer Ethnologie der Einsamkeit, Frankfurt/M., 2. Auflage.

Knapp, Gudrun-Axeli (1998), Postmoderne Theorie oder Theorie der Postmoderne? Anmerkungen aus feministischer Sicht, in: Knapp, Gudrun-Axeli [Hg.in], Kurskorrekturen. Feminismus zwischen Kritischer Theorie und Postmoderne, Frankfurt/M., New York.

Baldauf, Anette/Tebbich, Heide (1997), Shopping/Konsum – Manifestationen einer jugendkulturellen Alltagspraxis. Eine komparatistische Analyse zweier Einkaufsstraßen in Wien und New York. Projektantrag an das Bundesministerium für Wissenschaft und Verkehr Wien.

Baldauf, Anette/Weingartner, Katharina (1998), Revolution Girl Style, in: Baldauf, Anette/ Weingartner, Katharina [Hg.in], Lips Tits Hits Power? Popkultur und Feminismus, Wien, Bozen.

Beck, Ulrich (1997), Kinder der Freiheit: Wider das Lamento über den Werteverfall, in: Beck, Ulrich [Hg.], Kinder der Freiheit, Frankfurt/M.

Bourdieu, Pierre (1982), Die feinen Unterschiede, Frankfurt/M.

Bretschneider, Rudolf (1999), Konsumgesellschaft. Entwicklungslinien und Perspektiven,Vortrag im Rahmen der Wiener Vorlesungen, Wien.

Grubitzsch, Helga (1985), Konsumarbeiterinnen und Lockvögel: Frauen in der kapitalistischen Konsumtion, in: Sozialwissenschaftliche Forschung und Praxis für Frauen e.V. [Hg.], Geld oder Leben, Heft 15/16.

Hasse, Jürgen (1998), Cocktailbar & Centerparc. Erlebnisorientierung in kulturtheoretischer Sicht, in: Breuer, Gerda [Hg.in], Neue Stadträume. Zwischen Musealisierung, Medialisierung und Gestaltlosigkeit, Frankfurt/M., Basel.

Haubl, Rolf (1998), Geld, Geschlecht und Konsum. Zur Psychopathologie ökonomischen Alltagshandelns, Gießen.

Haubl, Rolf (1998), „Welcome to the pleasure dome". Einkaufen als Zeitvertreib, in: Hartmann, Hans A./Haubl, Rolf [Hg.], Freizeit in der Erlebnisgesellschaft. Amüsement zwischen Selbstverwirklichung und Kommerz, Opladen, Wiesbaden, 2. Auflage.

Kitzmüller, Erich (1999), Verschuldung und Verläßlichkeit: Was die Menschen zusammenhält, in: Paul-Horn, Ina [Hg.in], Entgrenzung und Beschleunigung. Widersprüche und Fragen im Prozeß der Modernisierung, Wien.

Möller, Carola (1993), „Lean production" – japanischer Joker für europäische Arbeitgeber, in: Sozialwissenschaftliche Forschung und Praxis für Frauen e.V. [Hg.], Europa einig Vaterland?, Heft 34.

Opaschowski, Horst W. (1997), Einführung in die Freizeitwirtschaft, Opladen, 3. aktualisierte und erweiterte Auflage.

Rastetter, Daniela (1998), Freizeit braucht freie Zeit. Oder: Wie Männer es schaffen, Frauen die (Frei-)Zeit zu stehlen, in: Hartmann, Hans A./Haubl, Rolf [Hg.], Freizeit in der Erlebnisgesellschaft. Amüsement zwischen Selbstverwirklichung und Kommerz, Opladen, Wiesbaden, 2. Auflage.

Ronneberger, Klaus/Lanz, Stephan/Jahn, Walther (1999), Die Stadt als Beute, Bonn.

Schulze, Gerhard (1996), Die Erlebnisgesellschaft. Kultursoziologie der Gegenwart, Frankfurt/M., New York.

Thien, Klaus/Voglmayr, Irmtraud (1999), Urbane Strukturen und neue Freizeittrends. Eine Studie im Auftrag des Magistrates der Stadt Wien MA 18 – Stadtentwicklung und Stadtplanung, Werkstattbericht Nr. 29 der Stadtplanung Wien.

Wolf, Michael J. (1999), The Entertainment Economy, New York.

Zukin, Sharon (1998), Städte und die Ökonomie der Symbole, in: Kirchberg, Volker/Göschel, Albrecht [Hg.], Kultur in der Stadt. Stadtsoziologische Analysen zur Kultur, Opladen.

Harriet Leischko

Zeit essen Leben auf?!

Versammelte Gedanken zum Thema Zeit, Ökonomie und Frauen

too little time, too much to do
Fred Frith

„und lerne jetzt zu leben denn die zeit ist gnadenlos denn die zeit verstreicht vergeht verrinnt so wie die worte die du hörst weil sie dann schon gesprochen sind die zeit kommt und sie geht sie nimmt was sie dir bringt tick tack tick hörst du wie das pendel schwingt hörst du wie die zeit vergeht (...) *in der bewegung liegt die kraft* (Hervorhebung, H.L.)" (Die fantastischen Vier 1993).

‚Gnadenlose' Zeit, sie kommt und geht, sie nimmt, was sie dir bringt und – heilt sie tatsächlich alle Wunden, wie ein Sprichwort suggeriert? Denken über die Zeit in ‚gnadenlosen' Zeiten wie diesen, bloßer Luxus oder doch unabdingbare Notwendigkeit, jetzt mehr denn je? Die stets bewegende Frage: „Gibt es den richtigen Zeitpunkt?", ein öffentlicher Zeitungsschnipsel an der privaten Magnettafel, in seiner Tragweite jedenfalls bedeutungsvoll.

Und sogleich stellt sich ein: richtig für wen und wofür, für ein Individuum und somit für eine Lebenszeit, ein Kollektiv, eine Gesellschaft? Neoliberalismus, Globalisierung, Dynamik, Individualisierung, Flexibilisierung, Beschleunigung, Ökonomisierung, Elektronisierung und Digitalisierung, Verfügbarkeit rund um die Uhr und Patriarchat, Männerbund, homo oeconomicus als (schaurig-)schillernde Zu- und Beschreibungen der Szenarien im Hintergrund des weiblichen ‚Mikrokosmos', immer irgendwie zu früh oder zu spät? Sekundenbruchteile, die alles entscheiden und/oder „ein Tag mit ihr zusammen ist wie vier Wochen Urlaub" (Die fantastischen Vier 1999).

Wie entsteht dieses seltsam anmutende Gefühl für die Zeitdimension, welche Kriterien und Annahmen liegen einer – möglicherweise imaginierten und, so scheint es, unabdinglichen – Meßbarkeit zugrunde? Ist Zeit ein bloßes Phantasma eines Individuums oder ein kollektiver Trugschluß? Gibt es einen Wettlauf gegen die Zeit? Wer dreht an welcher Uhr? Oder doch ‚Abwarten und Tee trinken'? Und wenn warten, dann worauf? Auf das eigene Ende? Auf das Ende von sonst was?

„Haben wir den Mut, die Frage nach der Zeit aus der Tiefe des Herzens zu stellen? Können wir, bevor wir die Zeit als *Problem* sehen – das Problem, wie wir mit unserem Leben fertig werden –, lange genug einfach so bei ihr verweilen, bis sie sich uns als ganz schlichte *Frage* zeigt, die Frage, wer wir selbst sind und weshalb wir wohl leben? Es braucht Mut, bei der Zeit als Frage zu verweilen, wenn alles um uns her, unsere gesamte Kultur, sie immer entschiedener als Problem behandelt und zum Problem macht. (...) Aber Zeit ist mehr als ein Problem. Zeit ist eine Frage, vielleicht die größte Frage, der ein Mensch sich stellen kann, und vielleicht die wichtigste" (Needleman 1998:41).

Wenn die Zeit nun die vielleicht wichtigste Frage ist, so mag es hinsichtlich möglicher Antworten erstmal sinnbringend sein, sich die ‚Geschichte der Zeit' und die ihrer Messung kurz ins Gedächtnis zu rufen, sich zu überlegen, wie und von wem Zeit als Dimension faßbar und begreifbar gemacht wurde und wird.

Das etablierteste und – zumeist kritiklos anerkannte – System zur Zeiterfassung wird durch das Instrument Uhr repräsentiert. Gemessen wurde nahezu schon ‚immer'; als ältestes Verfahren zur genaueren linearen Zeitbestimmung und somit ihrer Etablierung als ‚objektive, meßbare Größe', gilt die Beobachtung des Schattens mit Hilfe von Sonnenuhren. Zeitgleich werden Wasseruhren, Klepshydren (=Wasserdiebe!) und Auslauf-Wasseruhren, die quasi die verflossene(!) Zeit anzeigen, entwickelt.

In der „Chronik von Chronos" (Olonetzky 1997) folgen Uhren, deren Prinzip das Abbrennen von Substanzen ist, Sanduhren, später mechanische Räderuhren – im mittelalterlichen Europa erfunden –, schließlich die Quarzuhr, die Cäsiumuhr und die Atomuhr. Die Meßbarkeit ist im 20. Jahrhundert so weit fortgeschritten, daß eine Sekunde in eine Milliarde Nanosekunden (!) unterteilt werden kann, ein Hinweis für alle LeserInnen, die mit solchen Dimensionen etwas anfangen können. Hauptaugenmerk bei der Weiterentwicklung des Instruments Uhr bildet somit die immer präzisere Meßbarkeit von Zeit, verbunden mit dem rasch an Bedeutung gewinnenden Ziel der immer besseren Nutzung der Stunden, Minuten, Sekunden... – für ökonomische Zwecke im weitesten Sinne.

Festzuhalten ist an dieser Stelle, daß dieser Meßbarkeit jedenfalls eine ganz bestimmte Auffassung von gesellschaftlicher Interaktion zugrunde liegt. Zeit wird vorgestellt als eine Linie, nicht als ein gesellschaftliches Interaktionsmuster, das neben dem Nacheinander auch ein Nebeneinander, Miteinander und Durcheinander kennt und den menschlichen Handlungen Struktur verleiht. Die durch die Zeitmessung suggerierte Linearität ist Ausdruck einer Dressur unserer Wahrnehmung, basierend auf einem mechanistischen Ansatz der Welterfassung, der alles nach objektiven Maßstäben und Zielkatalogen abgehandelt wissen will. Die Frage, warum die Zeit so erscheint, als wäre sie von den Menschen getrennt, wird wesentlich (vgl. Schultz 1985:68). Ihre Beantwortung muß meiner Ansicht nach unweigerlich zur dahinterstehenden herr-schenden patriarchalen Gesellschaftsordnung und ihren Konnotationen führen. Es macht Sinn, die Zeit zu vereinnahmen, Lebens-Zeit der ökonomischen Verwertbarkeit unterzuordnen, aus Disziplinierungsgründen und, um Handlungsspielräume, die systemgefährdend wirken könnten, zu verringern.

Die Uhr und nicht die Dampfmaschine kann jedenfalls als eigentlicher Schlüssel zur Öffnung des Tors der ‚modernen' industriellen Welt betrachtet werden. Uhren sind die tatsächlichen Schlüsselmaschinen, denn erst sie ermöglichen die umfassende Koordination und auch Kontrolle der Menschen, beispielsweise in den gegen Ende des 19. Jahrhunderts neu entstehenden Fabriken, an den als neues Produktionsverfahren entwickelten Fließbändern. Weitere anschauliche Beispiele zu obiger These wären die zur selben Zeit stattfindenden technischen Entwicklungen im Personen- und Güterverkehr, die Eisenbahn, die Seefahrt oder auch der Telegraf, die eine immer bessere Feinabstimmung der Zeit erfordern (vgl. Klein 1997:96). Ohne Fahrpläne und ihre exakte Einhaltung würden öffentliche Verkehrssysteme wie Kartenburgen in sich zusammenfallen, ganz abgesehen von den sich einstellenden sonstigen Katastrophen.

Die vermeintliche, meßbare Linearität der Zeit und der dahinterstehende Gedanke ihrer immer besseren Verwertung bringt überdies eine neue Dimension ins ‚gesellschaftliche Spiel', nämlich den Wertmaßstab Geld als zentral werdendes Kriterium. ‚Zeit ist Geld' heißt die neue Parole, doch dazu später.

Quasi als – aus ökonomischer Sicht – wünschenswerter Nebeneffekt ist die Entwicklung von der agrarischen zur industriellen Gesellschaft unter anderem auch eine Geschichte der steten, immer tiefergehenden Anpassung der Individuen an abstrakte Zeitrythmen und Strukturen (vgl. Olonetzky 1997). Als mir sehr anschaulich scheinendes Beispiel für diese Abstraktheit sei auf die völlig willkürliche Umstellung von der sogenannten Winter- auf die sogenannte Sommerzeit hingewiesen. Kollektiv und nahezu zeitgleich werden die Zeiger der allgegenwärtigen Uhren am Tag X um eine Stunde verrückt. Millionen Menschen fügen sich dieser durch die Marktlogik motivierten Handlung basierend auf dem Argument der ‚Energieersparnis' – von Frühling und Herbst ist schon gar nicht mehr die Rede. Das Konstrukt der linearen Zeit ist kaum besser zu verdeutlichen.

Erwähnt und auch betont sei, daß die Anpassungsleistung wesentliche geschlechtsspezifische Differenzen aufweist. Vereinbarkeit als vielzitiertes Schlagwort, die teilzeitbeschäftigte Mutter mit männlichem Anhang als Beispiel: Zeiten, die in ihre Lebenszeiten eingreifen: Bürozeit (idealiter Gleitzeit), Kindergartenöffnungszeit, Ordinationszeit, Supermarktzeit, Fußballspielübertragungszeit etc. und Schlafen vielleicht auch ab und an und – wo bleibt die Eigenzeit, die Zeit für sie selbst?

Der zweite Effekt der Anpassungsleistung besteht in der scheinbar unaufhörlichen Zunahme der Beschleunigung (vgl. Olonetzky 1997), die immensen Zeitdruck erzeugt. Zeit hat mittlerweile die sattsam bekannte Eigenschaft, während der Tätigkeiten immer schneller zu vergehen. Sie beginnt zu rasen, vornehmlich dann, wenn Arbeiten rechtzeitig abgeschlossen werden müssen, wenn es also Zeitpunkte gibt, zu denen etwas fertiggestellt sein muß – warum auch immer. Möglichst gestern, wenn's leicht geht. Welche/r sich nicht einfügt, hat auch schon verloren, gilt als unzuverlässig, zu langsam, nicht konkurrenzfähig etc. „Die Gangart wird wichtiger als der Zielort: wer beharrt, bleibt stehen: alles, allen voran die Zeit, wird zur rasenden Bewegung: der neue Mythos heißt Geschwindigkeit“ (Nowotny 1993:86). „Die wichtigste Grundtendenz der digitalen Gesellschaft ist ohne Zweifel die Beschleunigung (...). Die Zeitorganisation einer Gesellschaft ist eines ihrer wichtigsten Charakteristika; deshalb ist übrigens das Wort «Zeit» das mit Abstand am häufigsten gebrauchte Substantiv der deutschen Sprache. (...) Inzwischen frißt nicht mehr der Große den Kleinen, sondern der Schnelle den Langsamen“ (Glotz 1999:93).

Als weiteres Resultat der Beschleunigung wird Mobilität zu einer gesellschaftlich dominanten Zeitnorm erhoben, einem unterstellten wie angestrebten gesellschaftlichen Zustand, der vorausgesetzt und daher erwartet wird. Menschen, Güter, Energie, Geld und Information sollen mit zunehmender Häufigkeit ihren Standort wechseln, um zu zirkulieren, in einem umfassenden ökonomischen wie kulturellen Sinn (vgl. Nowotny 1993:98). Heute da und morgen dort, nahezu rastlos, selten innehaltend, nach-denkend schon gar nicht. „Sehr geehrte Fahrgäste, bitte helfen Sie mit, die Wartezeiten in den Stationen zu verkürzen und halten Sie die durch einen gelben Strich gekennzeichneten Eingangsbereiche frei“, oder so ähnlich.

Die Bereitschaft zur Mobilität wird zu einem unabdingbaren Kriterium – nicht bloß ausschließlich in Erwerbsarbeitszusammenhängen –, in einem Atemzug zu nennen mit einer weiteren Zeitnorm, der der Flexibilität und der damit einhergehenden Verfügbarkeit in jeder Lebenslage. „Beim Angriff auf die Routine erscheint eine neue Freiheit der Zeit, doch ihre Erscheinung täuscht. Die Zeit in Unternehmen und für den einzelnen ist aus dem Käfig der eisernen Vergangenheit entlassen, aber neuen Kontrollen und neuer Überwachung von oben unterworfen. Die Zeit der Flexibilität ist die Zeit einer neuen Macht“ (Sennett 1998: 75). Anschauliches Beispiel dafür ist die Tendenz sämtliche Dienstleistungen rund um die Uhr[1] anzubieten: Problem jetzt, Anruf jetzt, Hilfe jetzt und schon geht's munter weiter. Oder der neueste Boom am Markt der Kommunikationstechnologien, Handys für alle (warum ausgerechnet die gar nicht so sprechfreudigen ÖsterreicherInnen in den europaweiten Verkaufsstatistiken den zweiten Platz belegen, könnte auch mal untersucht werden). Mobiltelefone, mittragbar, wherever you are, flexible Mobilität in ihrer reinsten Form. Und – nicht mehr die Frage nach der Befindlichkeit ist wichtig im Sinne von „Wie geht's?“, sondern die Frage nach dem Ort im Sinne von „Wo bist du?“. Im Wissenschafts-

1 Ob dieses „Rund-um-die-Uhr“ nicht auch neue Möglichkeiten für Handlungsspielräume und/oder Unterwanderungen in sich bergen könnte, sei als aufkeimender Gedanke festgehalten. Denn es funktionieren ja nicht alle bereits um acht Uhr morgens topfit, es gibt keine Regel, die besagt, daß alles Leben nur von nine to five stattfinden kann. Ein positiver Effekt könnte also die individuelle Gestaltung der Lebenszeit orientiert am eigenen Zeitrythmus sein.

kontext findet diese Form der steten Kommunikation in der nahezu manisch anmutenden Verbreitung von E-Mail-Adressen ihre Entsprechung. Sie hat ‚noch' kein E-Mail, wie will sie denn kommunizieren? Wirklich praktisch, die Massenaussendung an die Mailing-Liste binnen Sekunden, schnellste Informationsverbreitung, sofort verfüg- und abrufbar. So es die Zeit erlaubt, sich einzuwählen, alles zu lesen und im Idealfall vielleicht auch noch Antworten zu formulieren, möglichst schnell, weil sonst das ganze elektronische Postverschicken ad absurdum geführt ist.

Dahinter steht stets die allumfassende Logik der Ökonomie. Durch die Industrialisierung und die kapitalistische Akkumulation hat Zeit jedenfalls einen ökonomischen Wert erhalten. Sie wird als Produktivitätsfaktor an-erkannt (vgl. Nowotny 1993:99), ihre (abstrakte) Knappheit rückt in den Mittelpunkt aller Anstrengungen. Es geht darum, in immer weniger Zeit immer mehr zu erreichen. Schneller, besser, höher als die einschlägigen Adjektive, die nur allzu vertraut erscheinen. Die Ökonomie verändert den Zeitgebrauch. Zeit soll nicht mehr bloß da sein, sondern muß einem Zweck untergeordnet werden, der ökonomischen Kategorie des Gewinns. Gewinn, der einerseits Zeit selbst bedeutet, andererseits schlicht und ergreifend Geld. Mittels der Konstruktion des Geldes gelingt es nämlich, Zeit zu gefrieren und zu speichern. Es entsteht folglich der Eindruck, daß Geld die Zukunft nicht nur garantiert, sondern selbst die Zukunft ist. Es gilt daher nicht nur ‚Zeit ist Geld', sondern auch ‚Geld ist Zeit', wiewohl die Identifizierung von Zeit mit Geld keine Gleichung, sondern Ausdruck einer komplizierten, doppelten Zeitstruktur der neuzeitlichen Geldwirtschaft ist, die das Geld an die objektive Zeit und die subjektive Lebens- und Zukunftsplanung ans Geld bindet (vgl. Schultz 1994:153). Als anschauliche Beispiele seien Lebensversicherungen oder Pensionszusatzversicherungen erwähnt. Je früher frau ihre Pensionszusatzversicherung abschließt, umso geringer ist die monatlich einzuzahlende Prämie, die ein Zusatzverdienst von so und so viel zum Zeitpunkt des gesetzlich festgelegten Pensionszeitalters garantiert. Darüber hinaus wird damit aber auch suggeriert, daß frau ein bestimmtes biologisches Alter gemessen am Geburtstag, vermerkt auf einer entsprechenden Urkunde, erreichen werden wird.[2] Auch dies eine merk-würdige Vorstellung unter Berücksichtigung, daß das Leben durchaus lebensgefährlich ist, und jeder weitere Tag im Leben, den sicherlich nicht ausbleibenden Tod erneut ermöglicht. Womit ein zentraler Punkt meiner Gedanken, nahezu nebenbei, herausgearbeitet ist, daß nämlich Leben und Lebenszeit unweigerlich mit dem Tod verknüpft sind, trotz aller technischen Entwicklungen (Konservieren von Genen, Einfrieren ganzer menschlicher Organismen etc.), die ein ‚ewiges Leben' ermöglichen sollen.

2 Daß zwischenzeitlich die durchaus anschaulichen Geldsummen anderen Systemen zur Verfügung stehen und es eigentlich keine seriösen Garantien auf eine tatsächliche Auszahlung in beispielsweise dreißig Jahren geben kann, sei festgehalten.

Die Dimension des Todes wird oftmals verdrängt, bei all der durchaus angebrachten und durchaus lustvollen Rasanz, die ein Leben in dieser Zeit erfordert. Gelegentlich über diese Möglichkeit nachzudenken, ein wenig bei ihr zu verweilen, scheint mir eine nahezu über-lebensnotwendige Maßnahme – im Sinne von Maß-Nehmen –, die es durchaus ermöglicht, die Fülle des Lebens deutlicher zu fühlen, Präsenz deutlicher wahrzunehmen und klarere Grenzen zu entwickeln. Auch gegenüber den Zwängen der Ökonomie.

Denn – inhärent ist beiden Ressourcen, also Zeit wie Geld, daß sie in der kapitalistischen Markt- und Wertelogik als knappe deklariert werden. Dadurch werden sie aber als bedrohlich erlebt, der Bedrohung wird durch umso härteres und angestrengteres Arbeiten begegnet. Im Prinzip ein völlig irrationales Handeln, da Zeit per se genauso wie Geld unendlich ist. Zeit wird nicht weniger, indem sie vergeht, Geld erlebt keinen Währungszerfall, weil es verbraucht wird. Zeit und Geld haben eine befremdende Abstraktheit und Indifferenz, darin sind sie nahezu unheimlich und substanzlos. Zeit und Geld werden erst durch die alltägliche Konkretisierung und Anwendung substantiell animiert (vgl. Schmuckli 1994:55ff.). Selten als Möglichkeit, meist als Konflikt bis hin zur Existenzgefährdung, denn Frauen verfügen sowieso über weniger Geld, da sie schlicht immer noch um ein Drittel weniger verdienen als Männer, und alt, aber immer noch wahr: zehn Prozent des Einkommens, ein Prozent des Vermögens...

Ein abschließender wichtiger Gedanke zur Zeit, der bisher in seiner Bedeutung gerade für Frauen und unter Berücksichtigung obiger Feststellungen noch ausgespart geblieben ist, sei mit folgendem Zitat umrissen: „Mit dem Status[3] und dem Vermögen steigt also auch die Chance, die Zeit zu kontrollieren, die eigene ebenso wie die anderer. Und hier kommen wir zum Kern des Wartespiels. *Zeit ist Macht* (Hervorhebung, H.L.). Es gibt kein besseres Herrschaftssymbol, da Zeit der einzige Besitz ist, der auf keine Weise ersetzt werden kann, wenn er einmal verloren ist. Das Machtprinzip ist eigentlich dreigeteilt: Erstens, jemanden warten zu lassen, ist eine Demonstration der Macht. Zweitens mächtige Menschen haben die Möglichkeit, andere warten zu lassen. Und drittens, durch die Bereitschaft zu warten, erkennt man diese Macht an und legitimiert sie" (Levine 1998:166). Dennoch beinhaltet gerade dieser Aspekt meines Erachtens Möglichkeiten, den eingangs umrissenen Szenarien Widerstand zu leisten, soweit wie notwendig und für die eigene Befindlichkeit zuträglich, so vehement wie möglich, ‚warten lassen' können Frauen ebenso, so viel Autonomie gibt es allemal. Und: „Der Blick hinter die Maske, mit der die Zeit im gesellschaftlichen Leben auftritt, ermöglicht es, das Spiel auch anders zu inszenieren, ausgehend von ei-

3 Status wird durch Einkommen und nicht durch das Ausmaß der zur Verfügung stehenden freien Zeit bestimmt, als bestes Beispiel sei hier Arbeitslosigkeit erwähnt, arbeitslos verbrachte Zeit wird bekanntlich nur kurzfristig abgegolten (vgl. Nowotny 1993:110), vier Monate können im übrigen mittlerweile reichen, um als langzeit(!)arbeitslos zu gelten.

nem geänderten Zeitgefühl, das, wie jedes Gefühl, selbst Ergebnis von Geschichte, von Erfahrung ist. (...) Die Zwänge, die von der Zeit auszugehen scheinen, sind nicht gebrochen worden, doch das Spiel, das Zusammen-Spiel, mag sich vielleicht lockern. Der Wunsch nach Eigenzeit ist öffentlich kommunizierbar geworden, doch Eigenzeit wird erst durch die anderen ermöglicht" (Nowotny 1993:159f.).

Als einladender Ausblick der gedanklichen Versammlung zur Zeit im Sinne der Entwicklung von Handlungsmöglichkeiten und Spielräumen:

„Dies ist eine Sternstunden-Uhr. Sie zeigt zuverlässig die seltenen Sternstunden an und eben jetzt hat eine solche angefangen. Was ist denn eine Sternstunde? fragte Momo. Nun, es gibt manchmal im Lauf der Welt besondere Augenblicke, wo es sich ergibt, daß alle Dinge und Wesen, bis zu den fernsten Sternen hinauf, in ganz einmaliger Weise zusammenwirken, so daß etwas geschehen kann, was weder vorher noch nachher je möglich wäre. (...) Aber wenn es jemand gibt, der sie erkennt, dann geschehen große Dinge auf der Welt" (Ende 1973:146f.).

Geld essen Kritik auf, Arbeit essen Handeln auf, Zeit essen Leben auf. Geld, Arbeit, Zeit versus Kritik, Handeln, Leben scheint die entstandene Polarität und dazwischen immer wieder essen. Daher folgt ein Aufruf zur Ernährung, um dem Aufgegessen-Werden zu entkommen und die Energie für Kritik, Handeln und Leben zu erhalten, denn: *in der Bewegung liegt die Kraft*. Und Zeit ist Leben!, Arbeit ist Handeln! und Geld ist Kritik? Für die Erkennung der Sternstunden!

LITERATUR

Ende, Michael (1973), Momo oder Die seltsame Geschichte von den Zeit-Dieben und von dem Kind, das den Menschen die gestohlene Zeit zurückbrachte, Wien.

Frith, Fred (1989), Step Across the Border „too much too little", Rec Rec Genossenschaft, Zürich.

Glotz, Peter (1999), Die beschleunigte Gesellschaft – Kulturkämpfe im digitalen Kapitalismus, München.

Klein, Stefan (1997), Die Entmachtung der Uhren, in: Der Spiegel, Zeit: Die große Illusion, Nr. 1/29.12.1997.

Levine, Robert (1998), Eine Landkarte der Zeit – Wie Kulturen mit Zeit umgehen, München.

Needleman, Jacob (1998), Die Seele der Zeit, Frankfurt/M.

Nowotny, Helga (1993), Eigenzeit – Entstehung und Strukturierung eines Zeitgefühls, Frankfurt/M.

Olonetzky, Nadine (1997), Chronik von Chronos – Geschichte von Zeit und Zeitmessung, in: DU, Die Zeit, Nr. 10.

Schmuckli, Lisa (1994), Gebrochene Kontinuität – Zu einer Ökonomie der Zeiten, in: Filli, Heidi Bernhard/Praetorius, Ina u.a., Weiberwirtschaft. Frauen – Ökonomie – Ethik, Luzern.

Schultz, Irmgard (1985), Über den Zusammenhang von Zeit – Geld und Geschlecht, in: Beiträge zur feministischen Theorie und Praxis, Geld oder Leben, Nr. 15/16.

Schultz, Irmgard (1994), Der erregende Mythos vom Geld – Die neue Verbindung von Zeit, Geld und Geschlecht im Ökologiezeitalter, Frankfurt/M.

Sennett, Richard (1998), Der flexible Mensch – Die Kultur des neuen Kapitalismus, Berlin.

Die fantastischen Vier (1993), Die vierte Dimension, Sony Music Entertainment (Germany) GmbH.

Die fantastischen Vier (1999), 4:99, Sony Music Entertainment (Germany) GmbH.

Gudrun Biffl

Die Zeit ist reif für neue Theorien

Ein Nachwort

Die Lektüre des vorliegenden Bandes zeigt, daß Frauen die Zeit und die Möglichkeit zum Lernen und kritischen Denken in vielen Bereichen gut genutzt haben. Es wird klar, daß sie sich nicht mehr mit den gängigen Lehren und zugewiesenen Rollen zufrieden geben. Sie sind nicht mehr das Stück aus der Rippe des Adam, das gehorsam die vorgegebenen Regeln befolgt, sondern sie beginnen selbst mit der Formulierung und Erklärung von Verhaltensmustern, Theorien und Mythen. Sie haben sich im wahrsten Sinne des Wortes emanzipiert und wollen die wichtigen Entscheidungen des Lebens in aller Öffentlichkeit und in einer anderen Form als in der Vergangenheit gemeinsam und im Zusammenwirken mit den Männern fällen. Bedingungen des Diskurses, Hierarchien und Werte werden nicht mehr als gegeben hingenommen, sondern einer laufenden Kritik unterworfen, in der die Angemessenheit und Sinnhaftigkeit der Regeln überprüft wird. Die bessere Ausbildung der Frauen sowie die neuen Technologien in unserer globalisierten postindustriellen Gesellschaft eröffnen Frauen Möglichkeiten des Diskurses, die eine Neuorientierung der Gesellschaft möglich erscheinen lassen, in der der Mensch in seiner ganzen Vielfalt wieder ins Zentrum des Lebens und der Politik gerückt wird. Dazu bedarf es aber unter anderem der Neukonzeption von Theorien in allen sozialwissenschaftlichen Bereichen; daraus können dann in der Folge Leitlinien für die Neuregelung unserer Lebenspfade und des menschlichen Miteinander abgeleitet werden.

So wird etwa in der ökonomischen Theorie die systemdurchdringende Rolle des Haushalts, in dem der Grundstein für die Reproduktion des Menschen, und damit der Arbeitskraft, gelegt wird, nicht berücksichtigt. Hausarbeit ist sowohl in Arbeits- als auch Gütermärkte eingebunden. Der gegenwärtige gesellschaftspolitische Wandel, der mit einem Wandel der traditionellen geschlechts- und altersspezifischen Arbeitsteilung, einer Änderung der Arbeitszeit, der Bevölkerungsstruktur sowie anderen institutionellen Rahmenbedingungen verbunden ist, kann mit den herkömmlichen Theorien und Methoden nicht erklärt werden. Er hat eine Eigendynamik erhalten, die sich mit den althergebrachten sozial- und wirtschaftspolitischen Maßnahmen nicht ohne Verlust von sozialer Gerechtigkeit und allgemeiner Wohlfahrt in den Griff kriegen läßt. Auch die Funktion des Staates ändert sich im Gefolge dieses Wandels. Er muß dort einspringen, wo früher die traditionelle Familie, sprich die Hausfrau, unbezahlt Aufgaben für die Gesellschaft übernommen hat.

Die verstärkte Individualisierung der Gesellschaft, die sich auch in der Gesetzeslage, z.B. im Scheidungsrecht, spiegelt, impliziert eine zunehmende Eigenverantwortlichkeit, insbesondere für Frauen. Berufstätigkeit ist heute keine kurze Phase im Lebenszyklus der Frau mehr, sondern eher die Familien- und Kinderphase. Ein Resultat des österreichischen familienorientierten Wohlfahrtssystems ist, daß die Vereinbarkeit der Berufstätigkeit und der Kindererziehung vor allem für Frauen zu einem zentralen Problem wird. Der hohe Anteil der schwer vermittelbaren Frauen an der Arbeitslosigkeit der Frauen ist nicht eine Folge schlechter beruflicher Qualifikationen oder geringer Arbeitsmotivation der Frauen in Relation zu Männern, sondern ein Resultat der überdurchschnittlichen Verantwortung der Frauen für Haushalt, Kinder und Pflege im Familienzusammenhang. Der Kombination von Berufs- und Familienarbeit ist daher besonderes Augenmerk zu schenken, wenn man das Thema der Gleichbehandlung als systemische Herausforderung wahrnimmt.

Im Gefolge der wirtschaftlichen, technologischen und sozialen Umstrukturierung kristallisieren sich neue Beschäftigungsfelder und Arbeitsplätze heraus. Es kam zu einem Verschwimmen der für die Industriegesellschaft typischen Grenzen zwischen Beschäftigung, Arbeitslosigkeit und Freizeit bzw. zwischen dem formellen und informellen Sektor. Auch eine teilweise Rückführung der Arbeit in den heimischen Raum, Stichwort Telearbeit, ist zu beobachten. Ist das ein Indikator dafür, daß die Trennung von Haus- und Erwerbsarbeit nach Geschlecht, wie sie für die Industriegesellschaft typisch war, aufgelöst wird und nach einem neuen Muster organisiert wird? Neue Beschäftigungsfelder sind einerseits im vierten Sektor anzutreffen (I&K-Technologie, Multimedia etc.), andererseits sind sie traditionelle Tätigkeiten, nämlich Pflege- und Kinderbetreuung, die zum Teil neu organisiert werden.

Kommt es in dem Zusammenhang zu einer neuen Art der Segmentierung der Arbeitskräfte, die zumindest zum Teil auch aus einem Wandel der Verhaltensmuster der Frauen resultieren? Kann also ein Wandel der Angebotsstrukturen am Arbeitsmarkt Auslöser für neue Arbeitsmarktsegmente werden? Diese Frage wurde bislang in der Theorie nicht gestellt. Im Gegensatz dazu erhielt die Segmentierung der Arbeitsmärkte, die aus einem nachfrageseitigen Strukturwandel resultiert, große Aufmerksamkeit.

Um ein besseres Verständnis für angebotsseitige Veränderung zu erlangen, wäre es notwendig, auf die Reproduktion des Faktors Arbeit in seiner gesamten Komplexität einzugehen. Die ökonomische Theorie wird zusehends mehr Bereiche der Sozialwissenschaften berücksichtigen müssen, will sie als relevante Disziplin für die Erklärung sozialwirtschaftlicher Prozesse anerkannt werden; sie wird zunehmend alle Bereiche der Sozialwissenschaften durchdringen müssen, da sie selbst von allen durchdrungen wird.

Ein Wesensmerkmal des Prozesses sozialer Reproduktion ist die Interdependenz zwischen Hausarbeit und Erwerbsarbeit über die Familie (den Haushalt). Die Arbeitskraft selbst ist ein Kuppelprodukt aus Haushaltsproduktion und Marktproduktion. Der Staat erfüllt eine Funktion des Einkommensausgleichs über die verschiedenen Lebensphasen. Der Kern der ökonomischen Analyse betrifft den Marktsektor, die Schnittstellen mit anderen Bereichen – Bildung, Haushalt, Staat – müssen allerdings ebenfalls in ihrem potentiellen Effekt auf den Erwerbsarbeitsmarkt berücksichtigt werden, um Auswirkungen wirtschafts- und arbeitsmarktpolitischer Maßnahmen auf das Arbeitsangebot und die -nachfrage besser abschätzen zu können. Das ist ausschlaggebend für die allgemeine Wohlfahrt der Bevölkerung, die nicht allein über die statistisch erfaßte Produktion von Gütern und Dienstleistungen abgedeckt werden kann.

Diese Punkte verdeutlichen, daß im Zusammenhang mit der Neugestaltung der Erwerbsarbeit auch eine Neugestaltung der Arbeitsteilung im Haushalt anfällt. Erst eine Berücksichtigung der Wechselbeziehungen zwischen Markt- und Hausarbeit eröffnet eine Erklärung dafür, daß manche Berufe (z.B. Friseurin, Schneiderin, Kfz-Mechaniker) von einer überdurchschnittlichen Zahl Jugendlicher erlernt werden, obschon bekannt ist, daß nicht alle Absolventen dieser Lehre in ihrem Beruf auch bezahlte Arbeit finden. Die Ausbildung geht über den Bedarf des Marktes hinaus und kommt dem Haushaltssektor zugute, weil sie dort Einkommen schafft und Geldausgaben erspart. Spiegelbildlich dazu erfüllt der Haushaltssektor eine Ausbildungsfunktion, die nicht ohne Einfluß auf die Erwerbsarbeit ist, etwa auf die Löhne in typischen Frauenberufen. Da Frauen (bzw. Mädchen) ohnedies über die Haushaltsproduktion in bestimmten Tätigkeiten laufend qualifiziert (angelernt) werden, ist bei einer Arbeitsaufnahme am Erwerbsarbeitsmarkt keine oder nur eine kurze Anlernphase notwendig, was sich in niedrigen Löhnen für diese Tätigkeiten niederschlägt (wenn Anlerndauer ein Kriterium für das Qualifikationsniveau und damit verbunden das Lohnniveau einer Tätigkeit ist).

Analog dazu gilt, daß das am Arbeitsmarkt auftretende Arbeitsangebot aus der Land- und Forstwirtschaft (die langfristige Schrumpfung der Branche erfolgt über den Berufswechsel jüngerer und mittlerer Jahrgänge in andere Branchen) als „unqualifiziert“ gilt, da die traditionellen landwirtschaftlichen Qualifikationen vom Markt gering bewertet werden (eine Folge der Überangebotssituation auf Gütermärkten und den damit verbundenen niedrigen Weltmarktpreisen, die über globale Märkte auch auf Faktorpreise einen Einfluß haben).

Die komplexe Struktur der sozialen Reproduktion der Arbeit verleiht dem Gesellschaftssystem ein großes Maß an Flexibilität. Verschiedene Gruppen der Bevölkerung können im Lebenszyklus aus der Erwerbsarbeit aus- und eintreten, da der Haushaltssektor (informeller Bereich) alternative Einkommen anbietet. Es ist jedoch eine gesellschaftspolitische Entscheidung in welchem Maß die Arbeit zur Reproduktion der Gesellschaft auf den Markt und Haushalt verteilt wird. Die Entwicklung der Struktur des Arbeitsangebots am Markt nach Geschlecht,

Alter und Herkunftsland ist nicht irrelevant für die Qualifikationsstruktur der Bevölkerung sowie für die Produktionstechnologien.

Die Wahl eines bestimmten sozialen Reproduktionsmodells ist mit einem spezifischen institutionellen Rahmen gekoppelt, der kurzfristig schwer veränderbar ist. Jedes Entscheidungsmodell hat eine andere Entwicklung der Wirtschaftsstruktur und in der Folge Gesellschaftsstruktur zur Folge. Wenn man diesen Zusammenhang explizit macht, eröffnet man der Gesellschaft die Möglichkeit eines differenzierten Diskurses, der eine laufende Anpassung der institutionellen Rahmenbedingungen an die sich ändernden Anforderungen und Wertehaltungen einer Gesellschaft sicherstellt. Das vorliegende Werk ist ein Baustein in diesem Diskurs. Es leistet einen wichtigen Beitrag zur allgemeinen Wissenserweiterung, es hat aber noch eine weitere, wesentlich wichtigere Aufgabe. Es dokumentiert, daß sich Frauen mit ihrem Leben und ihren Perspektiven differenziert auseinandersetzen. Sie machen darauf aufmerksam, daß ihre Wertehaltungen mit denen der hergebrachten männlichen nicht übereinstimmen, und daß sie Alternativen vorschlagen, die den Menschen wieder in den Mittelpunkt des Lebensinteresses stellen.

Autorinnen

Biffl, Gudrun (a.o.Univ. Prof., Dr.): Wirtschaftsforscherin am Österreichischen Institut für Wirtschaftsforschung, Wien; Forschungsschwerpunkte: Arbeitsmarkt-, Migrations- und Bildungsökonomie; Beraterin der OECD in Migrationsfragen (SOPEMI-Korrespondentin) und Mitglied des Beirates für Wirtschafts- und Sozialfragen in Österreich.

Eckhart, Elisabeth (Mag.[a]): Lebt im Waldviertel; Studium der Theologie und Musik, Ausbildung zur Erwachsenenbildnerin; seit 12 Jahren in Frauenbildung und -beratung tätig, Schwerpunkt: Frauen und Arbeit.

Ellmeier, Andrea (Mag.[a]): Historikerin, wissenschaftliche Mitarbeiterin der österreichischen kulturdokumentation. internationales archiv für kulturanalysen, Wien; Lehrbeauftragte am Institut für Zeitgeschichte der Universität Wien; Forschungsschwerpunkte: Konsumgeschichte/Zur Konstruktion der Konsumentin, EU-Kultur- und Medienpolitik, kulturelle Vielfalt, Kultur und Beschäftigung, arbeitet derzeit an einer EU-Studie über „Entwicklung des Arbeitsplatzpotentials in den kulturellen Sektoren“.

Fuchs, Renata: Feministin und Psychotherapeutin; Geschäftsführerin von z.b. – Zentrum für Beratung, Training & Entwicklung in NÖ, Vorsitzende der APG – Arbeitsgemeinschaft für personenzentrierte Gesprächsführung und Psychotherapie, Mitbegründerin und Mitarbeiterin diverser feministischer Organisationen, u.a. Zentrum für Eßstörungen.

Gerschlager, Caroline (Mag.[a] Dr.): Langjährige Mitarbeit in der Forschungsgruppe Alternative Modellbildung in der Ökonomie am IFF (Institut für interdisziplinäre Forschung und Fortbildung); mehrjähriger Forschungsaufenthalt in Paris (im Rahmen eines Erwin-Schrödinger-Auslandsstipendiums des FWF); z. Z. Projektleitung im Rahmen des Cultural Studies Forschungsschwerpunktes/ BMBWK am Institut für Volkswirtschaftstheorie III/Wirtschaftsuniversität Wien; Universitätslektorin. Arbeitsschwerpunkt: Tauschtheorien, Geldtheorien.

Günter, Andrea (Dr.): Studium der Philosophie, Germanistik und katholischen Theologie, Referentin in der frauenbewegten und in der beruflichen Fort- und Weiterbildung, Lehraufträge, Gastdozenturen. Habilitiert z. Z. über „Politische Philosophie und das Denken der Geschlechterdifferenz“. Hat zusammen mit Dorothee Markert und Antje Schrupp den DIOTIMA-Band „Die Welt zur Welt bringen. Politik, Geschlechterdifferenz und die Arbeit am Symbolischen“ herausgegeben, übersetzt und kommentiert.

Haug, Frigga (Prof., Dr.): Professorin für Soziologie an der Hochschule für Wirtschaft und Politik in Hamburg, Mitherausgeberin der Zeitschrift „Das Argument“ und Redakteurin des „Historisch-Kritischen Wörterbuchs des Marxismus“ sowie des „Forums Kritische Psychologie“. Forschungsschwerpunkte: Frauensozialisation und -politik, Arbeit, sozialwissenschaftliche Methoden, Lernen.

Hirschmüller, Karin: Studium der Betriebswirtschaft an der Wirtschaftsuniversität Wien, Diplomarbeit zu Frauenerwerbstätigkeit und den Nationalen Aktionsplänen Österreichs. Mitarbeiterin des Vereins *F*rauen*hetz*, Wien.

Krondorfer, Birge (Mag.ª Dr.): Studium der Theologie in Frankfurt, der Philosophie/Gruppendynamik in Klagenfurt und der Politologie am Institut für Höhere Studien (IHS) in Wien. Externe Lehrbeauftragte an diversen universitären Instituten im In- und Ausland. Herausgabe und Veröffentlichungen zur Problematik der Geschlechterdifferenz aus feministisch-philosophischer Perspektive. Erwachsenenbildnerin, Gruppentrainerin, Supervisorin. (Mit-)Organisatorin diverser Frauentagungen, (Mit-)Gründerin und Obfrau des politischen Bildungsprojektes *F*rauen*hetz,* Wien.

Leischko, Harriet (Mag.ª): Studium der Handelswissenschaften an der Wirtschaftsuniversität Wien, freie Kulturmanagerin. Inhaltliche Schwerpunkte in Theorie und Praxis: Feminismus, Ökonomie, Kultur. Mitarbeit im Verband feministischer Wissenschafterinnen sowie in der Projektgruppe Geschlechtsspezifische Erwachsenenbildung des Vereins *F*rauen*hetz,* Wien; Lehrbeauftragte am Institut für Kulturmanagement in Wien.

Madörin, Mascha (lic. rer. pol.): Ökonomin, Mitarbeit an staatlichen und privaten Studienprojekten, zwei Jahre Arbeit in der Wirtschaftsdokumentation einer Großbank, vier Jahre Assistentin an der Universität Eduardo Mondlane in Moçambique, fast zwanzig Jahre in schweizerischen NGOs zu Südafrika-Sanktionen und Bankenpolitik und seit mehreren Jahren teilzeit, jetzt ausschließlich freiberuflich als Publizistin, Journalistin und Konsulentin tätig. Artikel, Kurse, Vorlesungen und Studien im Bereich der feministischen Ökonomie, von Wirtschaftspolitik und Nord-Süd-Fragen. Mitredaktörin der Zeitschrift „OLYMPE: Feministische Arbeitshefte zur Politik“ und Mitinitiatorin von FRAU, des Frauenrates für Außenpolitik.

Michalitsch, Gabriele (MMag.ª): Studium der Politikwissenschaft und Philosophie an der Universität Wien, Studium der Volkswirtschaft an der Wirtschaftsuniversität Wien, zweijähriges Postgraduate-Studium der Politikwissenschaft am Institut für Höhere Studien (IHS) in Wien; seit 1994 Projektassistentin und Lehrbeauftragte am Institut für Volkswirtschaftstheorie und -politik an der Wirtschaftuniversität Wien. Veröffentlichungen zu ökonomischer Theorie, feministischer Theorie und sozialer Ungleichheit.

Mostböck, Carina (Mag.[a]): Studium der Betriebswirtschaft und Sozialwirtschaft in Linz und zweijähriges Postgraduate-Studium der Politikwissenschaft am Institut für Höhere Studien (IHS) in Wien. Veröffentlichungen zu Neoliberalismus & Wohlfahrtsstaat (im besonderen Schweden). Seit Jahren tätig im Bildungsprojekt *Frauenhetz* in Wien.

Notz, Gisela (Dr.): Sozialwissenschaftlerin, arbeitet als wissenschaftliche Referentin im Forschungsinstitut der Friedrich-Ebert-Stiftung in Bonn. Arbeitsschwerpunkte: Arbeitsmarkt- und Sozialpolitik, Forschung zu bezahlt und unbezahlt geleisteter (Frauen)Arbeit, berufliche Bildung, historische Frauenforschung. Zahlreiche (Buch-)Veröffentlichungen zu diesen und anderen Themen.

Pewny, Katharina (Mag.[a] Dr.): Freie Universitätslektorin, Gruppentrainerin, Erwachsenenbildnerin. Publikationen, Vorträge und Seminare zu kulturellen De- und Rekonstruktionen von Weiblichkeit. Aktuelle Auseinandersetzungsschwerpunkte: Bildungsprozesse, lesbische Identitäten, sexuelle Gewalt. Verortet in Projekten der Autonomen FrauenLesbenbewegung, besonders im feministischen Bildungszentrum *Frauenhetz*, Wien.

Schultz, Irmgard (Dr.): Wissenschaftliche Mitarbeiterin und Mitbegründerin des Instituts für sozial-ökologische Forschung (ISOE) in Frankfurt/Main. Koordiniert den Forschungsbereich „Alltagsökologie und Stoffströme“ und hat in diesem Rahmen einen Forschungsschwerpunkt zu Gender & Environment mit aufgebaut. Zahlreiche Publikationen zur Frage des ökologischen Konsums, der Lebensstile und nachhaltiger Entwicklung. Arbeitet aktuell u.a. über Auswirkungen der Globalisierungstendenzen auf Geschlechterverhältnisse und Gesellschafts-Naturvorstellungen.

Stiefel, Elisabeth (Dr.): Bezieht seit einigen Jahren arbeitsloses Einkommen aus der Rentenkasse. Sie ist überzeugt, daß Konzepte zukunftsfähigen Wirtschaftens nicht ohne Rückbezug auf die Nichtarbeit von Frauen entwickelt werden können. Zahlreiche Aufsätze aus feministisch-ökonomischer Perspektive.

Trallori, Lisbeth N. (Dr.): Feministische Wissenschaftlerin, Lehrbeauftragte an der Wiener Universität in den Fachbereichen Politikwissenschaft und Soziologie. Forschungs- und Lehrschwerpunkte: Politische Theorie und Ideengeschichte unter dem Aspekt der feministischen Theoriebildung und Kritik. Studien zu Sexismus, Rassismus, Nationalsozialismus und Widerstand, zu Kultur-, Technikpolitik und Wissenschaftsgeschichte (Genforschung, Biomedizin, Cyberspace), Transformationstheorien in der Moderne und Postmoderne. Ausgezeichnet 1999 mit dem Käthe-Leichter-Preis.

Voglmayr, Irmtraud (Dr.): Sozialwissenschaftlerin und freie Journalistin. Lehrbeauftragte an der Universität Wien, an der Technischen Universtiät Wien und Graz. Seminarleiterin Feministisches Grundstudium. Arbeitsschwerpunkte: Neue Medien, insbesondere feministische Ansätze zum Cyberspace, Stadtforschung und Frauenarbeit.